지리 교사들, 남미와 만나다

지리 교사들, 남미와 만나다

1판 1쇄 발행 | 2005. 12. 15
1판 8쇄 발행 | 2022. 6. 7

지 은 이 | 지리교육연구회 지평
펴 낸 이 | 김선기
펴 낸 곳 | (주)푸른길

출판등록 | 1996년 4월 12일 제16-1292호
주   소 | (08377) 서울시 구로구 디지털로 33길 48 대륭포스트타워 7차 1008호
전   화 | 02)523-2907, 6942-9570~2
팩   스 | 02)523-2951
이 메 일 | purungilbook@naver.com
홈페이지 | www.purungil.co.kr

ⓒ 지평, 2005
ISBN 978-89-87691-62-4 03980

*잘못된 책은 바꿔 드립니다.

지리 교사들, 남미와 만나다

지리교육연구회 지평 지음

푸른길

머리말

여행을 준비하면서 그리고 여행을 다니면서, 우리는 설렘과 가벼운 흥분을 느낀다. 안락함과 일상성을 벗어나 새로운 세계로 떠나는 여행은, 때로 낭만이라는 이름으로 불리기도 하고 추억이라는 명목으로 포장되기도 한다.

답사를 준비하면서 그리고 답사를 다니면서, 우리는 설렘 속에서 차분함을, 그리고 흥분한 가운데서도 냉철함을 잃지 않기 위해서 애를 쓴다. 세상을 바라보는 관점과 사고를 더 깊게 하기 위해서 때로는 관찰에, 때로는 사진찍기에, 또 때로는 토론에 몰두한다. 이런 답사는 낭만과 추억보다는 분주한 관찰과 자료 수집이 중심이 되곤 한다. 낯선 공간과 세계에 대한 깊은 관심과 안목은 답사를 다니는 지리인이 반드시 갖추어야 할 덕목이다. 눈에 들어오는 자연경관을 호기심과 분석의 두 눈으로 동시에 살펴보는 일은 우리를 긴장시킨다. 스쳐 지나가는 사람들의 무심한 표정과 그냥 널려 있는 듯한 인문경관 속에서 지리적인 주제들을 건져 올리는 일로 우리는 마음이 즐거우면서도 무겁다.

우리 모두, 이번 남미 여행길이 초행이었다. 그래서 우리의 역량을 최대한 끌어 모으기 위해 1년 가까운 준비 과정을 거쳤다. 그럼에도 24일간은 너무도 짧았고, 우리는 많은 지역을 꼼꼼하게 돌아보지 못했다. 조금이라도 더 보기 위해 이리 뛰고 저리 뛰면서 정신없이 허둥대기만 한 적도 있었다. 최선을 다해 답사를 준비했지만 아쉬움과 부족함이 내내 우리들 곁을 떠나지 않는다.

책을 쓰는 행위는 사람의 정신을 갉아먹는 일이라고들 하는데, 더군다나 열

명 이상의 사람들이 함께 모여서 발표하고 토론하고 퇴고하는 과정이 반복되면서 사람들은 완전히 지쳐 버렸다. 한편으론 그저 그런 내용으로 종이 값만 올리는 책이 나올까 두렵기만 했다. 지리 교수나 학자도 아니고 그렇다고 글재주가 뛰어난 문인도 아닌, 배낭을 걸머지고 온 세상을 떠돌아다니는 여행 마니아도 아닌, 그저 평범한 지리 교사들이 모여서 답사기를 왜 내게 되었을까? 어디서 그런 무모한 용기가 나왔을까?

대답은 간단하다. 우리는 아이들에게 지리를 가르치고 있는 현장의 교사이기 때문이다. 내 발로 뛰어다니면서 보고 느꼈던 것들을 통해 더욱 자신감 있고 실감 나는 수업, 풍요로운 수업을 베풀어 주고 싶었다. 아이들의 마음을 뒤흔들, 아이들의 꿈을 채워 줄 한 장의 사진을 보여 주고 싶었다.

정말 멀고 먼 길을 돌아서 왔다. 마지막 답사 지역인 브라질의 상파울루에서 무려 30시간이 걸려 인천 공항에 도착했다. 그토록 고대하던 남미였건만, 더 이상 아무 곳에도 가고 싶지 않을 정도로 지쳐 있었다. 그런데 공항에서 헤어지면서 우리들은 서로 묻고 있었다.

"다음에는 어디로 답사를 갈까? 아프리카는 어때?"
"미국 땅을 횡단해 보면 좋을 것 같은데?"
"아니야, 아냐! 남미 한 번 더 가야지……."

| 차례 |

머리말 · 4

1. 타완틴수요를 찾아서
지구 반대편으로 · 10
원주민들의 전통과 문화 – 고대 문명의 계승 · 18
아메리카 문명의 붕괴 · 25

2. 중위도의 태평양 연안
바다와 이웃하고 있는 사막 도시 리마 · 34
아타카마 사막의 오아시스 – 산페드로데아타카마 · 47
사막에서 만난 '달의 계곡' · 54
대통령을 죽인 구리 광산 · 64
하얀 초석, 푸른 태평양을 잃다 · 76
산티아고에 비가 내린다 · 86
포도와 자유 무역 · 95

3. 안데스 산지
인간을 이웃으로 맞이한 안데스 · 102
타완틴수요 인들의 삶이 묻어 있는 마추픽추 · 111
삶의 지혜가 담겨 있는 원주민들의 의식주 생활 · 122
알티플라노 – 하늘 호수로 떠나는 여행 · 136
우유니 투어 · 148
볼리비아에 볼리바르는 살지 않는다 · 157
그 많던 자원은 누가 다 가져갔을까 · 163

4. 팜파스　　팜파스, 그 풍요로움 속으로 · 170
　　　　　　광장을 중심으로 하는 도시 – 부에노스아이레스 · 176
　　　　　　땅고와 보카 주니어스 – 보카에서 · 181

5. 브라질 고원　대자연의 신비 이과수 폭포 · 188
　　　　　　삼국 국경과 이타이푸 댐 · 196
　　　　　　아름다운 항구 도시 리우데자네이루 · 204
　　　　　　오래된 땅의 파노라마 · 211
　　　　　　브라질 그리고 커피 · 221
　　　　　　가난한 사람들로 가득 찬 부자 나라 – 브라질 · 229

6. 아마존　　녹색의 천국, 아마존 강 · 238
　　　　　　지구의 허파 셀바스 · 246
　　　　　　고무나무로 만든 오페라 하우스 · 254

7. 짧은 만남, 깊은 울림　남미에서 만난 청소년들 · 264
　　　　　　담장, 땅에 대한 짧은 생각 · 270
　　　　　　지구 반대편에서의 또 다른 삼국 시대 · 274
　　　　　　보편성과 동시성 – 세계화의 양날 · 286
　　　　　　새로운 모습의 퓨전 신앙 · 290

[부록 1]　주형이의 24일간 남미 여행 일기 · 295
[부록 2]　갈 때는 8시간, 올 때는 40시간 · 307
[부록 3]　안데스 깊이 알기(알티플라노 고원의 지형적 특성 / 안데스 지역의 식생) · 312

1. 타완틴수요를 찾아서

고대 국가 시대부터 원주민들이 발달시켜 온 수준 높은 농경 문화

지구 반대편으로

2005년 1월 7일, 지구 반대편 땅을 향하여 남미 답사길에 올랐다. 미국 LA를 거쳐 도착한 페루의 사막 도시 리마에서부터 본격적인 답사를 시작하여, 안데스의 웅장함에 놀라고, 이과수 폭포의 장관에 탄성을 지르고, 훼손되는 아마존 밀림에 지구의 미래를 걱정하고, 빈곤한 원주민의 삶을 안타까워하면서 장장 24일 동안 이것들을 하나라도 더 기억 속에 남기기 위해 남미 대륙의 동서남북을 분주히 오갔다.

우리가 남미와 만나야 할 일곱 가지 이유
우리는 그토록 먼 곳으로 왜 갔을까? 무엇을 보기 위해 갔을까? 우리는 다음과 같은 취지에서 남미 답사 계획을 세웠다.

첫째, 지구의 반대편은 어떤 곳인지 직접 확인해 보자는 것이다. 지구상의 어떤 지점에서 지구의 중심을 지나 반대쪽 표면과 만나는 지점을 대척점이라고 한다. 두 지점의 위도는 절댓값이 같으나 북위와 남위가 다르며, 경도는 서로 180° 차이가 난다. 따라서 계절과 밤낮의 변화가 반대이며, 거리상으로 가장 먼 곳이 된다. 우리나라의 대척점은 남미의 우루과이 부근이다. 지구의 반대편에 있는, 우리나라와 가장 멀리 떨어진 대륙에 대한 이해를 통해 우리 자신과 우리 나라에 대해 더 잘 알 수 있을 것이다.

둘째, 다양하고 변화무쌍한 자연환경을 갖춘 남미 대륙을 직접 체험해 보자는 것이다. 서부 태평양 지역은 최근에 솟구친 신기 조산대 지역으로 평균

남미 답사 경로도.

1. 타완틴수요를 찾아서

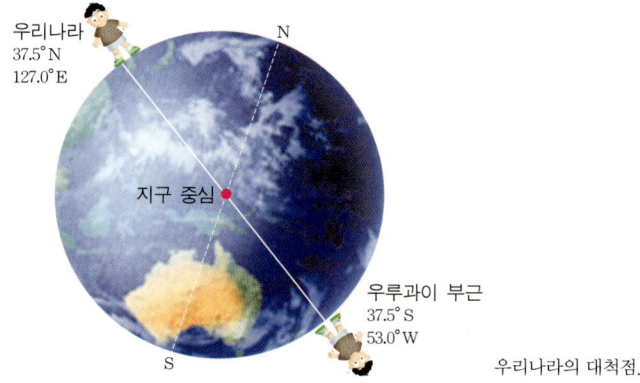

우리나라의 대척점.

해발 고도 4천여m에 이르는 안데스 산지가 남북으로 길게 달리고 있다. 이 산줄기를 따라 활화산과 주요 지진대가 나타난다. 이와는 대조적으로 안데스 산지의 동부 지역은 광활한 평원과 고원이 전개되는 비교적 안정된 땅이다. 지구상에서 가장 광대한 열대 밀림이 펼쳐져 있는가 하면, 안데스의 고산 지대를 따라서는 만년설이 쌓여 있고, 또 지구상에서 가장 건조한 사막이 전개되기도 한다. 지구 반대편의 독특한 자연환경과 이들 자연환경과 어우러져 살고 있는 사람들의 삶은 과연 어떨까?

셋째, 고산 지대에 꽃피운 고대 문명의 자취를 찾아보자는 것이다. 기원전 4만 년경 베링 해를 건너 아메리카로 이주한 원주민들은 험준한 안데스 산지와 아마존 강 유역의 열대 우림 지역에서 다양한 문화를 발전시키며 살아왔다. 특히 문명의 중심은 안데스 산지를 끼고 있는 고산 지대이며, 12세기경 페루의 쿠스코를 중심으로 한 지역에서는 찬란한 타완틴수요(잉카) 문명이 발달하였다. 이곳에는 지금까지도 고산 수도와 도시가 발달한다. 안데스 고산 지역이 남미 문화의 형성에 미친 영향을 살펴보는 일은 무척 흥미로울 것이다.

넷째, 남미는 어떻게 전통을 잃어버린 것일까? 남미에서는 다른 대륙의 영향이나 간섭 없이 독특한 문화가 발달하였다. 그러나 신대륙 발견 이후 에스파냐와 포르투갈의 약 3세기에 걸친 식민 통치 기간에 원주민 고유의 문화는 대부분 파괴되었고, 새로운 문화가 형성되었다. 오늘날 남미 거의 모든 나라의 주민은 침략자의 종교인 가톨릭을 믿는다. 언어도 브라질은 포르투갈 어를, 그 외 대부분의 국가는 에스파냐 어를 사용하고 있다. 또한 지역에 따라 차이는 있지만, 남미 전체 인구의 절반이 혼혈족이고, 나머지는 원주민과 흑인이다. 유럽계 백인은 소수이지만 대부분의 토지와 부를 가지고 있어, 사회의 상류층을 이루고 있다. 찬란했던 문명의 쇠락과 유럽 문화의 이식 과정에서 생긴 여러 가지 사회 경제적인 문제에는 어떤 것들이 있는지 살펴볼 필요가 있다고 생각했다.

다섯째, 세계 주요 작물의 요람이었던 남미가 오늘날 착취를 위한 농업 지역이 되어 버린 이유를 파악해 보고 싶었다. 현재 우리가 먹는 작물의 종류 가운데 반은 남미 대륙의 고대 문명들에서 비롯되었다고 할 정도로 남미는

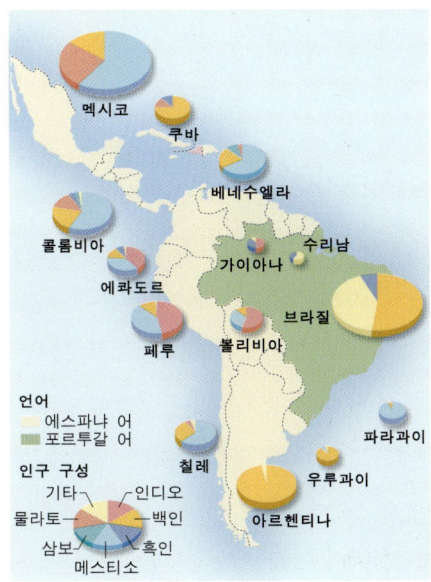

남미의 인구 구성과 언어.

많은 작물의 기원지이다. 하지만 오늘날 남미의 농업은 어떤가? 브라질의 플랜테이션 농장에서는 커피, 사탕수수 등 유럽 인들에게 필요한 열대 상품 작물이 대량으로 생산되며, 아르헨티나의 온대 초원인 팜파스에서는 유럽 인들이 가져온 소나 양을 사육하는 대규모의 기업적 농목업이 이루어진다. 반면에 안데스 서부 산지와 아마존 저지대에서는 농경에 불리한 환경 여건 때문에 자급자족의 농업이 이루어지고 있다. 브라질과 아르헨티나 등지에서 이루어지고 있는 대규모의 농원 농업은 누구의 자본과 누구의 노동력을 이용한 것인가?

여섯째, 남미는 왜 풍부한 자원을 가지고도 발전이 더딘지 알아보자는 것이다. 남미에는 오랜 지질 시대의 안정화된 지층으로부터 신기 조산대에 이르기까지 다양한 지질 시대의 지층이 분포한다. 따라서 칠레의 구리, 볼리비아의 주석, 브라질의 철광석 등 지하자원이 풍부하다. 과거에는 이들 지하자원을 광물 상태로 수출하였으나, 최근에는 이를 바탕으로 공업의 근대화에 힘쓰고 있다. 그러나 풍부한 자원과 값싸고 풍부한 노동력에도 불구하고 공업화는 더디게 진행되고 있다. 자본과 기술 부족, 불편한 교통, 정치적·경제적 불안정 등이 원인이지만 문제는 좀 더 근원적인 데 있다고 본다. 그렇다면 남미의 발전에 큰 장애 요인이 되고 있는 것은 과연 무엇인가? 자원을 둘러싼 지역 국가 간의 갈등과 지역 발전에 미친 영향은 또 무엇인가?

일곱째, 보존이냐 개발이냐의 문제다. 아마존 강은 브라질, 에콰도르, 페루, 콜롬비아 등 남미의 여러 나라를 걸쳐 흐르는 국제 하천이다. 세계 최대의 열대 우림을 형성하고 있는 이 강 유역은 지구 산소의 주요 공급원일 뿐 아니라, 세계에서 가장 다양한 종류의 동식물이 서식하고 있어 생태학적으로도 매우 중요한 곳이다. 그러나 브라질에서는 인구와 경제가 해안 지역에 집중하는 문제를 해결하고 국가 총체적 경제 발전을 위해 아마존 개발 계획을 세우고 실행에 옮겼다. 아마존 강 유역 개발에서 가장 많은 자본이 투입된 사

벌목이 한창인 아마존 열대 우림 지역. 비행기에서 찍은 사진으로 트럭이 조그맣게 보인다.

업은 광산 개발이다. 이 지역에는 금, 철광석, 보크사이트 등의 광물이 풍부하게 매장되어 있어, 브라질 정부는 물론이고 해외 다국적 기업들이 아마존 강 유역의 광산 개발에 많은 자본을 투자하고 있다. 아마존 강과 그 유역 열대 우림 지역의 개발이 지구 환경에 미치는 영향은 간과한 채. 환경 보존이 우선인가, 개발이 우선인가 하는 난제 중의 난제가 시험대에 올라 있는 곳이 바로 이곳이다.

라틴아메리카 대신 중남미로

일반적으로 대륙을 구분할 때는 자연 지리적인 구분 방법을 사용한다. 그래서 아시아의 경우 동부, 동남, 남부, 서남, 중앙아시아로 나눈다. 따라서 아메리카 대륙도 당연히 북아메리카와 남아메리카 또는 북아메리카, 중앙아메리카, 남아메리카 등으로 나눌 수 있다. 그러나 우리나라 교과서를 비롯해 세계

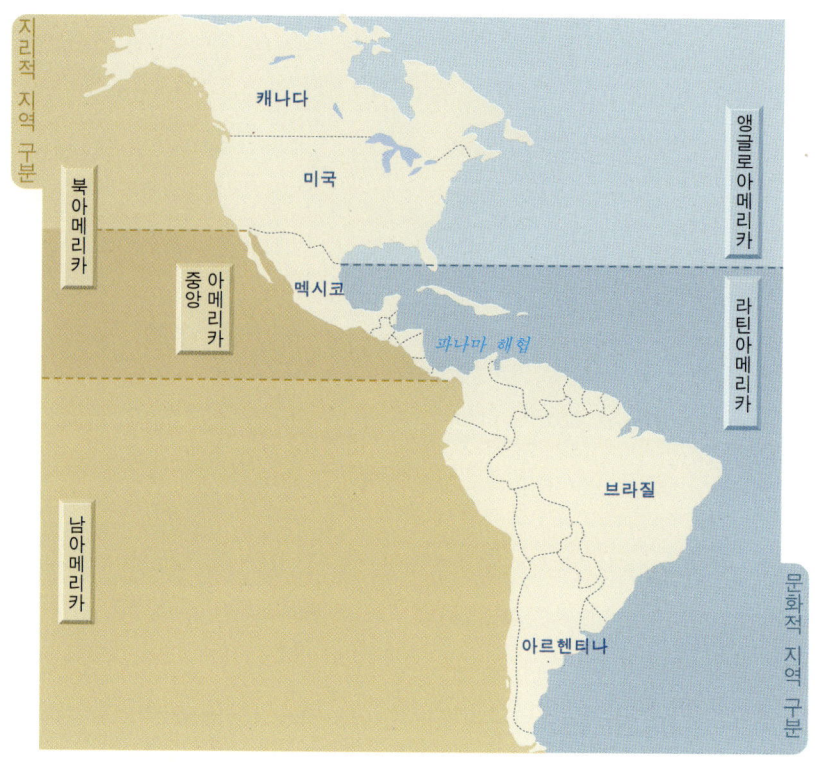

아메리카 대륙의 지역 구분 방식.

의 많은 교과서에서는 이 방식 대신 앵글로아메리카와 라틴아메리카로 나누는 방식을 채택한다. 왜 그럴까?

'라틴아메리카'라는 말을 쓰라고 맨 처음 명령한 사람은 프랑스의 나폴레옹 3세였다. 그는 아메리카에서 라틴 족과 라틴 문화의 지위를 더 높이고자 학자들을 동원해 이와 같은 땅 이름을 만들었다. 이 이름은 라틴 족인 프랑스의 지위를 높여 주는 효과를 가져왔으므로 프랑스에게 외교적 승리를 안겨 주었다고 볼 수 있다. 이런 논리에 따라 앵글로-색슨 족의 영국이 지배한 미국과 캐나다 지역은 앵글로아메리카로 부르게 되었다.

라틴아메리카는 이름에서도 알 수 있듯이 에스파냐와 포르투갈의 영향을 많이 받은 곳이다. 라틴 족의 종교인 가톨릭을 믿고, 라틴 족의 문화와 사회 제도를 따르며, 라틴 족 언어에 속하는 포르투갈 어(브라질)나 에스파냐 어(그 밖의 나라들)를 사용하고 있다. 반면에 앵글로아메리카 지역은 영국 문화의 영향을 많이 받았다. 영국의 전통과 문화와 사회 제도가 들어왔으며, 주로 영어로 말하고 개신교를 믿는다. 따라서 이런 구분 방법도 나름대로 의미가 있다고 볼 수 있다.

그러나 이런 구분에는 원주민의 역사와 존재에 대한 관심과 철학이 담겨 있지 않다. 이 이름들은 콜럼버스 상륙 당시 이곳에 살고 있었던 8,000만 원주민의 역사에 대해 눈감고 있다. 또한 강제로 끌려온 1,200만 명의 아프리카 흑인과 그 후손들도 전혀 고려하고 있지 않다. 따라서 굳이 문화적 구분이 필요하다면 라틴아메리카와 앵글로아메리카 대신 북아메리카와 중남아메리카로 나누면 된다.

우리나라 언론에서는 아메리카 대륙을 일반적으로 북미와 중남미 또는 북미, 중미, 남미 등으로 나누어 부른다. 이 지역을 이렇게 북아메리카(북미)와 중남아메리카(중남미)로 나누어 부르는 방법은 인종 차별과 인권 침해의 요소를 줄일 수 있다는 점에서 적절하다고 생각한다.

이러한 관점에서 이 책에서는 라틴아메리카라는 말 대신 중남아메리카 또는 중남미로 부르기로 한다.

원주민들의 전통과 문화 – 고대 문명의 계승

그곳에 살고 있던 사람들

아메리카 원주민을 에스파냐 어로는 인디오, 영어로는 인디언이라고 한다. 그런데 정작 이 대륙의 주인이었던 원주민들은 이 말을 싫어한다. 이 말에는 일본 사람들이 우리나라 사람을 경멸하여 '조센징'이라 불렀던 것처럼 이들을 부정적으로 보는 의미가 들어 있다. 그래서 인류학자들은 '인디오(인디언)' 대신 '인디헤나(indigena; 원주민이라는 뜻)'로 부른다.

원래 인디오(인디언)는 인도(India) 사람을 의미한다. 에스파냐 어와 영어 사전을 찾아보면 두 종류의 사전 모두 '① 인도 사람 ② 아메리카 원주민'이라고 되어 있다. 왜 유럽 사람들은 아메리카 원주민을 인디오(인디언)라고 부르게 되었을까?

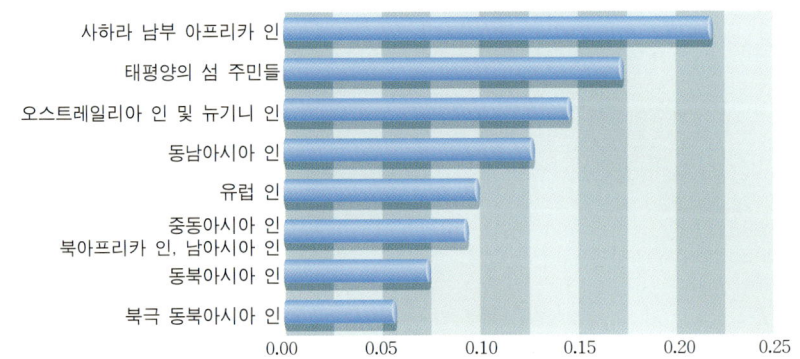

아메리카 원주민과의 유전자 거리. 북극 동북 아시아 인과 가장 가깝다.

출처 : 릴리스포드, 『유전자 인류학』, 2003, 휴먼앤북스.

15세기 말 콜럼버스는 서쪽으로 항해를 하였다. 당시 유럽은 이슬람 제국의 상인들을 통해 동남아시아에서 생산되는 후추 등의 향료를 수입하고 있었는데, 이 향료는 같은 무게의 금보다도 값이 비쌌다. 이슬람 상인들이 유럽과 아시아의 가운데에 있다는 지리적 위치를 이용하여 많은 이윤을 남겼기 때문이다. 따라서 유럽은 인도로 가는 새로운 길을 찾아야만 했다. 지구가 둥글다고 생각한 콜럼버스는 서쪽으로 가면 인도에 도착할 수 있다고 믿었다. 콜럼버스 일행은 오늘날의 카리브 해의 한 섬에 도착했을 때 그 섬을 인도라고 생각했다. 그래서 거기에 사는 원주민을 인디오(인도 사람)라고 불렀다. 나중에 아메리고 베스푸치가 새로운 대륙이라고 발표한 이후 유럽 인들은 그의 이름을 따 이 대륙을 아메리카라고 불렀지만, 이곳 원주민들에 대해서는 여전히 인디오, 즉 인도 사람이라고 불렀다. 인디오에 대해서도 새로운 이름을 주어야 했지만 그렇게 하지 않았다.

16세기 초 침략 전쟁 당시 유럽의 정복자들 가운데 '정말 인디오가 우리와 같은 사람일까?' 라는 문제를 가지고 토론한 사람들이 있었다. 그들은 아메리카 원주민은 인간과 동물의 중간 단계에 있다고 결론지었다. 그들은 원주민을 말하는 동물쯤으로 여기고 싶어했다. 그래야 원주민들의 문명을 약탈하고, 그들의 노동력을 착취할 수 있었기 때문이다.

에스파냐 사람들은 3백 년 동안 남미를 지배하면서 원주민들에게 인종적 열등감을 심어 놓았다. 원주민의 유산은 미개한 것이며, 없애야 할 것으로 가르쳤다. 타완틴수요(잉카 제국) 시대의 수많은 신전을 부수고, 그 위에 가톨릭 성당을 지었다. 그리고 원주민들의 언어를 쓰지 못하게 했으며, 전통적으로 내려오는 관습도 없애려고 하였다.

관광객들은 안데스 고원에 사는 원주민의 독특한 전통 의상에 호기심을 갖지만, 현재의 원주민 의복은 18세기 말에 카를로스 3세가 강제로 입도록 한 것이다. 에스파냐 사람들이 원주민 여자들에게 입도록 강요한 여성 의복은

티티카카 호 주변 도시에서 만난 전통 의상 차림의 여자. 부족에 따라 모자의 모양이 다르다.

에스파냐의 에스트레마두라, 안달루시아, 바스크 지방의 농민 옷을 모방한 것이다. 머리 한가운데에 가르마를 타고 쪽을 찐 여성들의 머리는 톨레도 부왕 시기부터 강제로 바꾼 것이 대를 이어 온 것이다.

정복자들이 원주민에 대해 가졌던 편견은 현재까지 남미 사람들의 의식에 영향을 주고 있다. 그래서 자신의 피부색이 백인에 가까운 것을 자랑으로 여기거나, 자신에게 에스파냐의 피가 섞여 있다는 것을 뽐내는 사람들이 있다.

타완틴수요를 찾아서

쿠스코에서 아침 식사 전에 시내에 나갔다. 타완틴수요의 도읍지였던 쿠스코는 인구가 20만 명이나 되는 꽤 큰 도시이다. 거리에는 아침 식사를 파는 사람들이 간간이 보였다. 일하러 가는 남자들도 있고, 손수레에 빵을 싣고 가는 할아버지도 있었다. 봉사 활동을 위해 왔다는 우리나라의 두 젊은이도 만났다. 거리 여기저기에서 구두닦이들도 보였다.

문득 라디오 타완틴수요(RADIO TAWANTINSUYO)라는 간판이 눈에 띄

쿠스코 시내의 길거리에서 한 원주민 여성이 아침 끼니로 먹을 음식을 팔고 있다.

었다. '타완틴수요'라는 이름을 보니 너무도 반가웠다. 한국을 떠나기 전부터 이 이름을 찾을 수 있기를 기대했다. 또 어디서 이 이름을 쓰고 있을까? 그 후손들은 이 이름을 얼마나 알고 있으며 그 역사를 어떻게 생각하고 있을까?

아침 식사 후에 다시 이 이름을 만났다. 쿠스코를 잠깐 돌아본 다음 일부는 계속 시내 답사를 하고, 일부는 서점에 들러 책을 몇 권 샀다. 에스파냐 글을 잘 읽지는 못해도 그림이 많이 있고, 또 텍스트도 언젠가 도움이 되리라는 생각에서였다. 그 중 『INCAS』라는 책에 '타완틴수요 시대의 사회 경제와 국가'라는 부제가 붙어 있었다. '잉카' 대신 '타완틴수요'라는 이름을 쓰고 있는 것이다.

타완틴수요(Tawantinsuyo)는 마추픽추를 건설한 나라로, 유럽 인의 침략 당시 남미에서 가장 강력하고 넓은 영토를 형성하고 있었다. 인구는 당시 조선보다 몇 배가 많은 2천5백만 명이었다. 타완틴은 4, 수유는 방향을 뜻하니 우리말로 '4방국'이라고나 할까?

그러나 유럽 인들은 침략 당시 안데스 산지를 중심으로 했던 이 광대한 나

쿠스코의 타완틴수요 라디오 방송국.

라를 잉카 제국이라고 불렀다. 잉카는 '왕'을 지칭하므로 잉카 제국은 '왕의 제국'이라는 뜻이다. 유럽 인들이 타완틴수요를 잉카 제국이라고 부른 것은 타완틴수요를 한 왕실의 나라로 폄하하고자 했던 것일지도 모른다. 그래서 위대한 제국에 흠집을 내고, 국민과 왕실을 분리시키려고 했던 것은 아닐까? 일본이 일제 강점기에 조선을 '이씨 조선'이라고 부름으로써, 500년 이상 유지해 온 조선의 역사를 '이씨'라는 한 가문의 역사로 축소시키려고 했던 것처럼 말이다. 만약 그렇다면 '잉카 제국' 대신 원래의 이름인 '타완틴수요'나 '타완틴수유'로 불러 주어야 마땅할 것이다.

　타완틴수요 문화가 유럽 문화에 의해 많이 변질되기는 했지만, 그 문화의 일부는 계속 이어져 오고 있다. 문화의 속성 중 가장 중요한 것은 언어일 것이다. 안데스 산지 지역에서는 민족에 따라 여전히 케추아 어, 아이마라 어 등 자기들 말을 쓰고 있다.

　전통 음악도 계승되고 있으며, 그것을 관광 상품으로도 이용하고 있었다.

안데스 산지의 전통 음악을 연주하고 있는 원주민 밴드.

쿠스코에 도착한 첫날 저녁 식사를 했던 식당에서 몇 명의 원주민 밴드가 식탁 머리로 와, 노래를 부르고 악기를 연주했다. 타완틴수요의 전통 음악이었는데 노래에 힘이 넘치면서도 아름다웠다. '아, 이게 타완틴수요의 전통이고 맥박이구나!' 이런 음악이 사라지지 않고 남아 있다는 사실이 너무나 다행스러웠다. 한 선생님이 그 밴드에 다가가 전통 음악이 확실한지, 곡명은 무엇인지 묻고 사인을 받았다. 악기도 여러 가지가 있었는데 일부는 전통 악기라고 했다. 이 밴드의 연주가 끝나자 또 다른 밴드가 들어와 공연을 했는데, 이렇게 공연하는 이유는 전통 음악이 담긴 CD를 팔기 위해서였다. 다음 날 마추픽추 아래 계곡의 음식점에서도 이런 연주를 들을 수 있었다.

우리는 음악을 들으며 전통 음식을 맛보았다. 전통 음식 가운데 유명한 것은 옥수수로 만든 치차라는 술이었다. 우리나라의 막걸리처럼 빛깔이 하얀데 시큼한 맛이 났다. 또 집 안에서 기르는 가축으로 다람쥐와 비슷한 쿠이의 고기도 조금 먹어 보았다. 이 지역에서 유명한 코카 잎을 씹어 보는 사람들도 있

(왼쪽) 비바라틴 식당에서 처음 먹어 본 쿠이 고기 요리.
(오른쪽) 코카 잎과 코카 차. 원주민들이 고산 증세와 힘든 노동의 고통을 이길 수 있도록 도움을 준다. 마시면 혀가 금방 마취가 되어 얼얼해진다.

무지개 색깔의 타완틴수요 기.

었다. 코카 잎은 살짝 씹었을 뿐인데도 혀가 마취 주사를 맞은 듯 얼얼해졌다.

한국에 돌아와 인터넷에서 검색해 보니 일곱 가지 무지개 색깔의 타완틴수요 기도 있었다. 이 기는 조금씩 변형해서 쓰기 때문에 그 종류가 여러 가지였다. 하지만 현지에서는 그 사진을 찍지 못했다.

주민들의 전통적 생활 모습을 만나 보기 위해 안데스 산지 지역에서 갔던 곳은 쿠스코에서 반 시간쯤 떨어진 두 시골 마을이었다. 4,000m가 넘는 고산 지대의 산지, 그 사이의 계곡과 평지, 풍요로운 푸른 밭, 흙벽돌로 만든 집, 소박한 마을 사람들. 우리를 놀라게 한 많은 풍경 속에서 500년 전 멸망한 타완틴수요 시대와 그 이전의 전통 문화를 만날 수 있었다.

아메리카 문명의 붕괴

비행기를 타고 안데스의 고원을 넘으면서 집약적으로 이용되고 있는 밭과 도로, 그리고 저수지들을 보았다. 비행기에서 내린 다음에는 거대한 바위로 만든 신전과 성곽 등 현대 과학으로도 그 건설 방법을 설명하지 못하는 각종 건축물들을 보았다. 원주민들은 고추, 감자, 고구마, 옥수수, 토마토를 비롯한 여러 종류의 농작물을 재배할 줄 알았는데, 이들 농작물은 현재 세계의 음식 문화에 큰 변화를 가져온 것들이다.

유럽 인이 쳐들어온 16세기 초, 남아메리카의 안데스 산지에는 이런 문명을 기반으로 2천5백만 명가량의 원주민이 고도의 사회 조직을 이루고 있었

전성기의 타완틴수요(잉카) 제국.

다. 군대도 수만 명이나 되었다. 그러나 이 군대는 고작 180명의 유럽 침략군에게 패했고, 원주민의 역사와 문화는 유럽 인들에 의해 대부분 파괴되고 말았다. 수적으로 훨씬 우세했던 원주민 군대가 유럽 군대에게 패했던 이유는 무엇일까?

쇠와 화약 – 유럽의 전쟁 무기
『삼국지』의 전쟁 이야기를 읽으면서 그 당시 어느 한쪽에 기관총이 있었다면 전쟁의 결과가 어떻게 달라졌을지 상상해 본 적이 있다. 실제로 무기의 차이가 전쟁의 결과에 결정적 영향을 미친 사례는 얼마든지 찾아볼 수 있다. 19세기 말 동학 농민 전쟁 때 조선의 농민군이 일본에게 패배한 이유 중의 하나가 그것이다. 농민군은 죽창을 들었으나 일본군은 총을 가지고 있었다. 그 때 목숨을 걸고 싸운 농민군 수만 명이 죽었다. 최근의 사례로는 이라크와 미국의 전쟁을 들 수 있다. 미국은 인공위성으로 이라크 부대의 이동은 물론 트럭의

타완틴수요의 수도 쿠스코에 있는 삭사이와만. 바위로 만든 거대한 구조물로, 방어 요새 또는 신전 등으로 추정된다.

타완틴수요의 수도 쿠스코의 전경. 이곳에 사원과 관청이 있었다. 가운데 빈 부분이 도시의 중심인 광장으로, 에스파냐의 침략 이후 유럽식으로 바뀌었다. 삭사이와만 부근에서 찍었다.

이동 상황까지 정확하게 포착할 수 있었다. 그리고 항공모함에서 비행기를 띄우는 것은 말할 것도 없고, 정밀한 미사일과 무인 비행기를 이용하여 상대를 유린하였다.

이와 비슷한 전쟁이 16세기 초 남아메리카에서도 일어났다. 당시 원주민들에게는 십만이 넘는 군대가 있었으나 쇠가 없었다. 당연히 쇠로 된 칼도 없었다. 그들의 전쟁 무기는 주로 몽둥이였고 나무로 만든 창이 고작이었다. 때로는 돌로 맞서기도 하였다. 이에 비해 유럽에서 건너온 에스파냐의 피사로 부대는 180명에 지나지 않았지만, 쇠로 된 칼은 물론이고 철제 갑옷과 금속제 화살촉을 사용하였다. 또한 총과 화약을 가지고 있었다.

유럽 사람들은 쇠와 화약을 만들었는데, 왜 아메리카 사람들은 그러지 못했을까? 그 이유는 지리적으로 설명할 수 있다. 원래 쇠와 화약은 아시아에서 처음 발명되었다. 쇠는 서남아시아에서, 화약은 중국에서 만들어 사용하였다. 비단길 등의 육로와 인도양과 지중해의 바닷길을 이용해 아시아와 교류하고 있던 유럽 사람들은 쇠와 화약의 제조법을 배워 갈 수 있었다. 또한 중국에서 발명한 나침반을 이용하여 배를 타고 아메리카 대륙에 도착할 수 있었다.

아프리카에서 처음 출현한 현생 인류는 유럽과 아시아로 이동했고, 빙하기에 아메리카로 건너갔다. 하지만 같은 현생 인류이면서도 아메리카로 건너온 사람들은 아프리카와 유럽은 물론이고 자기들이 떠나왔던 아시아와도 거의 교류하지 못했다. 지리적으로 고립되어 살다 보니, 문명의 교류가 이루어지지 못했던 것이다. 아메리카 원주민들은 넓은 태평양과 대서양으로 고립된 채 다른 세계가 있다는 사실조차 알지 못했다. 그래서 자기들이 사는 곳이 세계의 중심이라고 생각했다. 타완틴수요(잉카 왕국)의 수도 쿠스코는 '세계의 배꼽'이라는 뜻이며, 아스텍 제국의 중심 테노치티틀란은 '세계의 중심축'이라는 뜻이다. 이것은 중국의 이름이 '세계의 중심에 있는 나라'라는 뜻에서 나온 것과 같은 맥락이다.

만일 다른 대륙과의 교류가 가능했다면 아메리카 원주민들도 쇠로 된 칼과 총을 제조할 수 있었을 것이다. 그리고 아메리카의 문명도 다르게 변화했을 것이다.

또 다른 전쟁 수단 말(馬) 그리고 하얀 피부

유럽에서 대서양을 건너온 침략자들은 쇠로 된 무기 이외에 27마리의 말을 배에 싣고 왔다. 당시 그 지역에는 말이 없었기 때문에 원주민에게는 유럽 인이 가져온 말이 매우 인상적이었던 것 같다. 타완틴수요의 수도인 쿠스코의 중앙 대로에 있는 벽화를 통해 그것을 알 수 있다. 높이가 수 미터이고 길이

쿠스코의 중앙 대로에 있는 벽화에는 에스파냐가 가지고 온 칼, 갑옷, 말 그리고 원주민들이 약탈당하는 장면이 묘사되어 있다.

가 수십 미터에 이르는 이 대형 벽화에는 전쟁 당시 활약했던 하얀 말이 강렬하게 묘사되어 있다.

하얀 피부를 가진 유럽 인들의 신체적 특징도 말 못지않게 원주민에게 충격을 주었다. 벽화에는 두 인종 간의 차이도 묘사되어 있다. 자신들보다 힘이 약할 경우 피부색이 다르다는 것은 경멸의 대상이 되겠지만, 힘이 강할 경우 그것은 공포와 경외의 대상이 된다. 게다가 동쪽 바다에서 하얀 피부를 가진 신이 나타나 자신들을 구해 줄 것이라는 신화를 갖고 있던 원주민들로서는 에스파냐 인들을 보았을 때 감히 대항할 생각을 하지도 못했을 것이라는 주장도 있다.

유럽 인이 가지고 온 각종 질병

쇠붙이를 비롯한 무기 체계 못지않게 아메리카 원주민의 군대에 치명타를 가한 것은 유럽 인이 가져온 각종 질병이었다. 코르테스가 쳐들어간 멕시코

안데스 산지의 야마 목장. 남아메리카 원주민들이 사육했던 네발 달린 가축은 야마와 알파카 정도였다. 현재 있는 양과 젖소는 침략 이후 유럽에서 가져온 것이며 소와 말도 마찬가지다.

의 아스텍 문명도 그러했고, 피사로가 쳐들어간 남아메리카의 타완틴수요 제국도 그러했다.

 1520년 코르테스는 멕시코의 아스텍에 패해 4천 명의 원주민 동맹군과 에스파냐 군인 400명을 잃었다. 그리고 그동안 모은 모든 황금과 보화를 잃고 후퇴했다. 그러나 그의 군대가 6개월 동안 새로운 전쟁을 준비하는 사이에 행운이 찾아왔다. 아스텍의 수도인 테노치티틀란을 천연두가 휩쓴 것이다. 천연두로 인해 황제 등 수많은 사람들이 죽는 바람에 아스텍의 권력 체계가 흔들렸고, 아스텍 군대의 사기가 떨어졌다. 만약 천연두가 돌지 않았다면 아스텍은 쉽게 패하지 않았을지 모른다.

이와 마찬가지로 1532년 남아메리카 타완틴수요의 경우 피사로의 공격 부대가 도착하기도 전에 와이나 카팍 황제와 고위 관료들이 열병과 오한 속에 죽어 갔다. 전염병이 유럽 군대보다 더 빨리 쳐들어왔던 것이다. 전문가들은 이들이 천연두 아니면 홍역으로 죽었을 것이라고 분석한다. 설상가상으로 황제에 이어 그 자리를 이을 황제의 아들도 병으로 쓰러졌다. 당시 아메리카에 퍼진 전염병은 천연두, 홍역, 티푸스, 늑막염, 수막염을 비롯하여 여러 가지 종류가 있었다. 당시의 기록에 따르면 천연두가 70일 동안이나 지속되었으며, 이 때문에 엄청난 인구가 죽어 갔다고 한다.

그런데 왜 이런 질병은 유럽 인과 달리 아메리카 원주민에게만 피해를 주었을까? 이것 역시 아메리카의 지리적 고립과 관계가 있다. 아프리카, 아시아와 유럽 대륙은 오랜 역사를 통해 동물을 가축으로 만들었다. 이 과정에서 동물들이 가지고 있던 병원균들이 돌연변이를 일으켰고 그중 일부는 천연두, 홍역, 인플루엔자 등이 되어 인간의 질병으로 자리를 잡았다. 일부 사람들은 이런 종류의 병으로 희생되었으나, 면역성을 지닌 사람은 살아남아 그 후손을 늘려 갔다.

그러나 지리적으로 고립되어 가축이 별로 없었던 아메리카의 원주민들에게는 이런 질병에 대한 면역성이 거의 없었다. 남아메리카의 원주민들이 사육했던 네발 달린 가축은 야마와 알파카 정도였다. 현재 있는 양과 젖소는 침략 이후 유럽에서 가져온 것이며, 소와 말도 마찬가지다. 아메리카뿐 아니라 오스트레일리아, 남아프리카 공화국, 태평양, 극지방의 원주민들도 마찬가지였다. 유럽 인들이 이들 지역을 정복할 때 그들과 함께 들어온 질병으로 이들 지역은 심각한 타격을 받았다. 심한 경우 인구의 99%가 희생되기도 했다.

타완틴수요의 황제가 병으로 죽자 황제 자리를 노리는 사람들끼리 서로 전쟁을 벌였다. 이렇게 타완틴수요가 분열된 사이에 유럽 군대가 쳐들어왔다.

안데스 고산 지대의 시골에 살고 있는 원주민 아이들. 이들에게는 유럽 인의 질병에 대한 저항력을 가진 유전자가 생겼다.

만약 질병이 돌지 않았다면 황제가 죽지 않았을 것이고, 그랬다면 국가가 나누어지지도 않았을 것이며, 전쟁에 지지 않았을 수도 있다.

16세기 내내 이들을 괴롭혔던 각종 질병은 한 세기가 지나면서 한풀 꺾였다. 마침내 아메리카 원주민에게도 유럽 인의 질병에 대한 면역이 생겼기 때문이다. 그러나 이미 많은 인구가 스러졌으며 에스파냐와 포르투갈에 의해 아메리카 원주민 고유의 문화와 문명은 파괴될 대로 파괴된 뒤였다.

지배 부족과 피지배 부족 간의 갈등

지리적 고립 외에도 아스텍 같은 경우는 일부 민족이 에스파냐의 코르테스 군대에게 협력한 것도 패배의 한 요인이었다. 당시 중앙아메리카에는 수많은 민족이 있었는데, 이들은 지배 민족에 대해 반감을 갖고 있었다. 따라서 그들 중 일부 민족은 에스파냐 군대와 싸우려고 하지 않았을 뿐 아니라, 오히려 이들과 함께 아스텍을 공격하였던 것이다.

2. 중위도의 태평양 연안

감자, 옥수수 등을 팔고 있는 머라플로레스 해안가의 노점상

바다와 이웃하고 있는 사막 도시 리마

중위도의 해안 사막

1월 초인데도 비가 줄기차게 쏟아지는 LA를 이륙해서 두 시간쯤 지나자 바다와 이웃하고 있는 황량한 멕시코 해안 사막이 나타났다. 바닷가에 사막이 있다니! 바다가 옆에 있으면 비가 꽤 내릴 것이라고 생각하기 쉽지만, 세계 여러 곳의 바닷가에는 아주 건조한 사막이 나타난다. 남반구 페루의 리마도 북반구 멕시코의 사막과 적도에서의 거리가 비슷한 해안 사막 지역이다.

LA를 이륙한 지 두 시간 후에 비행기에서 찍은 멕시코의 해안 사막.

리마의 해안. 뒤로 보이는 바닷가 절벽이 해안 단구이며, 리마는 이 해안 단구 위 사막 지대에 세워진 도시이다. 주변 바다에는 일 년 내내 수온이 낮은 해류가 흐른다.

    중위도의 대륙 서안에 이와 같은 해안 사막이 나타나는 이유는 무엇일까? 내륙 깊숙히 있는 내륙 사막을 제외하고 대부분의 사막은 중위도의 대륙 서안에 있다. 중위도 지역은 적도에서 상승한 기류가 하강하는 고압대 지역으로 비가 거의 내리지 않아 사막이 발달하게 된다. 그렇지만 대륙 동안은 계절풍의 영향을 받기 때문에 사막이 되지 않는다.

    주변 바다에 차가운 한류가 흐를 경우에도 해안을 따라 매우 건조한 해안 사막이 발달하게 된다. 한류 주변은 기온이 낮아 바닷물이 증발도 안 되고 비구름도 잘 형성되지 않아 강수량이 미미하여 사막이 된다. 남미 대륙의 서쪽도 남극에서 올라오는 페루 해류의 영향을 받아 해안 사막이 길게 형성되어 있다.

리마 시 전경. 곳곳에 보이는 물탑이 건조 기후임을 상기시킨다. 멀리 사막이 보인다.

사막 도시 리마

리마에는 키가 큰 나무와 여러 가지 꽃들이 자라고 있었다. 이름을 알 수 없는 것들이 대부분인 가운데 유칼립투스나 인동덩굴, 유도화 등 이름을 알 만한 나무나 꽃도 보여 반가웠다. 언뜻 시가지만 봐서는 사막이라는 것을 알기가 어려웠다. 그러나 가로수에 물을 주는 물차와 꽃밭에 물을 주기 위한 수도꼭지 시설을 보면서, 푸른 도시를 유지하기 위해 물이 얼마나 중시되는지 알 수 있었다. 도시 곳곳에 있는 물탑에는 에스파냐 말로 '물은 생명이다(Aguas es vida)'라고 쓰여 있었다.

리마의 여름은 후덥지근했다. 한 선생님이 GPS로 리마가 있는 곳의 기온을 시간대별로 측정했더니 오후 두 시 반에는 32℃였고, 오후 네 시에는 31℃였다. 당시 습도는 각각 63퍼센트, 69퍼센트였다. 바닷가라서 습도가 낮은 편은 아니지만 비는 잘 내리지 않는다. 비나 눈은 공기가 상승할 때 내리는데, 한류가 지나면 땅과 바다 표면의 기온이 낮아져 공기가 상승하지 않게 되

(왼쪽) 물차가 거리 풀밭에 물을 뿌리고 있다.
(가운데) 공원에 물 공급 시설이 갖추어져 있다.
(오른쪽) 시내의 여기저기 서 있는 물탑. '물은 생명이다'라고 쓰여 있다.

며, 그 결과 한류 연안은 건조한 기후가 나타나는 것이다.

페루의 수도로 페루 인구의 3분의 1인 800만 명이 살고 있는 리마는 도시 자체가 사막으로 된 해안 단구 위에 올려져 있다. 이런 사막에서 리마와 같은 큰 도시를 유지하는 데는 물이 매우 중요하다. 사막 도시 리마는 이 물을 어떻게 조달하고 있을까?

리마는 필요한 물을 리막 강과 사막 밑의 지하수에서 얻는다. '리마'라는 이름은 도시를 지나는 리막 강에서 유래했고, 리막 강이라는 이름은 강의 자갈 구르는 소리에서 나온 것이다. '리막'의 뜻은 '말하는 강'이라고 한다. 리막 강은 리마 동쪽 안데스 산지

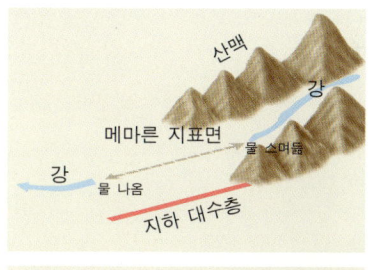

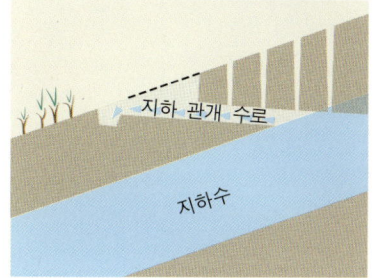

고대 국가 시대 원주민들은 안데스 계곡에서 흘러내려와 지하로 들어간 리막 강의 물을 이용하기 위해 지하 관개 수로를 만들었다.

2. 중위도의 태평양 연안 37

페루의 수도 리마의 번화가. 멀리 사막인 산이 보인다.

의 눈과 얼음이 녹은 물이 흘러 내려온 것이다. 사막에 살고 있던 원주민들에게 리막 강의 자갈 소리는 아름다운 음악처럼 들리지 않았을까?

사실 리막 강은 생각보다 넓지 않다. 폭이 수십 미터에 불과한 데다 물도 많지 않다. 그러나 사막에서는 그 정도 물이라도 매우 중요하다. 성경에 나오는 서아시아의 요르단 강도 실제로는 폭이 좁아, 하류에서도 40m 정도에 지나지 않는다. 그렇지만 사막을 지나므로 매우 중요한 것이다. 리막 강은 건기에는 물이 흐르지 않는다. 한류인 페루 해류의 영향으로 비가 거의 내리지 않아 연평균 강수량이 25~50mm에 불과하기 때문이다.

식민지 이전 페루의 해안 지역에는 수풀이 우거진 완벽한 오아시스가 있었다. 이곳에는 일찍부터 어부와 농민들이 정착해 살았으며, 기원전 1세기부터 기원후 7세기까지 모치카 문화가 있었다. 모치카 문화는 땅에 커다란 그림을 남긴 남쪽의 나스카 문화와 거의 동시대에 고대 문명을 꽃피웠다.

안데스 서쪽에서 동쪽으로 날아가며 북쪽을 보고 찍은 모습. 건조해 보인다.

페루 리마의 아르마스 광장. 에스파냐 인들은 자신들의 도시와 같은 형태로 도시를 건설하였다.

    리마가 본격적으로 개발되기 시작한 것은 에스파냐의 식민지 지배와 관계가 있다. 에스파냐는 안데스 산지의 고원에 있었던 타완틴수요(잉카 제국)를 무너뜨린 뒤 이곳을 본거지로 삼았다. 해안 지역에 위치한 리마는 배를 타고 온 유럽 세력이 대륙 침략의 기지로 삼기에 유리했기 때문이다. 에스파냐는 이곳을 총독 통치의 영토보다 한 단계 높은 부왕령의 중심지로 정했다.

    현재 리마는 각지에서 몰려드는 사람들로 계속 팽창되고 있다. 새로 유입된 사람들 중 가난한 사람들은 리마의 변두리 사막에 집을 짓는다. 그들은 집을 짓는 전문가들에게 맡기지 않고 자기들이 직접 흙벽돌로 건물을 쌓아 올린다. 혼자 집을 지으면 서너 달, 둘이 지으면 한두 달이 걸린다고 한다. 이리하여 리마 주변의 사막에는 빈민촌이 형성되어 있다. 땅이 넓은 데 비해 인구가 적고, 또 온통 사막이어서 리마를 벗어나면 땅임자가 없다. 사막이 아닌 농경지이거나 과수원이었다면 그렇지 않았을 것이다.

    이곳의 집 가운데 일부는 지붕이 없다고 한다. 비가 내리지 않는 사막에서

리마의 주택가.

는 지붕이 없어도 담만 쌓으면 집이 된다. 일교차가 큰 편이지만 흙이 추위와 더위를 잘 막아 준다. 리마의 집들은 2층을 올리더라도 기둥만 올리고 더 이상 건축을 진행하지 않는다. 겉에서 보기에는 1층 위로 철골이 솟아 올라와 있어 마치 건물을 짓다가 만 것처럼 보인다. 처음에는 생활수준이 낮아서 그러려니 했는데, 가이드의 설명에 의하면 짓다가 만 그 자체를 완성된 건축물로 여긴다고 하였다. 2층 이상의 건물을 올리지 않는 것은 언제 일어날지 모르는 지진에 대비하기 위한 것이다. 나머지 구조는 다 갖추어져 있으며, 천장에 구멍이 뚫려 있는 것은 통풍을 위한 것이다.

해안 충적 단구 미라플로레스
미라플로레스는 리마의 신시가지 지역이다. '미라[보다] 플로레스[꽃]' 라는 지명은 이곳이 매우 아름다운 해안이라는 의미일 것이다.
　미라플로레스 해변에 위치한 호텔에서 아침을 맞으며 태평양을 내려다보다가 깜짝 놀라고 말았다. 해안에서 수직으로 거의 100m나 솟은(GPS는 해

미라플로레스 해안 전경. 리마의 신시가지 미라플로레스 해안은 100여m 높이의 절벽이 있는 충적 단구이다.

발 80~90m를 나타냈다) 절벽 위에 호텔이 아슬아슬하게 세워져 있는 게 아닌가? 밤새 큰 지진이라도 발생했다면 어찌 되었을까? 지진이 매우 빈번하게 발생하는 지역에서 절벽 가장자리에 바짝 서 있는 고층 건물을 본다면 누구든 아찔할 것이다.

이 일대는 해안 충적 단구 지역이다. 해안 단구란 해안이나 해안선에 가까운 해저 지층이 융기(위로 솟아오름)한 것이다. 해안 쪽의 절벽이 그 흔적이다. 그것도 아직 굳지 않은 충적층이 100m나 솟아 있었다. 비교적 최근에 땅의 솟구침이 진행되었다는 증거다. 대략 1년에 1cm씩만 융기했다 치더라도 100m 솟아오르는 데는 1만 년밖에 걸리지 않는다. 또한 땅의 융기는 일정량이 지속적으로 이루어지는 것이 아니라 때로는 아주 아주 빠르게, 때로는 그 활동을 멈추기도 하면서 진행된다.

미라플로레스의 해안 단구 절벽을 살펴본 바로는 이 거대한 충적층에는 진흙, 모래, 그리고 크고 작은 둥근 자갈이 뒤섞여 있었다. 비가 거의 내리지 않

미라플로레스 해안 절벽의 충적층 단면. 크고 작은 자갈과 모래가 뒤섞여 있다. 이는 많은 퇴적 물질이 아주 짧은 시간 동안 한꺼번에 하천에 의해 운반되어 왔음을 나타낸다.

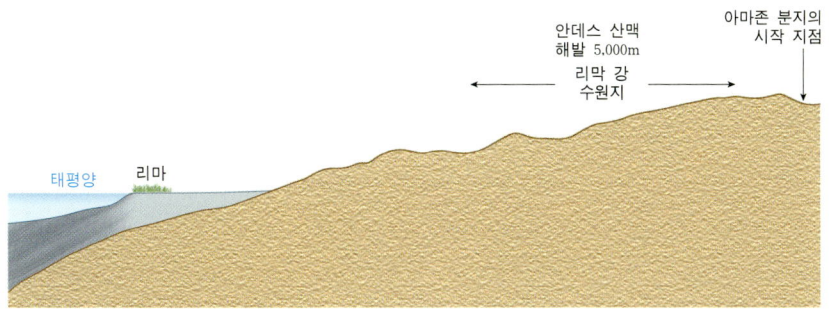

중위도 안데스 산지 단면도. 리마는 안데스 산지 서쪽 태평양 연안의 충적지 위에 있다. 미라플로레스의 해안 충적 단구는 안데스 산지에서 흘러 내려온 물이 해안에 대량으로 퇴적물을 쏟아 부어 만든 충적지가 위로 급격하게 융기하면서 형성된 것이다.

는 사막 기후 지역인데 어떻게 이런 거대한 규모의 충적 지대가 형성된 것일까? 아마도 안데스에서부터 흘러 내려온 리막 강이 이 충적 평야를 형성한 퇴적 물질들을 운반했을 것이다.

그러나 우리가 본 리막 강은 그 규모가 작아 이렇게 많은 양의 충적물을 운반할 능력이 없어 보였다. 이는 하천이 오랜 세월을 두고 지속적으로 퇴적물을 운반한 것이 아니라 일시에 쏟아 부었다고 볼 수 있다. 만일 하천이 오랜 세월 동안 지속적으로 흐르면서 천천히 퇴적 물질을 쌓았다면 하천의 유량 변동에 따라 비슷한 크기의 퇴적 물질들이 일정한 층을 이루며 쌓인 모습으로 나타나야 했기 때문이다. 그렇다면 리막 강이 과거에는 지금과 다른 모습으로 흐르지 않았을까?

분명한 것은 세계의 기후는 늘 고정적인 것이 아니며, 오랜 세월 동안 수없이 변화해 왔다는 사실이다. 이에 따라 하천의 상황도 크게 변화해 왔을 것이다. 지금으로부터 약 1만 5천 년 전쯤에는 빙하기였고, 그 당시 세계의 기후대는 현재와는 크게 달랐다. 즉, 그 당시 리마 일대는 지금처럼 건조한 기후가 아니었을 수도 있다. 과거에 이 지역에는 짧지만 비가 많은 시기가 있었고, 그 당시 리막 강은 안데스에서 끌고 내려온 엄청난 양의 모래와 크고 작

리마의 상공에서 촬영한 리막 강. 리마는 이 리막 강에 의해 형성된 충적지 위에 입지했다.

은 자갈 더미를 현재의 태평양 해안 일대에 쏟아 부은 것이다. 또한 빙하기에는 전 지구적으로 해수면이 현재보다 100여m 낮았으므로 그 당시 이 지역은 바다로부터 다소 떨어져 있었다는 점도 함께 추론해 볼 수 있다. 이렇게 많은 양의 크고 작은 자갈이 해안선까지 이동되기는 어렵기 때문이다.

아타카마 사막의 오아시스 – 산페드로데아타카마

볼리비아에서 칠레로

일주일에 걸쳐 안데스 산지의 페루와 볼리비아의 고산과 고원을 뚫고 지나왔다. 이 코스는 전체적으로 색깔이 단조로운 황무지로, 그 나름대로 매력이 있었다. 생소하기 때문에 호기심을 자아내기도 했지만 문명보다는 자연을, 복잡한 현대 사회보다는 인간의 원초적인 모습을 볼 수 있었기 때문이다.

볼리비아와 칠레의 국경 초소 부근은 안개가 짙어 50m 앞이 잘 보이지 않았다. 칠레로 들어서니 갑자기 포장 도로가 나타났다. 볼리비아에서 남쪽으

칠레의 국경 표시. 두 국경 사이에 철조망이나 선 같은 표시는 없다. 뒤의 왼쪽에는 '아타카마의 산페드로까지 47km'라고 쓰인 표지판이 있다.

로 이동해 온 후, 칠레에서는 태평양을 향해 서쪽으로 달렸다. 한 시간을 계속해서 아래로 내려가자, 안개가 점점 옅어지면서 사막이 보였다. 남북으로 약 1,000km, 동서로는 지역에 따라 약간 차이가 있지만 약 210km의, 세계에서 가장 건조한 곳으로 알려진 아타카마 사막이었다.

  사막 하면 으레 떠오르는 모래 언덕(사구) 같은 것은 보이지 않았다. 오히려 흙이 많고 흙 위에 자갈도 있어, 과거에 호수의 바닥이었을 것으로 추정되었다. 사막이라고 생명이 전혀 없는 것은 아니어서 드문드문 풀이 보였다. 물이 거의 없기 때문에 안개에서 물을 얻어 생명을 이어 가는 식물도 있다고 한다. 한자로 '사막'을 砂漠과 沙漠 두 가지로 쓰지만, 砂漠보다 물이 적다는 의미의 沙漠이 더 정확하겠다는 생각이 들었다.

아타카마 사막의 동쪽. 평평하고 흙이 많은 것으로 보아 과거에 호수의 바닥이었을 것으로 추정된다. 드문드문 풀이 보인다.

멀리 오아시스 도시인 산페드로가 보인다.

오아시스 도시

사막을 계속 달려가니 도로 앞쪽으로 멀리 푸른 숲이 보이고 나무 사이사이로 도시의 건물들이 나타났다. 이 오아시스 도시의 이름은 산페드로데아타카마로 '아타카마의 성인 베드로'라는 뜻이다.

산페드로(산페드로데아타카마)에 들어서니 '모든 외국 농산물의 반입을 통제한다'는 간판이 보였다. 출입국 관리소에서는 우리들의 신발을 소독한 다음 짐 검사를 하였다. 이것은 칠레가 공업보다 농업에 진력한다는 것을 보여 주는 한 사례였다. 이 나라는 여러 나라와 자유 무역을 통해 공산품을 수입하고 농산품을 수출한다. 칠레 북부의 사막 기후 지역에서는 농사짓기가 어렵지만, 중부의 지중해성 기후 지역에서는 그것이 가능하기 때문이다.

산페드로에 도착한 다음 날, 아침에 눈을 뜨니 열린 창 사이로 새들이 지저귀는 소리가 들려왔다. 그만큼 숲이 우거져 있다는 뜻이다. 주거 지역이 있는 남쪽은 흙으로 만든 나지막한 담이 이어진 골목으로, 담 안에는 각종 열매가 달린 나무들이 있었고 부드러운 길바닥에서는 향기가 났다. 황토색 토담과 푸른 나무들이 무척 인상적이었다. 길바닥은 말할 것도 없고 담과 대부분의 건물이 황토색 흙으로 되어 있어, 도시 전체가 부드럽고 포근한 느낌을 주었다.

담 안의 나무들 중 노란 열매가 예쁘게 달린 나무의 이름은 샤나르나무(arbol chanar)라고 했다. 그리고 붉고 탐스러운 열매가 많이 달려 있는 키가 큰 나무는 알가로보나무(arbol algarrobo)라고 했다. 우리가 알고 있는 나무들도 있었다. 변종이라서 그런지 줄기나 잎, 열매가 우리나라에서 늘 보던 것과는 조금씩 달랐지만, 그래도 배나무와 미루나무가 틀림없었다.

집과 집 사이의 좁은 밭들은 토담으로 둘러쳐져 있었다. 사막에서는 농사를 지을 수 있는 땅이 그만큼 중요하기 때문일 것이다. 담은 흙 속에 마른풀을 넣어 만드는데, 이것은 비가 적은 건조한 기후이기 때문에 가능한 것이다.

산페드로의 도시 한쪽에 있는 밭. 밭에는 토담이 둘러쳐져 있다.

산페드로의 거리. 동쪽 안데스로 가거나 서쪽 태평양 쪽으로 가기 위한 관광객이 많다.

산페드로 시와 산페드로 강

해발 고도 2,470m에 위치한 산페드로는 안데스 산지에서 흘러 내려오는 작은 강물을 이용하며 인구가 2,800명가량 된다. 안데스 산지와 태평양 사이의 교통 요지에 있어 역사적으로 중요한 곳이었으나, 지금은 관광 요지로 성장하고 있다. 특히 배낭여행을 하는 사람들이 많이 찾아온다. 서쪽의 태평양 연안에서 온 관광객들은 이곳에서 동쪽으로 우유니 등 안데스 산지와 고원으로 올라간다. 반면에 안데스에서 내려온 관광객들은 서쪽으로 달의 계곡, 구리 산지로 유명한 칼라마, 그리고 초석 광산 지대를 지나 태평양의 안토파가스타 항으로 내려간다.

산페드로에서 우리가 묵은 호텔은 단층의 흙집으로 지붕이 평평하였다. 비

(왼쪽) 토담, 흙집, 물탱크가 건조 기후 지역이라는 지역성을 반영하고 있다.
(오른쪽) 나뭇가지로 만든 사립문 사이로 집 안이 들여다보인다. 사막에서는 굽은 나뭇가지 하나도 소중하게 쓰인다.

가 거의 내리지 않기 때문에 흙으로 집을 지어도 무너질 일이 없다. 방 안에 난방용 라디에이터와 선풍기가 모두 갖추어져 있어 밤과 낮의 기온 차가 크다는 것을 알 수 있었다. 그러나 우리가 간 1월은 여름이어서인지 난방을 하지 않아도 될 정도로 방 안이 따뜻했다. 흙으로 집을 지어서 그런 것 같았다. 사막이어서 빨래는 잘 말랐지만, 물이 부족한 탓에 샤워를 하다가 갑자기 물이 끊겨 당황한 경우도 있었다. 화장실에 붙어 있는 '물 절약'이라는 말의 절실함을 다시 느꼈다. 길거리에는 하천이나 관개 수로의 물을 더럽히지 말라는 경고문이 붙어 있었다.

산페드로 시에 물을 공급하는 하천을 찾아보기로 했다. 지도를 보니 도시의 서쪽에 강이 표시되어 있었다. 서쪽으로 포장이 안 된 큰길을 따라 가다가 마침내 산페드로 강을 만났다. 강 건너편에 나지막한 산지가 보였는데, 그쪽은 사막이었다.

산페드로 강. 이 일대는 과거 호수 바닥이었다. 안데스에서 내려오는 이 물은 오아시스 도시 산페드로의 생명수와 같다.

사막에서 만난 '달의 계곡'

흙으로 된 산맥과 달의 계곡

버스를 타고 산페드로의 서쪽에 있는 '달의 계곡'을 향해 가는 동안 아타카마 사막이 계속되고 있었다. 전체적으로 평야 형태인 사막은 중간에 버스 정류장을 지나친 후에는 추키카마타 구리 광산이 있는 도시 칼라마까지 100km 정도를 가는 동안 마을은커녕 집 한 채 볼 수 없었다.

도로 오른쪽, 즉 북쪽으로는 작은 산들이 연속되어 있었다. 지도에는 '소금 산맥'이라고 되어 있는데, 물론 나무는 없었다. 자세히 보니 산은 흙으로 이루어져 있었다. 산과 평지가 불연속선을 이루는 것으로 보아, 원래 사막의 평야와 같은 호수 바닥이 단층 운동으로 올라와 이루어진 산 같았다. 입장료

사막 가운데 있는 버스 정류장. 인가가 보이지 않는 사막에서 누가 타고 내리는 것일까?

달의 계곡 입구. 과거 호수에서 두껍게 쌓인 흙이 융기한 다음 침식되어 골짜기가 형성되었다. 하얀 것은 소금이다.

를 내고 산 사이의 물 없는 계곡으로 들어갔다. 나무도 없는 산에 입장료까지 내고 들어가는 이유는 진흙으로 이루어진 여러 형태의 진기한 지형을 보기 위해서이다. 이곳이 '달의 계곡'으로 산페드로데아타카마 서쪽 5km 지점에 위치하고 있다.

'달의 계곡'에서는 달에서와 마찬가지로 푸른 생명을 찾아볼 수 없었다. 대신 하얀 얼음이나 눈 같은 것이 보였는데, 가이드가 소금이라고 했다. 산에 웬 소금이며, 어떻게 형성된 것일까? 계속 이동하면서 살펴보니 지층들이 여기저기 나타나는데 그 모양이 아름다웠다. 지층들이 흙으로 되어 있는 것으로 보아, 바다나 호수 아래에서 퇴적된 지층이 깊은 땅속에서 암석이 되었다가 융기한 것은 아니었다. 이것은 호수에서 퇴적되었다가 융기한 다음 빗물에 의해 침식되어 만들어진 지형이다. 퇴적 지층의 두께는 수십m에서 수백m

달의 계곡에서 본 지층. 습곡 작용으로 휘어 있으며, 암석이 아니라 흙으로 이루어진 지층이다.

퇴적 지층이 자연스럽게 침식 받아 생긴 기둥들. 한 기둥은 성모 마리아라고 부른다. 그 앞에서 관광객들은 기도하는 것처럼 두 손을 잡고 사진을 찍는다.

아타카마 사막과 주변 지대.

에 이를 것이고, 물이 빠진 이후 하천에 침식된 곳은 골짜기가 되었을 것이다. 이후 모세관 현상이나 빗물에 의해 운반된 소금이 물이 증발한 다음 하얀 소금 덩어리나 소금 가루로 나타난 것이다.

흙으로 이루어진 산은 여러 가지 형상을 나타낸다. 사람의 형상을 한 어떤 것들은 '성모 마리아와 세 명의 성녀들'이라는 전설을 낳기도 했다. 그중 하나는 지난 해 관광객에 의해 무너지고 말았다. 나머지도 머지않아 침식되어 사라지거나 사람들에 의해 없어질 것이다. 하지만 진흙 산의 규모가 크므로 또 다른 형상들이 새롭게 만들어질 것이다. 그러면 주민들은 새로운 이야기를 꾸며낼 것이며, 이는 관광 자원으로 이용될 것이다.

달의 계곡 남쪽으로는 넓은 소금 호수가 있다. 이 소금 호수의 이름은 살라르데아타카마로, 아타카마의 소금 호수(염호)라는 뜻이다. 이곳에는 제임스홍학, 칠레홍학, 안데스홍학 등 세 종류의 홍학이 살고 있어, 많은 사람들이 찾아온다. 달의 계곡에 있는 안내판에 따르면 홍학이 사는 지역을 '달의 계곡

사막으로 내려와 돌아다본 달의 계곡. 주변 사막보다 위에 있어 융기했음을 추정할 수 있다.

플라밍고 국립 보전 지역'으로 지정하고 있다. 그러나 우리는 아름다운 홍학 떼를 볼 시간이 없었다. 대신 구리 광산을 보기 위해 북서쪽에 있는 칼라마의 추키카마타로 바쁜 여정을 재촉해야 했다.

소금 호수(염호)는 어떻게 생겨났을까?

칠레의 '달의 계곡'과 살라르데아타카마에 있는 소금은 어떻게 생긴 것일까? 우선은 '원래 이곳이 바다 밑에 있지 않았을까'라는 가정을 해 볼 수 있다. 그 경우 지각 변동으로 거대한 산지가 바다 밑에서 올라올 때 바닷물도 함께 따라왔다고 추정하기 쉽다. 여러 여행자가 인터넷 신문에 볼리비아의 우유니 소금 호수의 소금물은 바다에서 올라온 것이라고 쓴 것이 그 예이다.

그러나 고산의 모든 소금 호수(염호)가 바다에서 올라온 것이라고 단정할 수는 없다. 바닷물이 짠맛을 내는 것은 소금, 즉 염화나트륨(NaCl) 때문이다. 지구가 생성되고 처음에는 바다가 없었다. 바다는 지구 여기저기서 화산이 폭발할 때 나온 지구 속의 수증기가 비가 되어 내리면서 만들어졌다. 그 때 지구 표면에 있던 물에 녹기 쉬운 물질들이 바다로 흘러들어 갔다. 육지의 암석이 풍화를 받는 과정에서 생성된 나트륨과 염소가 빗물 등 지표수에 녹아 바다로 운반되었다. 바다 밑의 화산에서도 염소 이온이 공급되었다. 이렇게 육지에서 하천을 따라 이동해 왔거나 바다 밑에서 공급된 두 가지 원소가 바다 속에서 결합하여 비로소 소금이 된 것이다.

이와 같은 소금 생성 과정은 바다에서만이 아니라 안데스의 산지에서도 일어날 수 있다. 단층이나 습곡에 의해 형성된 거대한 분지에 물이 고여 호수가 되고, 그 호수로 산지에서 나트륨 이온과 염소 이온이 공급되어 소금이 만들어질 수도 있는 것이다. 사하라 사막, 오스트레일리아·미국·중국 등의 건조 기후 지역에서 하천이 낮은 분지로 흘러가 형성된 호수는 물이 밖으로 빠져나가지 않으면 소금 호수가 되게 마련이다.

'달의 계곡'의 소금이 눈처럼 보인다. 과거 호수 밑바닥이었던 곳에 주변의 산에서 빗물에 의해 나트륨과 염소가 흙과 함께 운반된 다음 물이 증발하여 소금이 쌓였다.

'달의 계곡'과 살라르데아타카마의 소금 생성 과정은 이 두 가지의 가설 중 후자에 속한다. 이곳의 소금은 바다에서 올라온 것이 아니라 주변의 산지에서 흘러내린 나트륨과 염소 이온이 결합한 것이다.

칠레 북부의 지질 단면도를 보면 단층으로 땅이 가라앉아 대규모의 분지가 생겼다. 바로 안디나(안데스) 분지로, 볼리비아의 우유니 소금 호수와 포오포 소금 호수까지 연결되어 있다. 이 분지는 주위 산지보다 낮아 고인 빗물이 흘러 나가지 못해 호수가 되었다. 그리고 출구가 없는 호수는 증발이 계속되어 결국 소금 호수가 되었다. 갈릴리 호는 사해로 물이 빠져나가므로 민물 호수가 되었지만, 사해는 출구가 없어 소금 호수가 된 것과 마찬가지이다. 안디나

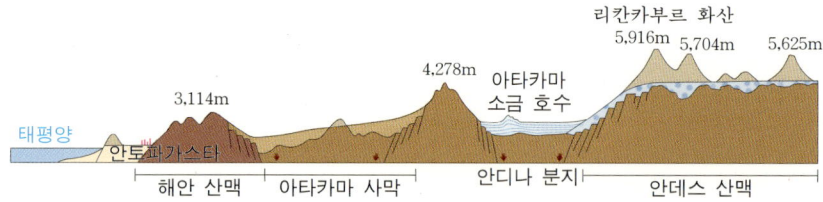

칠레 북부의 지질 단면도.

분지에는 이런 소금 호수들이 여럿 있다. 산에서 계속 공급되는 소금의 구성 요소들을 밖으로 나가게 할 방법이 없어 소금 호수가 된 것이다. 기후가 더 건조해져 물이 모두 증발하면 소금이 땅 속과 땅 위에 남게 된다.

계속되는 사막

'달의 계곡'을 떠난 버스는 사막을 지나 칼라마를 향해 계속 달렸다. 집은 한 채도 보이지 않았다. 길가에는 교통사고로 죽은 사람의 추모소가 있었다. 사막에도 산이 있는데, 도로 주변의 산들 가운데 퇴적암으로 된 것들이 보였다. 그 산들은 호수 밑에서 만들어진 퇴적 지층이 아니라 훨씬 오래 전에 형성되었다가 융기한 퇴적암이었다. 이따금 키가 작은 식물들이 보였다. 사막에서도 생명을 부지할 수 있는 강인한 존재들이었다.

우리는 직선으로 뻗어 있는 포장도로를 달렸다. 사막을 달리는 자동차는 많지 않았다. 하늘에는 하얀 구름이 조금 걸려 있으나 비가 올 기미는 보이지 않았다. 마침내 멀리 사막의 또 다른 오아시스 도시 칼라마가 보이기 시작했다. 결국 우리는 오아시스에서 오아시스로 움직이고 있었다. 우리는 세계적으로 유명한 추키카마타 구리 광산을 보고 하루를 묵을 것이다. 그리고 계속해서 서쪽을 향해 달려 태평양을 만날 것이다. 그 때까지 우리는 문명을 거부하는 황량한 아타카마 사막을 지날 것이다.

아타카마 사막의 산지 지형. 세계에서 맑은 날이 가장 많은 지역으로, 천문대를 세우기에 유리하다.

대통령을 죽인 구리 광산

구리 광산에 가다

'달의 계곡' 등 사막을 지나온 우리는 서둘러 추키카마타의 구리 광산촌으로 향했다. 멀리 폐석을 쌓아 놓은 산들이 보였다. 그러나 가까이 가서 보니 폐석이라기보다는 고운 가루로 되어 있었다. 구리 광석을 잘게 부순 다음 황산구리 용액에 넣어 전기로 제련하여 구리를 얻고 남은 찌꺼기였다. 붉은빛이나 푸른빛이 도는 이 가루는 호흡기 질환의 원인이 되며, 다른 환경 문제를 일으키기도 한다.

우리는 광산촌의 중앙 광장에서 회사 버스로 갈아타고 광산으로 올라갈 예정이었다. 그러나 광산촌 입구에서 대기 시간이 길어지는 바람에 버스가 광산촌 중앙 광장에 들어갔을 때, 오후 두 시에 채광 현

추키카마타 광산촌 위성 영상.

추키카마타 구리 광산촌 건물 뒤에 푸른빛이 도는 구리 폐광석이 쌓여 있다.

장으로 출발하는 회사 버스는 이미 떠나고 없었다. 다음 버스는 이날의 마지막 버스였는데, 그것을 타려면 다시 두 시간을 기다려야 했다. 이 광산은 세계 최대의 노천 광산으로 관광객을 위해 하루에 몇 차례 내부를 공개하고 있었다. 광산을 관광하기 위해서는 약간의 기부금을 내야 했다.

우리는 남은 시간을 그냥 허비할 수 없어 광산촌을 여기저기 둘러보았다. 집들은 대부분 광부들을 위한 사택이어서 구조가 모두 같았다. 화단에 꽃을 심어 놓은 집들이 있는 반면에 어떤 집들은 황량하게 버려져 있었다. 이 광산에서 일하는 사람의 수가 만 명이 넘는다는데, 현재 이곳에 살고 있는 사람은 그렇게 많아 보이지 않았다. 환경 문제 때문에 가까운 도시 칼라마로 나가 살면서 출퇴근을 하고 있기 때문이었다. 그래도 광산촌에는 교회 건물이 여러 개 있었고, 유치원도 보였다. 칠레는 가톨릭 신자가 90퍼센트인데, 이곳에는 개신교 교회도 있었다.

추키카마타 구리 광산 중앙 광장에 서 있는 오히긴스의 동상. 오히긴스는 칠레 독립 전쟁의 지도자이고 초대 대통령이다.

광장에는 오히긴스의 동상이 서 있었다. 칠레는 1818년 9월 18일 에스파냐로부터 독립했는데, 오히긴스는 그 독립 전쟁의 지도자로 나중에 초대 대통령이 된 인물이다. 이곳 말고도 베르나르도 오히긴스라는 이름은 칠레 곳곳에서 찾아볼 수 있었다. 칠레의 수도 산티아고의 시내를 남북으로 나누는 큰길의 이름도 오히긴스다.

드디어 광산으로 올라가는 마지막 버스가 왔다. 버스에는 백인 관광객들이 많이 타고 있었다. 우리 모두는 버스에 있는 파이버 헬멧을 머리에 썼다. 목적지에 도착하여 전망대에 올라가 보니, 아래로 세계 최대의 노천 광산이 펼쳐졌다. 광산은 길이가 5,400m, 폭이 3,540m, 깊이가 800m에 이르는, 상상력의 한계를 뛰어넘는 비현실적인 규모였다.

구리 광석을 실은 트럭은 팽이 모양의 노천 광산을 빙빙 돌아 올라오면서 밖으로 나왔다. 물론 내려갈 때는 그 반대다. 트럭 한 대에 실을 수 있는 광석은 360톤이라는데 그 무게가 너무 엄청나서 도저히 믿어지지 않았다. 이런

구리 광석. 구리가 산화되어 푸른빛을 띠고 있다.

트럭이 모두 110대나 있다고 했다. 트럭은 움직이는 돈이기 때문에 트럭이 들고 날 때 GPS를 이용하여 속도와 위치를 정확하게 통제한다고 했다. 전망대에 구경하라고 세워 놓은 트럭의 바퀴는 지름이 사람 키보다 훨씬 컸다.

구리 광산은 누구의 것인가?

'추키카마타'는 아이마라 어를 쓰는 '추키'라는 부족의 이름에서 유래된 것으로 보고 있다. 이 지역의 원주민이었던 그들은 유럽 인들이 침략하기 전부터 구리를 생산하여 생활에 이용해 왔다.

외국인들이 20세기 초 대규모로 개발하기 시작한 추키카마타 광산은 1990년대까지 세계 최대의 광산이었다. 특히 노천 광산으로 유명하였으며 연간 생산량은 65만 톤 정도였다. 그러나 최근 75만 톤을 생산하는 다른 칠레 광산에 밀려 2위가 되었다. 칠레는 세계 최대의 구리 생산국으로 세계 구리 수요의 3분의 1을 공급한다. 그리고 칠레 구리 생산량의 4분의 1을 차지하는

칠레의 추키카마타 구리 광산. 세계에서 가장 큰 노천 구리 광산으로 길이 5,400m, 폭 3,540m, 깊이 800m에 이른다. 트럭 한 대에 실을 수 있는 광석은 360톤이며 GPS를 이용하여 속도와 위치를 정확하게 통제한다.

광산촌 사택. 광부들이 칼라마 시내로 거주지를 옮기는 사례가 많아지고 있다.

것이 추키카마타 광산이다.

20세기 초부터 이 광산의 소유주는 미국인이었다. 플랜테이션처럼 미국인이 소유주가 되어 미국의 자본과 미국의 기술로 개발하고, 칠레의 국민들이 광산 노동자로 일했다. 칠레와 칠레의 노동자에게 돌아오는 돈은 얼마 되지 않았다. 가난한 노동자들이 자신들의 삶의 조건을 개선하기 위해 더 많은 노동비와 복지를 요구하는 것은 허용되지 않았다. 그런 것을 요구하면 공산주의자로 몰려 탄압을 받았으며, 광산 노동자들의 단결은 금지되어 있었다.

쿠바의 혁명가 체 게바라는 1952년 이 광산촌을 방문하고 쓴 여행기에서, 수백 년 동안 가진 자와 힘 있는 자들이 장악한 학교와 교회, 그리고 언론이라는 가증스런 삼각 고리가 민중들을 옥죄어 왔으며, 민중은 자신의 능력을 깨달을 기회마저 없다고 했다. 그래서 민중들은 마치 약물과 알코올에 길들여진 것처럼 체념과 무기력에 익숙해져 있었다.

"10년 전에 나는 결혼하기 위해 사람의 손길이 미치지 않는 곳에 집을 한 채 지었습니다. 나무를 베어 내고 그루터기도 태워 없애고 땅을 골라 농사짓기 알맞은 땅으로 다듬어 놨죠. 그렇게 하는 데만 꼬박 3년이 걸렸습니다. 그동안에 땅 소유권이 문제되지도 않았고요. 그런데 이게 웬일입니까? 마침내 수확을 거둬들일 때가 되니까 땅임자라는 사람이 나타나 경찰을 불렀습니다. 하는 수 없이 나는 아내와 아들 둘을 데리고 그곳을 떠나 좀 더 높은 지역으로 올라갔습니다. 4년 정도 되니까 그럭저럭 수확을 기대해 볼 수가 있었죠. 그런데 이번에도 기다렸다는 듯 땅임자가 다시 경찰을 불러와 우리가 가진 것을 몽땅 뺏어 가 버렸습니다. 이제까지 뼈 빠지게 일한 대가를 단 한 푼도 건지지 못한 거죠." 무엇보다 안타까운 것은 불행이 그 농부에게 심어준 운명론적 체념이었다.

– 장 코르미에, 『체 게바라 평전』(김미선 역, 실천문학사)

추키카마타 구리 광산에 인접한 칼라마 시. 먼지 속에서 한 소녀가 구걸을 하고 있다.

칼라마 시에서 본 추키카마타 광산. 리데르라고 하는 쇼핑몰 뒤로 멀리 굴뚝에서 연기가 나는 곳이 추키카마타 광산이다.

　이것은 그 당시 중남미 전체 지역의 광부와 농민들을 비롯한 민중들의 보편적인 상황이었다. 아메리카 원주민, 가난한 메스티소와 백인들은 정의가 없는 독재 정치 하에서 고통을 겪고 있었다. 국가 기구는 친미파들이 장악하고 있었다.
　이런 상황에서 1970년 인민 연합의 대통령 후보인 아옌데는 구리 광산의 국유화를 실현할 것이라고 발표하였다. 치열한 선거 결과 아옌데가 칠레 대통령에 당선되자 미국과 칠레의 기득권층은 선거 결과에 충격을 받았다. 미국의 지원을 받은 칠레의 기득권층은 아옌데를 몰아내기 위해 온갖 음모를 꾸며냈다. 반란의 징후가 보였고, 아옌데는 대통령으로서의 지위는 물론 목숨까지 위태로워졌다. 드디어 그들은 반란을 일으켰다.
　아옌데 대통령은 반란군에 의해 죽기 직전 1973년 9월 11일에 최후의 방송을 하였다. 방송에는 '보수와 연대한 외국 자본, 즉 제국주의가 군대를 충동하여 반란을 일으키도록 하고, …… 공군이 방송국을 폭격하며, 테러리스트들이 다리를 폭파하고, 철로를 끊으며, 송유관과 가스관을 파괴하고 있습니다. …… 그러나 탄압과 범죄 행위로 역사를 멈출 수는 없습니다. …… 지금은 저들이 우리를 짓밟을 수 있지만 미래는 민중의 것, 노동자들의 것이며, 인류는 향상된 삶을 성취하기 위해 가고 있습니다. 그들은 심판받을 것입니다. 칠레 만세, 민중 만세, 노동자 만세.' 등의 내용이 담겨 있었다.

아옌데 대통령이 반란군에게 사살된 후 칠레는 다시 군사 독재 정권 시대를 맞이했으며, 구리 광산은 다시 미국의 소유가 되었다. 이 때 권력을 잡은 피노체트 장군은 공포와 정보 정치를 통해 장기 집권을 유지했다. 민주주의와 민족주의를 주장하는 수만 명의 사람들이 고문을 당하고, 투옥되었으며, 수천 명이 살해되거나 행방불명되었다. 그러나 피노체트는 결국 민중들에 의해 쫓겨났으며, 아옌데 대통령의 예언대로 현재 민중의 심판을 기다리고 있다. 과거 기득권층과 보수파 등 상당수 사람들이 피노체트의 시대를 그리워하고 있지만, 대세는 민중의 편으로 기울었다.

칼라마 중심가에서 본 아옌데 대통령의 벽화

아타카마 사막 위에 세워진 오아시스 도시 칼라마는 기원전 12000년부터 아타카메노라고 하는 부족이 정착하여 토기, 직물 등 아타카마 문화를 형성했던 유서 깊은 곳이다. 그러나 이들은 14세기 잉카 족의 세력에 굴복했고, 잉카 족은 그들이 닦아 놓은 '잉카의 길'을 따라 침입해 온 에스파냐의 페드로 데 발디비아에게 굴복하고 말았다.

저녁을 먹으러 중국 식당으로 가는 도중 칼라마 시내의 중심을 통과하게 되었다. 시내 번화가의 중앙에는 광부의 동상이 서 있었다. 사람들은 활기차게 움직이고 있었으며, 20m 밖에서는 어떤 사람이 자기 사진을 찍어 가라고 손을 흔들기도 하였다. 그의 태도에서 열린 마음과 편안한 심리 상태를 엿볼 수 있었다. 칼라마에서는 공중전화로 국제 전화도 할 수 있었다. 이렇게 거리

원주민을 그린 칼라마 시내의 성당 벽화. 벽 앞에는 시비가 있다. 칠레 북부는 안데스 산지에 가까우며, 과거 원주민들이 살았던 곳이다.

칼라마 시의 중심에 있는 구리 광산의 광부 동상. 이 도시의 활기는 추키카마타 구리 광산에서 나오는 소득 때문에 가능한 것이다.

칼라마 시가지에 있는 아옌데와 네루다의 벽화. 이들은 미국과 손잡은 군사 독재 정권 및 보수적인 기득권층에 저항하여 싸웠다. 벽화에는 두 사람이 구리 광산을 방문했음이 나타나 있다.

가 번화하고 활기찰 수 있는 것은 추키카마타 구리 광산에서 나온 소득 때문일 것이다. 그들의 소득 가운데는 우리나라가 지불한 달러도 포함되어 있다. 칠레의 구리는 중국, 일본, 한국 등지에서 많이 수입해 가기 때문이다.

  중국 식당에 들어가기 전에 대통령 아옌데와 시인 네루다의 얼굴이 담 전체에 걸쳐 그려져 있는 벽화를 보았다. 어떤 할아버지가 지나가면서 사진을 찍고 있는 우리에게 엄지손가락을 치켜 올리며 최고라는 신호를 보내왔다. 아옌데 대통령과 함께 벽화에 그려진 네루다는 시인으로서 피노체트 독재 정권에 저항했으며, 1971년 노벨 문학상을 받았다.

하얀 초석, 푸른 태평양을 잃다

초석의 형성

우리를 실은 버스는 1월 한여름의 뜨거운 사막을 지나갔다. 눈앞에 보이는 세계는 온통 끝없는 황무지. 나무는커녕 풀 한 포기조차 보기 힘들었다. 어느 만큼 가자 그 황무지의 흙들이 여기저기 파헤쳐져 있었다. 이따금 산만큼 거대하게 흙을 쌓아 놓은 곳도 있었다. 그것들은 모두 흙에서 초석(질산칼륨)을

초석을 캐기 위해 여기저기 파헤쳐 놓았다. 멀리 하얗게 쌓여 있는 초석이 보인다.

아타카마 사막 지대에서 쉽게 볼 수 있는 초석.

얻고 남은 찌꺼기였다.

분필처럼 하얀 초석은 세계적으로 이 지역에 많이 분포되어 있는데, 긴 지질 시대를 거치면서 이곳 특유의 바다와 바람과 지형과 햇빛이 만들어 낸 것이다. 공기의 80퍼센트를 차지하고 있는 질소는 태평양의 조류(藻類)와 박테리아에 의해 고정되고, 그 질소를 포함하고 있는 조류가 죽어 분해된다. 분해된 물질은 파도가 높이 솟구칠 때 남서풍을 타고 해발 고도 2,000m의 해안 산맥까지 멀리 날아간다. 이 물질을 안데스 산지의 강렬한 햇빛이 초석으로 바꾸며, 이것은 다시 분지로 내려가 쌓인다.

이 분지는 지질 구조선을 따라 북동쪽에서 남서쪽으로 길게 뻗어 있으며, 도로와 철도와 송수관도 이 구조선을 따라 달린다. 초석 지대의 면적은 6,500km²로 우리나라 작은 도 정도의 넓이지만, 길쭉하기 때문에 자동차를 타고 가면서 보니 매우 광대하다는 느낌이 들었다.

초석 광산 도시의 성장과 쇠퇴

장구한 시간을 통해 어렵게 만들어진 초석은 19세기 이후 비료와 화약의 원료로 쓰였다. 당시 유럽은 늘어나는 인구로 인해 식량난이 심각하였다. 초석은 비료로서의 가치가 컸기 때문에 수출국의 국가 경제에 매우 중요한 몫을 차지했다. 초석이 수출되기 전에 이 초석 지대는 그저 황량한 사막일 뿐이었다. 그러나 초석이 중요한 수출품이 되면서 사람들은 이 지역에 눈독을 들이기 시작했다.

원래 이 지역은 볼리비아 땅이었으나, 초석의 판매는 칠레 사람들이 도맡아 하고 있었다. 그런데 볼리비아 정부가 이들에게 세금을 매기려고 하자 칠레가 군대를 동원했다. 1879년에 시작되어 1883년까지 계속된 태평양 전쟁에서 패배한 볼리비아는 결국 이 땅을 칠레에게 넘겨주었다. 볼리비아는 초석 때문에 태평양으로 나가는 길목과 항구 도시 아리카를 칠레에 빼앗기고 말았다. 패전 결과 한때 아타카마 사막의 넓은 지역을 차지하고 있던 볼리비아는 내륙국으로 전락하였다. 이것은 볼리비아에 경제적으로나 심리적으로 커다란 피해를 초래하였다.

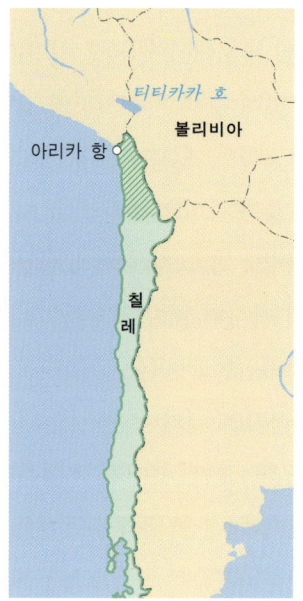

칠레가 전쟁을 통해서 초석 지대를 차지하기는 했지만, 초석 광산의 실제 소유는 영국 사람에게 돌아갔다. 칠레 정부는 초석 광산의 채굴권을 사면서 채권으로 지불했는데, 전쟁 중에 이 채권의 가격이 10분의 1로 떨어졌다. 영국인들은 칠레, 볼리비아, 페루의 세 나라가 태평양 전쟁을 치르는 동안 이 채권을 사들였

빗금 친 부분이 태평양 전쟁으로 볼리비아가 칠레에게 빼앗긴 영토이다.

사람이 떠난 지 70년이 지나 20세기 초 이후 미라가 된 초석 광산 도시.

다. 그 결과 1881년 초석 광산은 영국인 존 토머스 노스의 것이 되었다.

노동자들은 먹고 살기 위해 초석 지대로 왔다. 광대한 사막의 여기저기에 마을이 들어섰다. 마을에는 가게와 주점 등 서비스 업체가 들어섰고, 대규모의 공동묘지가 만들어질 정도로 많은 사람이 살았다.

그러나 화약의 원료로서 초석의 가치는 오래가지 못했다. 제1차 세계 대전 중 영국과 프랑스를 비롯한 연합군은 칠레의 초석이 적국인 독일로 들어가지 못하도록 해상을 봉쇄하였다. 화약을 더 이상 만들지 못하도록 하기 위해서였다. 그럼에도 불구하고 독일은 오랫동안 버텼다. 그 까닭은 초석이 없이도 화약을 만들 수 있는 방법을 개발했기 때문이었다. 독일은 공기의 대부분을 차지하고 있는 질소를 고정하여 화약을 만들었다. 나중에 이 방법은 각국으로 소개되었고, 그에 따라 많은 나라에서 화약과 함께 비료를 만들 수 있게 되었다. 이 공로로 독일의 화학자 하버는 1918년에 보슈와 함께 노벨상을 수상하였다.

유령 도시에 붙어 있는 공동묘지. 이제 이곳에 매장되는 사람은 없다.

결국 과학 기술의 발달로 칠레의 초석 산업은 치명적인 타격을 받았고, 칠레 경제는 급격하게 쇠퇴하였다. 번영의 시대에는 초석 지대에 120개의 초석 사업소가 있었지만 지금 운영되고 있는 곳은 별로 없으며, 채굴량도 부쩍 줄었다.

그럼에도 불구하고 현재 초석은 점차 고갈되고 있다. 바다에서 바람을 타고 날아오는 미세한 물질이 조금씩 쌓인다고 가정할 때, 이만한 초석 지대가 형성되려면 1,700만 년이 걸린다. 그런데 1809년 이후 현재까지 고작 200년 동안에 초석의 반 정도가 사라졌다고 한다. 바람에 의해 쌓이는 양에 비해 자동차와 열차로 실려 간 양이 너무 많았던 것이다.

죽은 초석, 산 볼리비아 대통령을 쫓아내다

초석이 없었다면, 또는 초석이 자원으로 개발되지 않았다면 아타카마 사막과

티티카카 호에 있는 볼리비아 해군 본부.

태평양 연안의 아리카 항은 여전히 볼리비아의 영토로 남아 있었을 것이다. 태평양 전쟁을 통해 태평양으로 나가는 길목과 아리카 항을 빼앗긴 지 120년이 지났는데도, 볼리비아 사람들의 마음속에는 아직도 이 땅이 자기네 땅으로 남아 있다. 현재 바다가 없는 볼리비아이지만 언젠가는 바다로 나갈 생각으로 해군을 보유하고 있는 것도 그런 이유에서다. 우리는 내륙에 있는 티티카카 호에서 볼리비아 해군과 군함과 해군 기지를 보았다. 그리고 태평양으로 나가는 통로를 찾겠다는 볼리비아의 염원을 담은 동상을 호숫가에서 보고, 그들의 집념에 깊은 인상을 받았다. 그들은 이 길목 없이 발전을 기약할 수 없는 것처럼 보였다. 칠레는 초석으로 인해 발발한 태평양 전쟁 이후 볼리비아 사람들이 가장 미워하는 나라가 되었다.

   이것은 현재의 정치에도 영향을 미치고 있다. 볼리비아에서는 천연가스가 많이 생산되는데 이 천연가스를 미국에 수출하는 방법을 두고 나라 전체가

볼리비아 티티카카 호의 연안에 있는 동상과 그림. 볼리비아 군이 칠레 군을 공격하고 있다.

몸살을 앓았다. 이 천연가스는 항구를 통해 미국으로 수출되어야 하는데, 가장 가깝고 경제적인 길은 아타카마 사막을 통과하는 칠레 코스이다. 친미파인 산체스 대통령은 이 방안을 추진했다. 그러나 볼리비아 대부분의 민중들은 이 방법 대신 더 멀고 험한 산지를 통과해야 하는 북쪽의 페루 통로를 주장했다. 과거 자신들의 땅이었던 아타카마 사막의 토지와 항구 시설에 대한 사용료를 내는 일에 자존심이 허락하지 않았기 때문이다.

　2003년의 어느 날, 볼리비아의 수도인 라파스에서 칠레의 파이프라인 건설에 반대하는 대규모 시위가 있었다. 교통이 마비되고 도시의 다른 기능들도 마비되었다. 이날 도시의 대부분의 상점과 사무실이 문을 닫았다. 또한 지방에서 라파스로 올라오는 주요 도로들이 민중들에 의해 차단되었다. 정부가 이 시위를 막는 과정에서 적어도 56명의 시위대가 목숨을 잃었다. 민중들의

볼리비아의 알티플라노 고원을 지나는 천연가스 파이프라인.

분노로 결국 2003년 말 산체스는 대통령 직에서 물러나 미국으로 달아났다. 2004년 볼리비아 의회는 도망간 전 산체스 대통령과 장관 15명을 살인 등의 혐의로 재판정에 세우기로 결정했다.

자원은 누구의 것인가?

볼리비아의 시위는 가스 수출 통로를 어느 코스로 할 것인지가 한 원인이었지만, 그동안 자원 수출의 혜택이 소수의 지배 집단에게만 돌아간 것도 큰 요인으로 작용했다. 오랫동안 대량의 은과 주석을 수출해 왔으나, 볼리비아 민중들에게는 그 이익이 돌아가지 않았던 것이다.

산체스에 이어 새로 뽑힌 메사 대통령은 천연가스의 국유화에 반대했다. 그 또한 민간과 외국의 초국적 기업에게 천연가스 광산을 넘기려고 했다. 그

알티플라노의 농민들. 기도하고 있는 것처럼 보인다. 볼리비아 민중의 90퍼센트는 천연가스 민영화에 반대하고 있다.

경우 천연가스를 팔아 볼리비아가 얻는 이익은 18퍼센트에 지나지 않았다. 이익의 82퍼센트를 미국과 영국 등 초국적 기업이 가져가게 되어 있었던 것이다. 민중의 시위로 새로운 법을 만들었으나 여전히 볼리비아와 민중에게 돌아오는 몫은 그렇게 많지 않았다. 신자유주의를 주장하는 지배 계층은 마실 물도 외국 기업에 팔아 넘겼다. 이에 민중들은 물 자원의 국유화를 주장하며 시위를 벌이기도 했다.

볼리비아 민중들은 120년 전 힘이 약해 아타카마 사막 지역의 초석과 태평양으로 가는 길목을 칠레에게 빼앗긴 역사를 통해, 민족의 이익을 지키기 위해 온힘을 쏟아야 할 정부가 오히려 민족을 배신하고 있다고 보았다. 미국과 영국 등 초국적 기업은 볼리비아 민중의 자원 민족주의에 반대하면서 자본 철수 등의 협박을 가했다. 그러나 볼리비아 민중은 이에 굴복하지 않았으며, 매일 의회 건물과 대통령궁을 포위했다. 국민의 3분의 2가 원주민인 민중들의 힘이 워낙 강해 군대도 정권의 도구가 되는 것을 거부했다. 오히려 일부 장교들은 대통령이 즉각 물러나야 한다고 압박을 가했다. 결국 메사 대통령도 민중들의 시위로 2005년 물러나지 않을 수 없었다.

두 번에 걸쳐 대통령을 포함하는 기득권 세력과 이를 지원하는 외세와의 힘겨운 싸움을 치러야 했던 민중들의 눈으로 볼 때, 이 지역의 자원은 과연 누구를 위한 것인가?

산티아고에 비가 내린다

유럽과 닮은 대도시 산티아고

칠레의 수도 산티아고는 이번 남미 답사의 전환점이 되는 도시다. 우리는 안데스의 고산 지대를 지나 황량한 사막 지대를 통과하여 어느덧 대도시 지역으로 들어오게 된 것이다. 대도시가 주는 문명의 혜택에 익숙해 있던 우리에게 고산 지대와 사막 지대에서의 며칠간은 육체적으로 그리 편안한 시간은 아니었다. 낯선 환경에 지쳐 버린 우리에게 대도시의 모습을 하고 있는 산티아고는 매우 낯익은 얼굴로 다가왔다.

산티아고 공항에 도착했을 때는 이미 밤 아홉 시가 넘어가고 있었다. 공항에서 수속을 마치고 호텔로 이동하기 시작한 시간은 밤 10시. 마침 호텔로 향하는 길목이 공사 중이어서 도로 곳곳에는 자동차의 물결이 넘쳐나고 있었다. 그 늦은 시간까지 도로를 꽉 메우고 있는 자동차들의 행렬을 보니 대도시에 들어왔다는 것이 실감났다. 차창 너머로 화려한 밤거리의 풍경들을 바라보고 있자니 마치 타임머신을 타고 온 것만 같았다. 오랜 시간을 뛰어넘어 갑자기 문명의 세계에 들어선 느낌이었다.

산티아고는 동쪽의 안데스 산맥을 비롯해 사방이 산으로 둘러싸인 분지에 위치하고 있으며, 전체 국민의 절반 정도가 밀집해 있는 과밀 도시이다. 16세기 에스파냐의 페드로 데 발디비아에게 처음 정복된 이후 400여 년 이상의 역사를 가지고 있는 고도이자, 남미에서 유럽의 색채가 매우 강하게 남아 있는 곳 중의 하나이기도 하다.

산티아고의 아르마스 광장에 위치하고 있는 대성당. 유럽의 유명한 대성당들과 견주어도 전혀 손색이 없을 정도로 웅장하고 아름답다.

산티아고에서 유럽의 분위기를 가장 잘 느낄 수 있는 곳은 아르마스 광장이다. 이곳에는 중앙 우체국, 시청, 대성당 등 유럽풍의 옛 건물들이 비교적 원형 그대로의 모습으로 잘 보존되어 있다. 특히 대성당은 유럽의 유명한 대성당들과 견주어 전혀 손색이 없을 정도로 웅장하고 아름답다. 아르마스 광장을 둘러보며, 발디비아가 산티아고를 정복하여 이 광장을 만들기 전까지는 이곳에 과연 어떠한 것들이 있었을까 사뭇 궁금했다. 지금 우리가 산티아고에서 아름답다고 느끼고 있는 것들이, 사실은 그보다 더 아름다웠을 무엇인가를 파괴하고 만들어진 산물은 아닐는지.

과거가 아닌 현재를 살아가고 있는 아옌데

산티아고에는 아르마스 광장 이외에 또 하나의 의미 있는 광장이 있는데 바로 헌법 광장이다. 모네다 궁으로 알려진 대통령궁 북쪽에 위치하고 있는 헌법 광장에는 칠레의 국력과 민주화를 다지는 데 큰 공헌을 한 네 명의 대통령 동상이 동서남북으로 놓여 있다. 그중 가장 인상 깊은 것은 아옌데의 동상이다.

헌법 광장에 있는 아옌데의 동상. 아옌데는 과거를 넘어 아직도 칠레 사람들의 마음속에 살아 있는 듯하다.

(왼쪽) 모네다 궁 맞은편 카레라 호텔 벽면에 선명하게 남아 있는 총탄의 흔적들.
(오른쪽) 영화 '산티아고에 비가 내린다'의 포스터. 칠레의 대통령 아옌데가 반대 세력에 의해 무너져 가는 과정을 그린 영화다.

 아옌데는 구리 광산을 국유화하여 지배 집단과 미국에 맞서 가난한 칠레의 국민들을 위해 끝까지 노력하다 목숨까지 바친 대통령이다. 모네다 궁 맞은편에 있는 카레라 호텔과 관청의 벽면에는 칠레의 극적인 현대사를 보여주는 수많은 탄환의 흔적이 아직도 선명하게 남아 있었다. 그래서인지 그 곳 어딘가에서는 지금도 절규하는 아옌데의 마지막 목소리가 들리는 듯했다.
 모네다 궁 앞에서 잠시 시간의 흐름을 되돌려 아옌데를 추모하고 있을 때 검은 승용차 한 대가 가까이에 정차했다. 그러고는 거짓말처럼 칠레의 라고스 대통령이 차에서 내렸다. 칠레의 대통령은 집무는 대통령궁에서 보지만 거주는 개인 자택에서 하고 있기 때문에 출퇴근을 한다고 했다.
 대통령궁은 관광객들에게 그 내부가 제한적으로 공개되어 있었는데, 안으로 들어가기 전에는 삼엄한 경계를 서고 있는 헌병들에게 미리 소지품이나 몸수색 등의 검사를 받아야만 했다. 하도 키가 커서 동양인에게는 마치 걸리버처럼 보이는 헌병들을 구경하며 검사를 받는 것도 꽤 재미있는 경험이었다. 미리 검사를 받고 대기하고 있던 관광객들은 출근하는 대통령을 따라 북

모네다 궁 앞에서 만난 출근길의 라고스 대통령. 모네다는 '돈'이라는 뜻으로, 1846년 마누엘 부르네스 대통령이 관저로 사용하기 전까지는 칠레의 조폐국이었던 건물이다.

적대며 대통령궁 안으로 들어갔다. 관저로 들어가기 전에 간단하게 기자들 물음에 답을 하는지, 앞마당에 서서 기자들에 둘러싸여 몇 마디 건넨 후 대통령은 이내 건물 안으로 사라져 버렸다. 단출한 출근길도, 형식 하나 갖추어져 있지 않은 간단한 기자 회견도, 대통령에게는 별다른 관심도 없이 앞마당 한쪽에서 자신들끼리 사진을 찍어 대는 관광객들도 우리에겐 신기하게 보였다.

산크리스토발 언덕에서 내려다본 시내

아르마스 광장이 산티아고를 가장 가까이에서 느껴 볼 수 있는 곳이라면, 산크리스토발 언덕과 산타루치아 언덕은 산티아고를 가장 높은 곳에서 조망해 볼 수 있는 곳이다. 이 두 언덕 중 고도가 더 높은 곳은 산크리스토발 언덕이지만, 산타루치아 언덕은 인구 밀집 지역에 위치하고 있기 때문에 에스파냐의 정복 당시 더욱 중요한 요새로서 이용되었다고 한다.

산크리스토발 언덕을 산티아고의 한인 교포들은 남산이라고 부른다고 했

산크리스토발 언덕에서 내려다본 산티아고 시내 모습. 뿌연 스모그가 멀리까지 깔려 있다. 산티아고는 산으로 둘러싸인 분지로서 대기 오염 문제가 심각하다.

다. 듣고 보니 정말 우리나라의 남산과 똑같았다. 언덕으로 올라가는 입구에 있는 동물원을 겸한 공원으로 소풍 나온 어린아이들의 모습까지도 우리와 많이 닮아 있었다. 입구에서 정상까지 올라가는 길에서 느껴지는 풍취 또한, 말을 타고 올라가는 경찰들을 만나지 않았다면, 머나먼 이국의 땅에 와 있다는 사실이 실감 나지 않을 정도로 우리의 풍경과 너무나도 비슷했다. 그래서일까? 이국에서도 조국의 체취를 느껴 보고 싶어서인지, 우리 교포들은 산크리스토발 언덕을 중심으로 밀집해 살아가고 있다고 했다.

정상에 올라 내려다본 산티아고의 시내는 우리의 서울과 더더욱 닮아 있었다. 뿌옇게 흐려진 하늘까지도……. 그나마 서울은 서쪽에서 불어오는 바람에 의해 오염 물질이 어느 정도는 제거되고 있지만, 산티아고는 해발 고도 5,000m가 넘는 안데스 산맥에 막혀 오염 물질이 빠져나갈 곳이 없었다.

시내를 조망한 뒤 언덕 맨 꼭대기에 있는 마리아 상으로 향했다. 이 마리아 상은 에스파냐로부터의 독립 100주년을 기념하여, 1918년 프랑스 정부가 칠레에 선물한 것이라고 한다. 높이만 해도 18m에 이르고 무게가 36.6톤에 달

(위) 산크리스토발 언덕 정상에 서 있는 거대한 마리아 상. 에스파냐로부터의 독립 100주년을 기념하여 1918년 프랑스 정부가 칠레에 선물한 것이다.
(오른쪽) 산크리스토발 언덕의 마리아 상 왼쪽에 있는 기도 장소의 기도문들. 기도문마다 이곳을 찾는 사람들의 소망이 빼곡히 적혀 있다.

하는, 말 그대로 거대한 풍채의 하얀 마리아 상은 두 팔을 넓게 벌린 채 산티아고를 내려다보고 있었다. 예수 상이 아닌 마리아 상이 정상에 우뚝 서 있는 것도 일종의 가톨릭의 토착화라고 생각해 볼 수 있지 않을까?

그들에게는 마포초 강이 있다

산크리스토발 언덕에서 산티아고를 내려다보았을 때 가장 먼저 눈에 띈 것은 마포초 강이었다. 우리의 한강처럼 도시 한가운데를 관통하여 흐르고 있는 마포초 강은 그 존재만으로도 서울과 산티아고를 비슷하게 느끼게 해 주었다. 안데스 산맥의 만년설이 녹아 흘러내리면서 만들어진 이 강은 유량이 많은 편은 아니지만, 산티아고 사람들에게는 더없이 중요한 젖줄이다.

산티아고 시내를 관통하는 마포초 강. 강물은 유량이 많지 않은 편이며 흙탕물에 가깝다.

마포초 강의 다리 근처에는 수산 시장 등을 비롯하여 생동감 넘치는 산티아고 시민들의 삶의 터전들이 자리 잡고 있다. 다리 위에서 마포초 강을 내려다보고 있으려니 그 흙탕물 속에 숨 가쁘게 흘러온 칠레의 역사가 섞여 있는 듯했다. 과도기란 혼란의 시간이기도 하지만, 그 속에 미래에 대한 희망도 함께 존재하기 때문에 항상 역동적인 것 같다. 비록 유량이 얼마 되지는 않지만 끊임없이 흘러가고 있는 그 강물의 생명력처럼 희망찬 칠레의 미래를 기대해 보았다.

포도와 자유 무역

산티아고에서 버스로 약 40분 거리에 있는 포도 농장을 방문하였다. 농장은 태평양에서 70km, 안데스 산지에서 80km 정도 떨어진 산티아고 남부의 마이포 계곡에 자리잡고 있었다. 우리가 도착했을 때 주차장에 여러 대의 관광버스가 정차해 있는 것으로 보아, 그 곳은 관광 코스 중의 하나인 것 같았다. 버스에서 내린 사람들은 젊은이들도 있었지만 대부분이 백인계 노인들이었다. 정문에 들어서자마자 포도주 잔을 하나씩 받아들고 현지 안내원이 따라준 포도주를 맛보면서 설명을 들었다.

포도주를 맛보면서 농장 안내원의 설명을 들었다.

천혜의 포도 재배지

칠레의 포도 재배 지역은 남북으로 1,000km에 달하는 중앙 평원에 집중되어 있다. 이 지역은 지중해성 기후 지대로 습윤한 겨울 동안 대부분의 비가 내리며, 이 때 포도가 성장한다. 여름에는 건조하고 일사량이 많으며 일교차가 큰데, 이러한 큰 일교차가 포도의 색과 향, 맛에 영향을 준다. 또한 태평양과 안데스 산맥, 건조한 아타카마 사막, 남부의 서늘하고 습윤한 지역에 둘러싸여 필록세라(포도뿌리혹벌레)와 같은 심각한 병충해로부터 안전하다.

칠레의 포도 재배 지역. 칠레 중부의 평원 지역으로 기후적, 지형적 조건이 포도 재배에 유리하다.

포도 재배지의 지형.

포도주를 숙성시키는 창고인 보데가의 내부.

드넓은 포도 농장

안내원은 우리를 포도밭으로 인도하였다. 우리의 손에는 여전히 포도주 잔이 들려 있었고, 비워진 잔에는 또 다른 포도주가 채워졌다. 포도나무는 열 지어 심어져 있고, 물을 주기 위한 고무 호스가 연결되어 있었다. 포도나무 열의 앞에는 장미나무를 심어 놓았는데, 이를 통해 병충해 등 포도나무에 미칠 영향을 미리 알 수 있다고 한다.

포도밭 옆에 있는 창고 건물로 들어갔더니 포도주를 담은 오크 통들이 가득 쌓여 있었다. 벽에서는 이따금씩 차가운 수증기가 뿜어져 나왔는데 이는 온도를 10~12℃, 습도는 80퍼센트로 일정하게 유지하기 위해서였다. 오크

통은 프랑스나 미국에서 수입해서 사용하는데 포도주의 맛에 영향을 준다. 오크 통은 5~7년간 사용된다고 하는데, 오크 통마다 제조 연도가 찍혀 있었다. 한 창고에 약 4,000개의 통이 저장되며 한 통에 250리터의 포도주가 들어간다고 하였다. 엄청난 양의 포도주를 생산하고 있음에 새삼 놀랐다.

우리가 방문한 포도 농장은 면적이 553만m²로 여러 채의 단층 건물과 온갖 나무가 심어져 있는 정원, 포도밭으로 구성되어 있었다. 농장의 전체적인 모습은 유럽의 포도 농장과 유사해, 정원에 서 있으니 유럽에 온 듯한 착각이 들었다. 이 농장에서 처음 포도주를 만든 것은 1876년으로 그 당시의 건물이 그대로 남아 있었다. 이 농장은 1921년부터 가내 공업에서 벗어나 기업적인 형태로 운영되기 시작하였고, 1997년에 유럽의 한 회사와 합작을 하여 더 큰 규모로 발전하였다고 했다.

> 아메리카 대륙의 포도 재배 역사는 1493년 시작되었는데, 크리스토퍼 콜럼버스의 2번째 여행에서 포도 줄기가 소개된 이후, 포도는 대륙에 **빠르게** 퍼져나갔다. 포도는 페루에 도달한 후, 1548년 칠레에 도달했다. 칠레에서는 산티아고델에스테로, 멘도사에 소개된 이후 포도 생산이 시작되었다.
>
> – 칠레 포도의 전파 과정, 포도 안내 팸플릿에서

칠레에서 포도주 제조가 가능했던 것은 자연환경에 적합한 포도의 생산과 유럽에서 이전해 온 포도주 제조 기술이 결합되었기 때문이라고 할 수 있다. 이곳에서 생산되는 포도주 중에 '디아블로('악마' 라는 뜻의 에스파냐 어)' 라는 제품이 있다. 농장 주인이 좋은 포도주를 만들기 위해 와인이 숙성될 즈음이면 매일 창고에 들러 술을 마시며 시음을 했는데, 일하던 종업원이 그것을 보고 어두운 창고 안에 악마가 산다는 소문을 내면서 포도주명을 '디아블로'로 정했다고 했다. 칠레의 자연환경이 포도 재배에 매우 유리한 조건을 제공하기도 하지만, 그들 나름대로 더 좋은 제품을 생산하기 위한 노력이 있

산티아고 남부의 마이포 계곡에 있는 포도밭. 여름에는 건조하고 일사량이 많으며 일교차가 큰데, 이러한 큰 일교차가 포도의 색과 향, 맛에 영향을 준다.

었기에 오늘날과 같은 대규모의 포도 재배와 우수한 포도주의 생산이 가능하였다.

 2003년 우리나라에서는 칠레와의 자유무역협정(FTA)을 반대하는 농민 시위가 자주 있었다. 칠레는 우리나라에 주로 농산물을 수출하고, 우리나라는 자동차, 철강, 플라스틱 가공품류를 수출하는데, 칠레의 농산물이 수입되면 우리나라 농민들에게 큰 피해가 있을 것이 예상되었기 때문이다.

 그런데 세계의 많은 나라 중에서 유독 칠레와 가장 먼저 자유무역협정을 맺은 이유가 무엇일까? 거리로 보면 중국이나 일본, 동남아시아 등이 훨씬 가까운데, 지구 반대편에 있는 나라와 가장 먼저 자유무역협정을 맺게 된 것이다. 칠레와 우리나라는 서로 비슷한 온대 기후 지대여서 생산되는 농산물도 비슷하다. 하지만 계절이 서로 반대이다. 즉 우리나라가 겨울이면 칠레는 여름이고, 봄이면 가을에 해당한다. 우리나라에서 봄이 되는 3월이면 칠레는 포도 수확기가 되는 것이다. 따라서 이때 칠레의 농산물을 수입하게 되면, 농산물이 부족할 시기에 지구 정반대편 나라의 풍부하고 싱싱한 농산물을 접할 수 있다. 반대로 칠레는 제조업 기반이 약하다. 그러므로 자유무역협정을 체결하여 서로에게 필요한 제품을 값싸게 제공받고자 하는 것이다.

3. 안데스 산지

타완틴수요 시대의 정교한 석축이 남아 있는 쿠스코의 골목길

인간을 이웃으로 맞이한 안데스

평지에 사는 사람들은 늘 산 위가 궁금하다. '산꼭대기에는 뭐가 있을까?' 아니면 '저 산 너머에는 뭐가 있을까?' 등등. 반면 산 위에 사는 사람들은 산 아래 사람들이 어떻게 살고 있는지 궁금해하고 또 이들을 부러워할지도 모른다. 아마 그런 동경과 호기심이 지리학을 발달시켰을 것이다.

리마를 떠나 쿠스코로 향하는 비행기에서 내려다본 안데스 산지에는 여름인데도 눈 덮인 고봉들이 이어지고 있었다. 열대 지역에 눈이라니! 그만큼 산

리마에서 쿠스코로 향하는 비행기에서 내려다본 안데스 산지의 만년설. 해발 고도가 워낙 높기 때문에 한여름에도 높은 산봉우리에는 눈이 녹지 않고 쌓여 있다.

쿠스코 북쪽 타라이의 토지 이용. 산에는 나무가 별로 없고, 산 위쪽까지 경지로 개간되어 있다. 산 아래쪽에는 인위적으로 심은 듯한 유칼리나무가 많이 있다.

이 높다는 뜻이다. 해발 고도가 높아질수록 기온은 점점 낮아진다. 또한 낮과 밤의 기온 차가 매우 커서 밤에는 얼음이 얼기도 한다. 해발 고도가 3,000m를 넘어서면 서서히 나무들이 보이지 않으며, 나지막한 수풀만 보이다가 대략 4,500m부터는 만년설이 나타난다.

눈 덮인 고봉들을 지나니 띄엄띄엄 마을들이 보였다. 그 마을들 사이사이

로 경사지를 따라 누가 그은 것 같은 일련의 띠들이 보였다. 가까이 가서 보니 계단식 밭이었다. 이런 산비탈에 만들어진 계단식 밭을 이곳 언어인 케추아 어로 안데네스(Andenes)라고 한다. 안데스라는 이름의 기원이 여기서 유래했는지도 모른다. 혹자는 안데스 산지 동쪽에 사는 안티(Anti) 족의 이름에서 유래했다고도 한다. 이름의 유래야 어떻든 3,000m나 되는 고도에도 사람들이 살고 있다는 사실이 경이로웠다.

사실 산은 우리가 눈으로 볼 수 있는 가장 큰 땅의 형태이지만, 스스로 보여 주고 있는 것보다 훨씬 많은 것을 감추고 있다. 지도를 보면 안데스 산지는 북쪽의 카리브 해부터 남쪽의 칠레까지 남아메리카 서해안을 따라 뻗어 있다. 베네수엘라, 콜롬비아, 에콰도르, 페루, 볼리비아, 칠레, 아르헨티나 등 7개국에 걸쳐 있는 산지이다. 그 길이는 약 8,500km로 우리나라에서 유럽까지 뻗어 나갈 만한 거리다.

좀 더 주의 깊게 지도를 보면, 안데스 산지는 산맥이 한 개가 아님을 알 수 있다. 곳에 따라 여러 개의 산맥이 한데 모였다 흩어졌다를 반복한다. 16세기에 이곳에 온 에스파냐 정복자들은 이러한 산맥을 '코르디예라', 즉 '밧줄'이라고 불렀다. 다시 말해, 안데스 산맥은 여러 갈래의 밧줄들이 남북으로 뻗어 있는 모

남북으로 길게 뻗은 안데스 산지. 동쪽에는 넓은 평야가 나타나는 반면 서쪽에는 해안을 따라 평야가 좁게 나타난다.

양이다. 중앙부에는 6,000m 급의 높은 산들이 있으며, 그중 6,959m의 아콩카과 산이 가장 높다.

산지가 남북으로 길게 뻗은 까닭에 동서로 분수계를 이루지만 서해안으로 치우쳐 있어 서쪽에는 강다운 강이 없다. 반면, 동쪽으로는 넓은 유역을 가진 아마존 강 수계와 파라나 강 수계가 발달하였다. 한편 칠레 남부 해안에는 빙하에 침식된 피오르가 발달하여 해안선이 매우 복잡하다.

높고 긴 신기 조산대

인간은 한때 산은 영원히 변치 않는 것이라고 믿었다. 산의 수명이 인간보다 훨씬 더 길기 때문이었다. 산도 융기하여 나이를 먹고 닳아 없어지지만, 그 과정에는 인간의 이해를 초월하는 시간이 소요된다. 산의 나이가 많다고 하지만, 안데스 산지처럼 산이 높다는 것은 그만큼 젊다는 뜻이다. 생성된 지 얼마 되지 않았기 때문이다.

지구상의 지각은 여러 개의 판으로 구성되어 있다. 안데스 산지는 서쪽으로 움직이는 남아메리카 판과 동쪽으로 움직이는 나스카 판이 서로 부딪치면서 지표면이 솟아올라 생긴 것이다. 이 충돌 현상은 아직까지도 매년 수 내지 수십 cm씩 진행되고 있다. 따라서 안데스 산맥은 지금도 조금씩 키가 크고 있는 중이다. 서로 부딪치는 판의 가장자리는 압력을 받아서 깨어지고 주름이 생기고 구겨져서 긴 습곡 산맥으로 변한다. 그런 와중에 땅은 갈라지기도 하고 뒤틀리거나 끊어지기도 한다. 이처럼 현재도 이러한 조산 운동이 계속

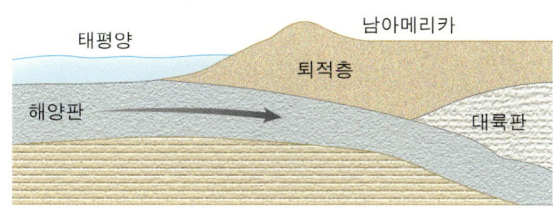

안데스 산지의 형성. 안데스 산지는 해양판인 나스카 판이 대륙판인 남아메리카 판 밑으로 침강하면서 솟아올라 형성되었다.

되고 있는 지형을 신기 조산대라고 한다.

이런 조산 운동은 도처에 그 흔적을 남겨 놓는다. 페루의 리마나 쿠스코, 칠레의 산티아고는 수십 년에서 수백 년에 걸쳐 잦은 지진의 아픔을 겪었다. 이런 곳들은 지진의 피해를 최소화하기 위해 대피 시설을 만들거나, 건물을 지을 때도 다른 지역보다 더 튼튼하게 짓는다.

"쿠스코에는 왜 높은 건물이 없어요?" 우리 일행 중의 누군가가 질문하자 가이드가 대답했다. "이곳은 지진 지대라서 보통 건축물의 높이가 3층을 넘지 않아요. 고대 타완틴수요 인들도 건물을 지을 때, 지진에 대비해 항상 안쪽으로 약간씩 좁혀 가면서 담을 쌓았다고 합니다." 오랜 시행착오 끝에 터득한 생활의 지혜일 것이다.

남미에 도착하자마자 가이드가 가르쳐 준 에스파냐 어는 '올라(안녕하세요?)'였고, 우리 일행이 필요에 의해 제일 먼저 물어본 에스파냐 어는 물이었다. "아과. 뜨거운 물이 필요하시면 '아과스칼리엔테스' 하면 됩니다." 다른

페루 아과스칼리엔테스 지역 온천수의 온도. 물의 온도가 54.8℃나 된다. 온천이 발달해 있다는 것은 땅속 움직임이 활발하다는 증거다.

단어는 다 잊어버렸지만 '아과스칼리엔테스'는 지금도 또렷이 기억이 난다. 많이 사용한 까닭도 있지만, 많이 보았기 때문이기도 하다.

쿠스코에서 마추픽추로 가는 길과 쿠스코에서 푸노로 가는 길에는 아과스칼리엔테스라는 똑같은 지명의 마을이 있다. '뜨거운 물'이라는 이름, 바로 온천이다. 온도계로 물의 온도를 재어 보니 약 54℃나 됐다. 달걀을 그 물에 그냥 넣어 놓기만 해도 저절로 삶아질 것이었다. 이걸 팔면 소득이 괜찮을 텐데 하는 생각도 들었다.

쿠스코에서 푸노로 안데스 산지를 따라 달리는 차창 밖 멀리 보이는 산지의 모양이 특이했다. "저 산들은 왜 끝이 삼각형 모양이지?" 그 삼각형 산지

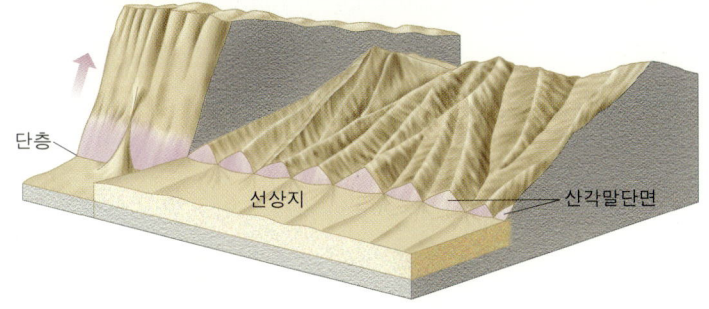

쿠스코에서 푸노로 가는 길에 나타나는 산지의 산각말단면(위)과 모식도(아래). 지층이 끊길 경우 삼각형의 가파른 절벽(산각말단면)이 형성되고, 그 절벽 밑에는 선상지가 발달한다.

3. 안데스 산지 *107*

사이에는 부채꼴 모양의 땅이 나타나네." 우리 일행 모두 특이한 산지 모양을 찍기 위해 카메라 셔터를 눌러 댔다. 땅의 움직임이 과거에 활발했거나 현재 진행되고 있는 지역에서는 이런 산지를 흔히 볼 수 있다. 지층이 일정한 선을 따라서 끊긴 것이다. 단층으로 형성된 절벽에 골짜기가 많이 파이면 절벽의 일부는 축소되어 골짜기와 골짜기 사이에 삼각형의 산각말단면으로 남게 된다. 그런 산지 사이의 계곡에는 배후의 가파른 산지와 전면의 평지 사이에 경사가 급격히 변화하기 때문에 부채꼴 모양으로 자갈이나 모래 등이 쌓이게 된다. 이렇게 형성된 선상지는 경지로 이용하거나 집들이 들어서게 된다.

안데스 산지의 삶터 – 고원과 계곡

쿠스코에 도착했을 때 두 눈을 의심하며 여기저기서 한마디씩 했다.

"와! 저 황토색 집들 좀 봐! 굉장히 많다."

"이 험준한 산지 지역에 이렇게 넓고 평평한 곳이 있다니 믿을 수 없군."

"어떻게 3,360m나 되는 고도에 이렇게 큰 도시가 있을 수 있지? 굉장해!"

타완틴수요 인들이 쿠스코나 마추픽추 같은 높은 곳에 도시를 건설할 수 있었던 데는 두 가지 조건이 있었다.

하나는 넓은 고원과 계곡에 충적지가 발달해 있다는 지형 조건이다. 산줄기 사이가 넓은 곳에는 높고 평탄한 고원이 발달하였는데 볼리비아 오루로 부근의 알티플라노 고원은 그 폭이 약 750km로 가장 넓다. 서울에서 부산까지의 거리가 대략 428km이니 약 1.7배나 되는 엄청난 규모. 산계는 거의 나란한 두세 줄기의 산맥과 그 사이의 고원, 분지, 골짜기로 이루어져 있다.

또 다른 하나는 온화한 기후 조건이다. 안데스 산지는 북위 11°에서 적도를 지나 남위 55°까지 뻗어 있다. 따라서 열대부터 건조, 온대, 냉대까지 다양한 기후대가 공존한다. 저위도의 경우 해안에는 열대 기후가 나타나지만, 고도가 2,000~3,000m에 이르면 기온이 내려가 오히려 해안에 비해 인간이

쿠스코의 원주민 의상. 좀 작은 듯한 모자와 전통 문양을 한 망토가 주변 경관과 잘 어울린다. 망토는 보온을 위해 두른다.

활동하기에 유리한 고산 기후가 나타난다. 쿠스코에 있는 동안 온도를 재 본 결과, 아침에는 7~10℃ 내외였고, 낮에는 20~25℃ 내외였다. 밤에는 약간 추울지 모르지만 아침과 낮은 우리나라 가을철 옷차림 정도면 생활에 별로 불편함이 없을 정도이다.

이러한 고산 기후에서 살기 위해 페루와 볼리비아에서는 타완틴수요 문명 이전부터 직조 기술이 발달했다. 안데스에 자리 잡은 어느 마을에 가거나 독특한 전통 문양을 새긴 옷을 입고 약간 작은 듯한 모자를 꾹 눌러 쓴 원주민들을 만날 수 있었다. 산 아래 바깥세상에서 들어온 합성 섬유로 된 옷들보다는 야마와 알파카 털로 짠 이들의 옷이 고원 지대의 깊은 밤 동안 차가운 공기를 더 잘 견디게 해 주는 것 같았다.

페루나 볼리비아에서는 안데스 산지가 사람들의 삶터이자 정다운 이웃이었다. 안데스 산지는 그 자체가 외부의 적으로부터 사람들을 지켜 주는 자연 방어 시스템 구실을 한다. 또한 감자나 옥수수를 재배할 수 있는 경작지가 되기도 한다. 우리에게 척박해 보이는 산비탈도 이 지역 주민들에게는 감자와

안데스 산지의 한 마을. 밭에는 이곳이 원산지인 옥수수들이 자라고 있다.

옥수수가 자라는 생명의 땅이다. 산은 겉으로 보기에는 어디나 다 똑같아 보여도 실제로는 이처럼 다양한 모습으로 나타난다.

  이곳 안데스 산지에 살고 있는 사람들은 산이 하는 말을 듣고, 산의 기분을 느끼며, 산의 위력에 경외심을 표한다. 그리고 그러한 삶을 통해 높은 수준의 고대 문명을 만들어 냈다. 우리가 본 황토색 집들과 원주민들이 입고 있는 옷, 그들의 외모나 피부색, 그들이 일구고 가꾼 밭에서 나는 냄새 모두는 안데스 산지와 닮아 있었다.

타완틴수요 인들의 삶이 묻어 있는 마추픽추

마추픽추를 찾아서

마추픽추는 쿠스코에서 북서쪽으로 약 112km 떨어져 있다. 버스로 쿠스코를 출발하여 우루밤바에 이르자 강이 나타났다. 수많은 아마존 강 상류의 하나인 우루밤바 강이었다. 이 강을 따라 올란타이탐보까지 가서 기차를 탔다. 세 칸을 달고 가는 기차는 북서-남동 방향의 깊은 골짜기를 따라 달렸다.

　기차가 출발한 지 얼마 안 되어 잉카 트레일의 입구를 지났다. 잉카 트레일은 타완틴수요 인들이 드나들었던 산길을 따라 마추픽추로 가는 도보 여행을

마추픽추 가는 길.

마추픽추로 가기 위해 올란타이탐보에서 기차를 타고 우루밤바 강이 파 놓은 깊은 골짜기를 따라 달렸다.

말한다. 과거엔 차스키(chaski)들도 소식을 전하기 위해 이 길을 빠르게 달렸으리라.

　타완틴수요 시대에는 수도 쿠스코를 중심으로 네 방향으로 통신로가 뻗어 있었다. 차스키는 이 제국의 통신을 담당했던 발 빠른 전령들을 일컫는다. 조선 시대의 파발꾼인 셈이다. 조선 시대의 파발꾼은 말을 이용하는 기발꾼과 걸어가는 보발꾼이 있었지만, 고산의 타완틴수요에는 말이 없었으므로 차스키는 보발꾼이었다. 타완틴수요의 도로에는 1.4km마다 2개의 초소를 설치하고 4명에서 8명의 차스키를 두었다고 한다. 차스키가 자신이 떠난다는 신호로 소라를 불면 다음 초소의 차스키가 이미 뛸 준비를 했다고 한다. 이렇게 신속한 연락 체계와 강인하고 발 빠른 차스키들이 있었기에, 아침에 쿠스코에서 210km 떨어진 태평양 해안에서 잡은 생선이 바로 당일 저녁 왕의 밥상에 올랐다고 한다. 한 시간에 약 17.5km를 달린 셈이었다. 산소가 부족한 고산에서 산길을 그렇게 빨리 달리기란 쉽지 않았을 텐데, 차스키들의 주력이

우루밤바 강과 계곡. 우루밤바 강은 아마존 강의 최상류 지역이다. 우리는 사진 뒤편에 보이는 계곡에서 출발하여 비탈길을 따라 마추픽추로 올라갔다.

(위) 마추픽추 주변 지형. 마추픽추는 우루밤바 강이 감싸고 흐르는 해발 2,400m의 산지 능선에 자리 잡고 있다. 남쪽으로는 잉카의 길이 나 있고, 동쪽 사면에는 일곱 굽이의 도로가 있다.
(아래) 마추픽추로 올라가는 일곱 굽이 하이럼 빙엄 로드. 이 길은 자동차를 이용하는 관광객들을 위해 건설된 도로이다.

대단했음이 느껴졌다.

  매연을 펑펑 내뿜고 있는 세 칸짜리 기차를 뒤로하고 설레는 마음으로 버스에 올라 뒷자리에 자리를 잡았다. 바로 앞좌석에는 거구의 백인이 혼자서 두 좌석을 모두 차지하고 앉아 있었다. 버스가 출발한 지 십여 분 만에 우루밤바 강을 건너고 가파른 비탈길을 오르기 시작했다. 강과 골짜기가 점점 아래로 내려다보이며 마치 하늘로 오르는 기분이었다. 한 선생님이 거구의 백인에게 농을 건넸다. 누구 때문에 차가 힘들어하고 있다고……. 일곱 굽이 중에 여섯 굽이를 도는 순간 안개 속으로 마추픽추가 얼핏 보였다. 천국으로 들어가는 듯한 신비감이 느껴졌다. 비탈길을 힘겹게 올라온 버스는 매표소 앞에 우리를 내려놓았다. 해발 2,400m에 위치한 '공중 도시', '신비의 도시' 마추픽추가 눈앞에 펼쳐졌다.

비밀의 도시

가이드는 자기만의 조망 포인트가 있다며 가쁜 숨을 들이쉬는 우리를 재촉했다. 조망 포인트는 마추픽추와 주변 산지가 한눈에 내려다보이는 남쪽 산 중턱, 하이럼 빙엄(Hiram Bingham, 1875~1956)이 1911년 이 유적을 발견했을 때 173구의 유골(150구의 여자와 23구의 남자)이 있었다는 곳이었다.

  마추픽추는 가파른 능선 위에 돌로 쌓은 많은 건축물들과 수십 단의 경지들이 잘 구획되어 있는 모습이었다. 북쪽에는 마추픽추를 지키고 있는 듯 우아나픽추가 우뚝 서 있고, 가파른 산지 저 아래에는 우루밤바 강이 마추픽추를 휘감아 흐르며, 강 건너에는 절벽을 이룬 산지들이 마추픽추를 병풍처럼 둘러싸고 있었다. 남쪽에는 쿠스코에서 도보로 들어오는 타완틴수요의 산길인 잉카의 길이 보였다.

  마추픽추는 우루밤바 골짜기에서는 전혀 보이지 않았다. 남쪽 이외의 동쪽, 남쪽, 북쪽의 가파른 사면으로는 쉽게 침범할 수도 없어 보였다. 이러한

마추픽추 전경. 앞에 우뚝 서 있는 산이 우아나픽추이며, 중앙 광장 양옆으로 거주지가 있다.

주변 환경을 볼 때 마추픽추의 가장 큰 입지 특성은 외적 방어가 아니었을까? 쿠스코에 대제국을 건설했던 타완틴수요 인들이 에스파냐 침략자들에게 정복당한 이후 황금을 갖고 도망쳐 건설하였을 것이라는 설이 있지만 확실한 증거는 없다. 그 밖에 종교 의식과 천문 관측을 위해 조성된 종교 중심지라는 설, 아마존 지역과 타완틴수요의 수도였던 쿠스코를 연결하는 물류와 교역의 중심지라는 설, 잉카의 여름 별장이었다는 설 등이 있다.

타완틴수요 인들의 석조 기술

마추픽추는 계단식 경지로 이루어져 있는 남부 지역과 주거 지역으로 이루어져 있는 북부 지역으로 구성되어 있었다. 가운데는 중앙 수로가 있었다.

남부의 경지 지역은 경비 초소 아래에 펼쳐져 있었으며, 25개 정도의 계단상 경지로 이루어져 있었다. 각 경지의 단은 1.5~2m 정도 높이로 돌담을 쌓아 만들었으며, 폭은 2~3m 정도로 길게 이루어져 있었다. 경지의 윗부분에는 묘지와 장례 의식을 치루는 것으로 알려진 바위가 있었다.

북부의 주거 지역은 중앙 광장을 가운데 두고 서부 지역의 가옥들은 큰 돌들이 정밀하게 쌓여 있는 데 비해, 동부 지역의 가옥들은 낮은 지역으로 갈수록 작은 돌들이 허술하게 쌓여 있었다. 아래쪽으로 내려갈수록 평민들이 거주하였고, 주변에 경작지가 있는 걸로 보아 이들은 주로 농업에 종사하였을 것으로 짐작되었다. 상류층 주거 지역에는 잉카(왕)의 거처와 신전, 귀족층

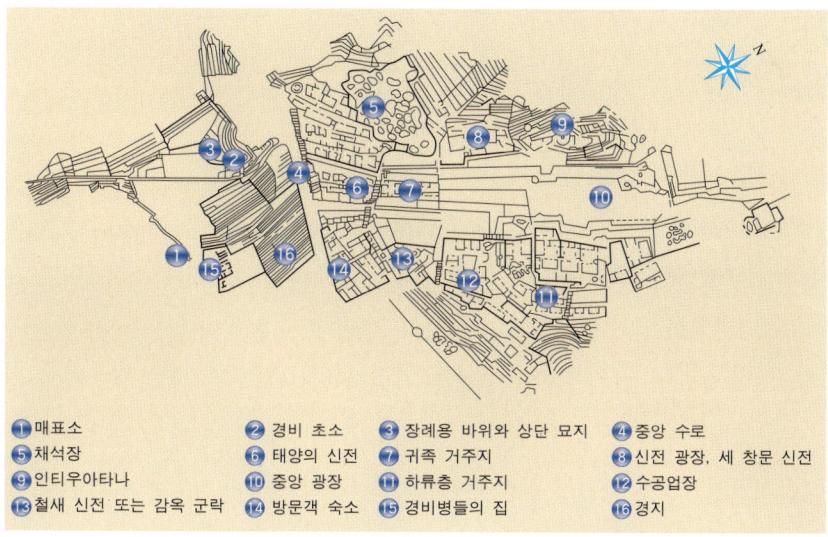

① 매표소　② 경비 초소　③ 장례용 바위와 상단 묘지　④ 중앙 수로
⑤ 채석장　⑥ 태양의 신전　⑦ 귀족 거주지　⑧ 신전 광장, 세 창문 신전
⑨ 인티우아타나　⑩ 중앙 광장　⑪ 하류층 거주지　⑫ 수공업장
⑬ 철새 신전 또는 감옥 군락　⑭ 방문객 숙소　⑮ 경비병들의 집　⑯ 경지

마추픽추의 공간 구조. 중앙 수로를 중심으로 남부 지역은 경지, 북부 지역은 주거지로 이루어져 있다. 주거지는 중앙 광장을 중심으로 하류층 거주지인 동부 지역과 상류층 거주지인 서부 지역으로 나누어진다.

마추픽추의 경지. 25개 정도의 계단상으로 이루어져 있다. 각 경지의 단은 1.5~2m 정도의 높이로 돌담을 쌓아 만들었으며, 폭은 2~3m 정도로 이루어져 있다.

거주지가 있었고, 하류층 주거 지역에는 농민, 방문객 숙소, 수공업장, 감옥 등이 있었다고 한다.

가파른 바위 길을 내려가 돌을 다듬었다고 하는 채석장으로 들어서니, 쪼개다 만 바위가 있었다. 바위에는 일렬로 홈이 파여 있었다. 금속 정이 없었던 당시 타완틴수요 인들은 이 홈에 나무를 넣은 다음 물을 부어 팽창하는 힘으로 저절로 바위가 쪼개지면 바위 모서리를 다듬고 젖은 모래로 갈아 정교하게 다듬었다고 한다.

조금 더 가니 성스러운 광장이 나왔다. 주변에는 세 개의 벽을 가진 신전과 주 신전, 제사 장소로 쓰였을 것 같은 건축물이 있었다. 큰 돌로 정교하게 쌓은 주 신전은 하중을 분산시키기 위해 획일적인 직사각형의 모습이 아니라 사다리꼴과 역사다리꼴로 번갈아 쌓거나, 퍼즐 조각처럼 다양한 다각형의 돌을 빈틈없이 매끄럽게 맞추어 놓은 모습이 그야말로 예술이었다. 신전의 일부가 약간 무너져 있었으나 이는 지진이나 지반 함몰의 결과인 듯했다.

(왼쪽) 채석장의 바위. 일렬로 홈을 파고 나무를 박아 넣은 다음 물로 나무를 팽창시켜 바위를 쪼갰다고 한다.
(오른쪽) 어느 가옥의 벽. 돌로 쌓은 벽에 마치 서까래가 삐져나온 것 같은 바위가 있다.

조금은 허술하게 쌓인 평민 가옥의 내부로 들어가 보니, 마치 다른 바위가 바위를 뚫고 들어와 있는 것 같은 거대한 바위가 벽 중간에 쌓여 있었다. 선반이나 등잔 받침대 같은 것으로 쓰였을 법했다. 바위를 밀가루 반죽 다루듯 했던 타완틴수요 인들의 석조 기술에 찬탄이 저절로 나왔다.

천문대 역할을 했던 인티우아타나를 사방에서 살피는 사이 빗방울이 떨어지기 시작했다. 재빨리 우비를 꺼내 입고 세찬 빗줄기를 맞으며 이곳저곳을 둘러보았다. 바위 여기저기에 정교하게 파인 수로로 빗물이 세차게 흘러내렸다. 도시가 입지하기 위한 첫째 조건은 물이다. 타완틴수요 인들은 어디서 물을 얻었을까? 매일 이렇게 비가 내린다고 하니 생활용수나 농업

마추픽추의 수로. 정교하게 홈을 판 바위들을 연결하여 수로를 만들어 놓았다. 비가 내리자 물이 수로로 흐르고 있다.

비가 내리는 마추픽추는 더욱 운치가 있어 보였다. 앞에 계단상 경지들이 보인다.

용수는 충분했을 것이다. 그러나 한 자료에는 저 아래 우루밤바 강물을 올려다 사용했다고 나와 있었다. 어떻게 700m나 아래에 있는 우루밤바 강물을 끌어올릴 수 있었는지 궁금했다.

굿바이 마추픽추
버스가 움직이기 시작할 때 차창 밖에서 열 살 안팎의 어린이가 손을 흔들었다. 같이 손을 흔들어 작별을 했는데, 한 굽이 한 굽이를 돌 때마다 그 아이는 지름길로 내려와 우리에게 또 손을 흔들었다. 일명 굿바이보이(Goodbye-Boy)였다. 마지막 굽이에서 버스가 서고 상기된 얼굴로 아이가 버스에 올랐

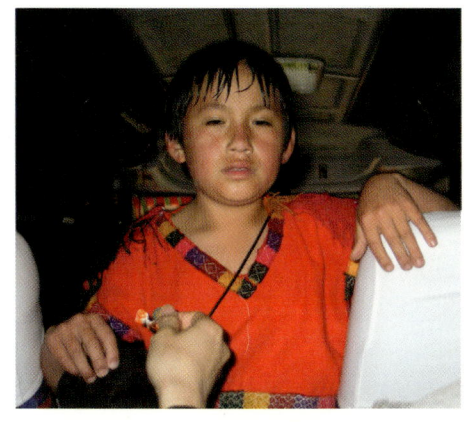

차스키를 관광 상품화한 굿바이보이. 일곱 굽이의 도로를 가로질러 뛰면서 관광객들을 배웅한 굿바이보이의 얼굴은 땀으로 뒤범벅이었다.

다. 박수 소리와 함께 여기저기서 카메라의 플래시를 터뜨렸다. 몇몇 관광객들이 건넨 돈을 받아들고 굿바이보이는 내렸다. 굿바이보이는 과거의 차스키를 관광 상품화한 것이다. 학교에 다닐 나이에 관광 상품으로 뛰고 있는 꼬마가 우리들 마음을 아프게 했다.

 페루는 세계문화유산인 마추픽추에서 연간 입장료로 600만 달러, 잉카 트레일로 300만 달러의 수입을 올리고 있다. 마추픽추 홍보를 위해 톨레도 대통령이 이곳에서 취임식을 거행할 정도로 페루에게는 효자 관광 자원이다. 그러나 많은 관광객이 찾다 보니 이제는 심각한 훼손 위기에 처해 있다. 잉카 트레일의 경우 매일 최대 2천 명의 도보 여행객들이 몰려 훼손이 더욱 심각하다고 한다. 2001년 교토 대학 방재연구소의 조사에 따르면 마추픽추의 유적지는 뒤쪽 경사면이 한 달에 1cm씩 계곡 아래로 흘러내리고 있다고 한다. 자연적 붕괴든 인위적인 훼손이든 이런 위기에서 벗어나 타완틴수요 인들의 잃어버린 도시 마추픽추가 잘 보전되기를 바라는 마음이 간절하다.

삶의 지혜가 담겨 있는 원주민들의 의식주 생활

인간은 항상 자연과 호흡하면서 다양한 전통문화를 창조해 왔다. 그 중에서도 삶의 가장 기본이 되는 의식주는 그 지역의 전통문화를 가장 잘 표현하고 있으며, 원주민들의 삶의 지혜가 담겨 있다. 남미에서 다양한 의식주 생활과 접하면서 우리와 너무 비슷해 정감을 느낄 때도 있었고, 전혀 새로운 모습에 호기심을 느낄 때도 있었으며, 때론 그들만의 지혜에 감탄하기도 했다.

안데스 원주민들의 삶을 이어 주는 감자

안데스 산지는 연중 10~15℃의 기온과 밭농사에 적당한 강수량, 많은 산지

꽃이 예쁘게 피어 있는 볼리비아 알티플라노 고원의 감자밭.

쿠스코의 시장에서 흔하게 볼 수 있는 다양한 종류의 감자. 작은 사진은 가공한 동결 건조 감자의 모습이다.

로 인한 부족한 경지 환경을 갖고 있다. 이러한 환경은 냉량성 작물인 감자의 성장에 알맞아 이곳에서는 이미 7,000년 전부터 야생종의 감자가 존재했고, 원주민들은 기원전 5,000년경부터 감자를 재배하기 시작했다. 이후 수많은 변종이 생기면서 약 350종의 감자가 재배되고 있고, 리마의 국제 감자 센터에는 약 3,600종의 감자 표본이 전시되어 있다.

감자는 단위 면적당 생산량이 많고 생으로 먹을 수도 있으며, 간편하게 굽거나 삶아 먹을 수도 있다. 이는 땔나무가 많지 않은 고산 지대의 원주민들에게 주어진 자연의 선물이었다. 또한 소화가 잘되기 때문에 산소 부족을 겪는 고산 지대의 주민들이 즐겨 먹을 수 있고, 탄수화물·단백질·무기질·비타민 등의 영양분이 충분히 들어 있어 주식이 될 수 있었다.

원주민들은 감자를 '파파(papa)'라고 부르며 주로 해발 고도 2,300~4,000m에서 재배하고 있다. 보통 9월부터 다음 해 5월까지 재배가 이루어지지만 수확 후 오래 저장하기가 쉽지 않다. 따라서 원주민들은 일교차가 큰 것을 이용하여 감자를 밖에 놓아 두어 얼렸다 녹였다 해서, 흐물흐물해지면 이것을 발로 이겨서 탈수하고 건조시켜 '추뇨(chuño)'라고 하는 동결 건조 감자를 만든다. 이렇게 하면 오랫동안 저장할 수 있고, 가벼워서 운반하거나 가지고 다니며 먹기에 좋다.

안데스의 감자는 피사로의 정복 이후 유럽으로 전해졌다. 당시에 유럽 인들은 감자를 '악마의 선물'이라고 불렀는데, 그 이유는 성서에도 없는 작물이고 모습도 흉측해 먹으면 나병에 걸릴 수 있다고 생각해서였다. 그러나 단위 면적당 칼로리 생산량이 밀보다 많고, 요리하기 편하다는 것이 알려지면서 18세기 이후 생산이 급증했다. 특히 아일랜드가 주 재배지가 되었다. 그리고 1845년 감자마름병으로 기근이 들어 100만 명이 넘는 사람이 굶어 죽자 생존자들이 미국으로 건너가면서 북미에도 감자가 전파되었다. 이후 16세기에는 아시아로도 전해졌고, 우리나라에는 19세기 초에 들어왔다. 감자는 현재 밀, 쌀, 옥수수와 함께 세계 4대 작물의 하나다.

세계적인 식량 작물이 된 옥수수

옥수수는 '메이즈(Maiz)' 또는 '초클로(Choclo)'라고 하는데 안데스 지역에만 170여 종이 있다. 경작 한계는 감자보다 낮아 3,300m이다. 쿠스코에서 푸노 지역까지 도로 주변 경지에서는 옥수수들이 자라는 모습을 쉽게 볼 수 있었다.

안데스 원주민들은 옥수수를 신성하게 여겼다. 옥수수는 한 알을 심으면 500알 이상이 수확될 수 있어 적은 일손으로도 많은 수확을 얻을 수 있기 때문이었다. 이는 많은 인구를 유지할 수 있도록 했고, 재배하는 데 1년에 50일의 노동밖에 필요하지 않아 나머지 많은 노동력을 거대한 타완틴수요 문명과 아스텍 문명을 비롯한 수많은 남미 문명을 이룩하는 데 이용할 수 있었다.

안데스의 옥수수가 유럽으로 전해지고 소비량이 급증하면서 유럽 사람들에게는 붉은 반점이 생기는 '펠라그라'가 발생했다. 그러나 안데스 원주민들은 생석회나 재를 푼 물에 옥수수 알갱이를 담갔다가 먹어 이 병에 시달리지 않았다고 한다. 오늘날 원주민들은 옥수수 가루로 '아레파(arepa)'라는 빵을

쿠스코의 전통 시장에서 옥수수를 바닥에 늘어 놓고 팔고 있는 촐라.

푸노로 가는 길에 들른 코파카바나 거리에서 팔고 있는 강냉이.

만들어 먹는데 밀가루 빵보다 입에 덜 달라붙고 맛도 좋다. 현재 옥수수는 세계 농작물 생산에서 쌀과 밀보다 많아 1위를 차지하기도 하며, 원주민들뿐만 아니라 세계인들에게 없어서는 안 될 중요한 식량 작물이 되었다.

원주민들의 막걸리, 치차

안데스 원주민들에게는 '치차'라고 하는 옥수수 막걸리가 있다. 옥수수를 1주일 정도 물에 불려 싹을 틔우고 건조시켜 빻아 만든 가루를 커다란 냄비에 넣어 오랜 시간 끓인 다음 독에 넣어 발효시킨 것인데, 알코올 도수가 약해 남녀노소 모두가 즐겨 마신다고 한다. 원주민들은 치차를 마실 때 반드시 먼저 치차를 손가락으로 튕기어 한두 방울을 대지에 뿌린다고 한다. 우리나라 시골 농부들이 '고수레' 하고 먼저 지신에게 고하듯이 그들도 대지의 신인 파차마마(Pachamama)에게 감사의 표시를 잊지 않는 것이다.

쿠스코에서 케추아 족 마을로 가는 길에 치차를 파는 원주민 집에 들렀다.

치차는 옥수수를 발효시켜 만든 원주민 남녀노소 모두가 즐기는 음료수이다.

대문에는 치차를 판다는 표시로 빨간 천을 두른 막대기가 꽂혀 있었다. 하얀 거품이 떠 있는 항아리 안에 치차가 담겨 있었는데, 조금 떠서 맛을 보니 막걸리와는 다른 맛으로 약간 시큼했다. 치차를 만들 때 여자들이 옥수수를 씹어서 뱉어 발효시킨다는 답사 자료의 내용이 떠올라서인지 다들 별로 마시지 않았다. 그러나 그날 저녁 식사 때 치차를 먹으면 고산증이 좀 가라앉는다는 가이드의 말을 듣자, 고산증에 시달리던 선생님들은 꿀꺽꿀꺽 잘도 마셨다.

원주민들의 단백질 공급원, 쿠이

쿠이는 안데스 원주민들이 가정에서 기르고 있는 토끼 크기와 비슷한 동물이다. 우리나라에서는 애완용 쥐 '기니피그'로 알려져 있는데, 페루가 원산지로 쥐목 고슴도치과에 속하는 야행성 설치류이다. 치차를 파는 원주민 집에서도 여러 마리의 쿠이를 기르고 있었다.

원주민들에게 쿠이 요리는 생일이나 축제 등 특별한 날에만 맛볼 수 있는 고급 단백질원이다. 특히 7월 말부터 8월에 풍성한 수확과 독립 기념일을 축하하는 각종 축제 때 단골 메뉴로 등장한다고 한다. 오늘날에는 관광객들에

집 안에서 사육되고 있는 쿠이들.

게도 인기가 높아, 티폰(Tipon)이라는 마을은 온 동네에 쿠이 요리 전문점들이 즐비했다.

쿠이 요리에는 특유의 냄새를 없애고 고기에 좋은 향이 배도록 하기 위해 와카타이(Huacatay)라는 나뭇잎을 넣는다. 대부분 구이로 먹지만 우리나라 순대와 같이 내장에 야채와 고기로 속을 채워 넣은 투얀(Tullan)이나 고추에 야채와 고기로 속을 채운 뒤 기름에 튀겨 내는 로코토 레예나(Rocoto rellena)라는 요리를 만들어 먹기도 한다. 쿠스코에 도착한 첫날 저녁에 비바 라틴 식당에서 쿠이 요리를 맛보았는데, 가이드는 참새 고기 맛이라고 했지만 닭고기와 소고기 맛의 중간 정도라는 느낌이었다.

알록달록한 색상의 망토와 각양각색의 모자

안데스 지역에서 가장 먼저 눈에 들어온 것은 여자들의 옷차림이었다. 결혼한 여자는 '촐라(cholla)', 미혼은 '촐리타(cholita)'라고 하는데, 정장 차림은 '폴에라'라는 블라우스 비슷한 옷 위에 알록달록한 망토를 두르고, 큰 주름이 잡힌 치마를 입는 것이다. 대부분의 여자들이 블라우스를 입고 있지는 않았지만, 모두 망토를 두르고 주름이 잡힌 치마를 입고 있었다. 허리둘레가 넉넉한 촐라들이 입는 주름치마를 펴 놓으면 6m가 족히 된다고 한다.

머리는 두 갈래로 땋아 늘이며, 촐리타들은 모자를 쓰지 않지만 촐라들은 머리에 각양각색의 모자를 쓰고 다닌다. 모자의 모습은 부족마다 다르기 때문에 모자만 보아도 부족을 식별할 수 있다고 한다. 그렇지만 대부분이 챙이

(왼쪽) 촐라의 뒷모습. 모자를 쓰고, 머리를 두 갈래로 땋아 내리고 리본을 달았다.
(오른쪽) 촐라의 앞모습. 망토를 두르고 치마 폭이 넓은 주름진 치마를 입고 있다.

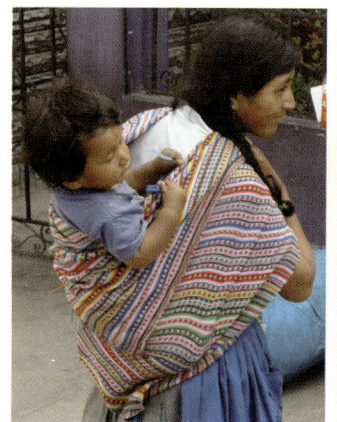 

망토는 보온을 위해 두르지만 포대기 삼아 아이를 업거나, 보자기 삼아 짐을 싸서 어깨에 걸치기도 한다.

넓은 중절모를 쓰고 있어 고산 지대에서의 강한 자외선을 막아 주는 역할도 하고 있음을 짐작하게 했다. 그들이 걸치고 있는 망토는 대부분 손수 짠 것으로 평소에는 큰 일교차로 인한 추위에 보온용으로 쓰이지만, 때로는 아기를 업는 포대기나 물건을 등에 지는 보자기로도 쓰이고 있었다.

그런데 원주민 여자들이 입고 있는 옷은 사실 그들의 전통 의상이 아니며, 에스파냐의 카를로스 3세(1759~1788)가 통치할 때 에스파냐의 안달루시아, 바스크 지방의 농민들의 옷을 입도록 한 데서부터 유래한 것이라 한다. 또한 가운데 가르마를 타고 가랑머리를 하는 것도 카를로스 이후에 톨레도 부왕의 명에 의해 강요된 것이 이어져 내려온 모습이라고 한다.

우비로 쓰이고 있는 판초

남자들이 전통 의상을 입은 모습은 흔치 않았다. 남자들이 전통 의상을 입은 모습을 본 것은 쿠스코 공항 건물로 들어설 때와 우로스 섬에서뿐이었다.

자료를 찾아보니 남자들의 전통 의상은 '운쿠(uncu)'라는 윗도리와 '야코야(yacolla)'라는 정사각형의 망토였다. 운쿠는 포대 자루에 머리와 양팔이 나올 수 있도록 구멍을 뚫은 형태로, 보통 무릎을 덮을 정도의 길이였다고 한

(위) 쿠스코 공항에서 본 원주민 악사들. 판초를 입고 삼포냐를 불고 있다.
(오른쪽) 우로스 섬의 아이마라 족 남자. 알록달록한 색상에 귀를 덮는 형태의 전통 모자를 썼다.

다. 평소에는 운쿠 하나만 입고 일을 하지만, 추워지면 어깨 위에 야코야를 둘렀다고 한다. 야코야는 평소에는 양쪽 끝을 목 앞에서 묶어 뒤로 걸쳐 입고, 일을 할 때는 왼쪽으로 당겨서 오른손이 밖으로 나오게 입었다고 한다.

오늘날 남미 지역의 전통 의상으로 알고 있는 판초는 바로 운쿠와 야코야가 겉옷으로 발전된 것이라고 한다. 여인들이 두르고 있는 망토 또한 목을 끼우는 판초의 변형이라고 할 수 있다. 마추픽추에서 비를 피하기 위해 움막집에 찾아들었을 때, 다른 관광객의 현지 가이드가 판초를 입고 있었다. 이들의 판초가 오늘날은 우비로 쓰이고 있었다.

원주민들의 뜨개질로 짜여진 알파카 털옷

원주민들은 아직도 그들의 옷을 손수 짜서 입는 경우가 많다고 한다. 실제로 여행하는 중에 실을 감고 있거나 뜨개질을 하고 있는 원주민들을 볼 수 있었다. 한 손으로는 실을 잡고 또 한 손으로는 팽이 같은 실패를 무릎에 대고 돌리는 모습이 묘기를 보는 것 같았다. 이러한 솜씨는 조상 대대로 내려왔을 것

푸노 가는 길에 있는 온천 지역에서 원주민 촐라들이 손수 알파카 털로 짠 모직물들을 팔고 있다.

이다. 이미 수천 년 전에 이 지역 파라카스 문화의 천이 세계에서 가장 세밀하게 짜여진 천으로 기네스북에 기록되어 있다고 하니 말이다. 아직도 이같이 수공업에 의존하는 비율이 높아 외국 기업이 이곳에서 의류 산업을 정착시키기가 쉽지 않다고 한다.

원주민들이 손으로 짜서 관광객들에게 파는 옷들은 대부분이 알파카 털로 짠 것이다. 알파카는 털과 가죽을 생산하기 위하여 사육되는 안데스 산지의 낙타과 동물이다. 쿠스코에서 아르마스 광장을 보고 호텔로 돌아오는 길에 원주민 여인이 스웨터와 모자, 양말, 장갑 등을 사라고 따라온 적이 있었다. 알파카 털로 자신이 손수 짰다는 것을 강조하기에 한 가지씩 사서 만져 보니 감촉이 매우 부드럽고 포근했다.

난방 시설이 없이 흙벽돌로 지어진 집

하늘에서 본 쿠스코는 산지로 둘러싸인 분지에 온통 붉은색의 지붕들로 이루어진 아담한 도시였다. 버스로 산 너머에 있는 케추아 족 마을로 가는 길에

치차를 파는 원주민 가옥. 붉은색의 흙과 기와지붕에 솟을대문이 있다. 왼쪽의 지붕에는 바하를 얹었다.

들른 원주민의 집은 그리 크지는 않지만 솟을대문까지 있었다. 벽은 흙으로 되어 있었고 지붕은 대부분 붉은 기와로 덮여 있었지만, 솟을대문 옆의 지붕은 '바하(baja)'라는 풀로 덮여 있었다. 마추픽추에도 같은 풀로 지붕을 덮은 전통 가옥이 있었다.

가옥의 내부는 기껏해야 4~5m 길이의 좁은 공간에 부엌과 방이 함께 있었다. 불 피우는 화덕과 찬장, 식탁과 의자가 놓여 있는 옆에 잠자는 공간이 있었는데 난방 시설은 없었다. 이 지역의 연평균 기온이 10~15℃이므로 난방 시설 없이도 생활이 가능하기 때문이며, 추운 밤에는 옷을 한 겹 더 껴입는다고 한다.

케추아 족 마을에서 본 원주민 가옥들은 모두 '아도베(adobe)'라고 부르는 흙벽돌로 지은 것들이었다. 어도비는 하나의 크기가 20~30cm 정도였는데 이것으로 지으면 최대 2층까지 올릴 수 있으며, 매우 견고해 200년은 충분히 견딜 수 있다고 한다. 간혹 흙벽 위에 흙이나 석회를 바르고 페인트로 글씨나 그림을 그려 넣은 집도 있었다. 집 옆으로 돌아가 보니 소 먹이통이 눈에 띄었다. 통나무를 파서 만든 우리의 것과는 달리 나무판자로 간단히 만든 것이었지만, 두 기둥에 걸어 놓은 모습이 우리 시골의 외양간에 걸려 있는 것과 똑같아 아주 친근한 느낌이 들었다.

케추아 족 마을에서 본 아도베라 부르는 흙벽돌. 풀이 있는 그대로 다져서 쌓아 놓았다.

케추아 족 마을의 집. 지붕 위에는 동물의 조각과 십자가가 있다. 흙벽 위에 회를 칠하고 페인트로 '시장 선거 입후보자 리노'라고 써 놓았다.

갈대섬 위에 지은 갈대집

티티카카 호에서 조그만 관광 여객선을 타고 10여 분 만에 '토토라'라고 하는 갈대로 만든 우로스 섬에 도착했다. 두껍게 깔아 놓은 갈대섬이 여기저기 있고 각 섬마다 여러 채의 갈대집이 있었다. 배에서 내려 걸어 보니 푹신푹신한 짚 더미 위를 걷는 느낌이었다.

집 밖에서는 원주민 여인이 솥과 항아리, 식기 등을 늘어놓은 채 음식을 하고 있었다. 몇 개의 옷가지들과 사진이 걸려 있는 집 안에서는 소년이 침대 위에서 기념품을 만들고 있었다. 형광등에다 궤짝 위에 TV까지 놓여 있는 것을 보고 주위를 살펴보니 집 옆에 소형 태양광 발전기가 세워져 있었다. 이곳의 태양광 발전기는 후지모리 정부가 추진하려던 전기 공급을 톨레도 정부가 중단하자, 주민들이 전문가에게 의뢰해 설치했다고 한다. 해발 3,810m로 태양과 가깝고 우기에도 한낮에 태양이 강하게 내리쬐는 특성을 이용한 것이다.

화장실이 아닐까 하고 들어가 본 원추형의 움막집에는 부엌살림이 있었다.

(왼쪽) 우로스 섬의 집 안 모습. (가운데) 우로스 섬의 태양광 발전기. (오른쪽) 우로스 섬의 주방.

가스통이며 가스난로가 있는 주방이었다. 과거 안데스 원주민들은 이런 원추형 움막집을 많이 짓고 살았다. '티피'라고 하는 이 움막집은 세 개의 기둥을 세우고 주변에 보조 기둥을 세운 후 동물 가죽으로 덮어 씌워, 유목을 하던 이들이 쉽게 이동할 수 있었다고 한다. 이제 티티카카 호의 아이마라 족들은 이런 움막집을 단순한 부엌살림을 두는 공간으로 이용하고 있다.

화장실이 어디냐고 물으니 호수 전체가 화장실이라는 대답에 정수 처리 시설이 전혀 없는 티티카카 호의 수질 오염이 불을 보듯 뻔해 안타까웠다. 그런데 자료를 찾아보니 토토라가 화장실 역할을 하고 있었다. 토토라는 무엇이든 빨아들이는 특성이 있어서 오물을 자연 분해 흡수한다. 우리 시골에서는 똥개가 '인조 비료' 해결사인데, 이곳에서는 토토라가 그 해결사였다.

다른 섬으로 가기 위해 토토라 배를 탔다. 배는 마치 이탈리아 베네치아의 곤돌라와 비슷한데 배 위에는 선장실까지 있었다.

티티카카 호의 우로스 갈대섬. 토토라를 엮어 인공으로 만든 섬이다. 집 뒤로 갈대밭과 호수가 보인다.

우로스 갈대섬을 이어 주는 토토라 배.

알티플라노 – 하늘 호수로 떠나는 여행

티티카카 호수로 가는 길

옛 타완틴수요 시절부터 안데스 산지에는 '거짓말하지 말 것, 도둑질하지 말 것, 게으름 피우지 말 것' 등의 3대 계명이 전해져 내려온다고 한다. 이곳 원주민들을 보면 이런 계명이 필요한 이유를 알 수 있을 듯하다. 이들이 살았고 지금도 살고 있는 안데스 산지는 하늘 아래 첫 동네이다. 하늘과 가까이 살면서 태양신을 섬기는 그들에게 거짓말이나 도둑질은 결코 해서는 안 될 일이다. 또한 척박한 산지 사이의 땅을 일구고 물을 구하는 고단한 삶은 게으름을 허락하지 않는다.

페루 쿠스코에서 푸노로 넘어가는 고개 정상에 섰다. 이곳은 해발 고도가 4,335m나 된다. 눈 모자를 눌러 쓴 뾰족한 산봉우리들이 더 가깝게 느껴졌다. 고개는 원래 봉우리와 봉우리 사이의 낮은 부분을 말한다. 우리나라에서는 박달재, 추풍령처럼 지명 끝에 '재'나 '령'을 붙인다. 산지가 많은 곳에서는 이런 고개들이 중요한 교통로로 이용된다. 과거에는 사람이나 우마가 다니는 길로, 지금은 철도나 도로로 이용된다.

잠시 숨을 고르고 주변의 경관을 둘러보았다. 고개 정상의 경치가 잘 보이는 곳에는 원주민들이 좌판을 벌여 놓고 있었다. 야마나 알파카로 짠 각종 옷과 모자, 양말, 이불 등을 팔고 있었는데 값이 싸고 품질도 좋아 보였다.

고도가 높은 고개는 흔히 분수계 역할도 한다. 분수계는 내린 빗물을 각각 서로 다른 방향으로 흐르게 하는 일종의 경계선이다. 이곳을 기점으로 북쪽

페루의 쿠스코에서 푸노로 넘어가는 고개 정상에서 팔고 있는 알파카 가죽 제품과 모직물들.

은 아마존 강 수계에 속하지만 남쪽은 그렇지 않다. 겨우 몇 m 차이로 북쪽에 내리는 비는 아마존 강으로, 남쪽에 내리는 비는 티티카카 호수로 목적지가 달라지게 된다.

고개를 넘어 푸노의 티티카카 호수로 가는 길 양옆으로 높다란 산봉우리들이 우리를 호위해 주었다. 이곳의 해발 고도가 3,500m를 훌쩍 넘는다는 것도 잊게 해 줄 정도로 버스가 가는 길은 남쪽까지 매우 평탄했다. 그리고 알티플라노 고원이 시작되었다. 티베트 고원 다음으로 가장 높은 곳에 위치한 고원이다.

알티플라노라는 말은 에스파냐 어로 '높은 평원', 즉 고원이라는 뜻이다. 페루, 볼리비아, 칠레로 이어지며, 그 면적은 약 17만 km²로 남한 면적의 1.7배이다. 고구마 형태의 알티플라노를 반으로 뚝 자르면 북쪽에는 티티카카 호수, 남쪽에는 우유니 소금 사막과 수심이 얕은 여러 개의 소금 호수(염호)가 있다.

알티플라노 고원의 출현은 안데스 산지의 형성과 관련이 깊다. 지각 변동으로 안데스 산지가 솟아오르면서 알티플라노 지역도 모습을 드러내기 시작

쿠스코에서 푸노로 넘어가는 고개 정상에서 바라본 전경. 알티플라노 남쪽을 향해 철로가 달리고 오른쪽 사면에 도로가 있다. 물가 옆 풀밭에서 야마 떼가 한가로이 풀을 뜯고 있다. 평원 너머로 남쪽에 높은 산지가 보인다.

알티플라노 고원. 북쪽에는 티티카카 호가 있으며, 남쪽에는 우유니 소금 사막이 펼쳐져 있다.

하였다. 신생대의 빙하기에 접어들 때 알티플라노 전 지역은 거대한 호수였으나, 그 후 기후 변화를 겪으면서 호수의 면적은 점차 줄어들었다. 그 흔적으로 현재 남아 있는 것이 페루와 볼리비아 국경의 티티카카 호와 볼리비아 남동부의 포오포 호, 남서부의 우유니 소금 사막이다.

북쪽에는 거대한 호수가 발달해 있는데, 왜 남쪽은 소금 사막일까? 알티플라노 고원은 남위 15°에서 21°에 걸쳐 있다. 북쪽은 적도에 가까워 연 강수량이 약 800mm에 이르며 비교적 습윤한 편이다. 그러나 남쪽은 아열대 고압대에 위치해 있고, 아마존 분지에서 불어오는 습한 기류가 안데스 산지에 막혀 연 강수량이 200mm 미만으로 건조한 편이다. 강수량이 적으면서 낮에 기온이 높은 곳은 증발량이 많기 때문에 소금기가 땅에 쌓이고 소금 사막이 발달하게 된다.

알티플라노 고원은 북쪽과 남쪽의 기온차도 크다. 북쪽의 티티카카 호수 주변은 연평균 기온이 12℃ 정도로 온화한 편이나, 남쪽의 우유니 소금 사막 지역은 추울 때는 영하 20℃까지도 떨어진다고 한다. 낮과 밤의 기온차도 북쪽에서 남쪽으로 갈수록 커지며, 남쪽으로 갈수록 한낮에는 햇살이 뜨거워 눈이 부시고 밤에는 서늘하고 바람이 많이 분다. 고원 지역에 사는 원주민들의 얼굴을 처음 보았을 때 얼굴이 어쩌면 저렇게 그을었을까 생각했는데, 며칠 지나지 않아 우리 일행도 하나 둘 원주민의 얼굴이 되어 가고 있었다.

바다일까, 호수일까?

알티플라노가 내놓은 첫 번째 보물은 티티카카 호이다. 티티카카 호는 바다처럼 넓다. 해발 고도가 3,810m로 배가 다닐 수 있는 호수 중에서는 지구상에서 가장 높은 곳에 위치해 있다. 높은 곳에 있는 호수라 물이 매우 차가울 거라고 생각했지만 예상과는 달리 물은 그리 차갑지 않았다. 평균 수심이

평온해 보이는 티티카카 호 전경. 바다같이 넓은 호수에는 갈대로 만든 인공 섬들도 있다.

200m를 넘을 정도로 매우 깊고 물의 양도 많은 편이어서 수온이 거의 항상 10℃로 유지된다고 한다. 또한 호수 주변의 기후가 온화하여 높은 고도에도 불구하고 주변 경작지에서 옥수수나 감자를 재배할 수 있다.

티티카카 호는 속이 들여다보일 정도로 깨끗해 보이지는 않지만 많은 사람들이 식수로 사용하고 있다. 한낮의 따가운 햇살 때문에 증발에 의한 물 손실량이 많지만, 수십여 개의 크고 작은 하천이 티티카카 호에 물을 공급해 주고 있다.

이곳에는 타완틴수요 시대 훨씬 이전부터 문명의 흔적이 나타난다고 하니, 처음 사람들이 살기 시작한 때는 아마도 선사 시대까지 거슬러 올라갈 것이다. 그러나 오랜 거주 역사에도 불구하고 호수 주변은 한가롭고 평온해 보였다. 호수의 고립적인 위치가 거대한 산업화를 조금은 비껴가게 한 때문은 아닐까? 하지만 이곳도 우리와 같은 관광객들이 밀려오면서 많은 변화를 겪고 있는 듯했다. 관광 시설이 늘어나고 교통이 편리해지면서 인구가 점차 늘고 있다고 한다. 물 사용량이 늘어나고 호수로 들어가는 오염 물질의 양이 자꾸만 많아지게 된다면, 아랄 해처럼 자그마한 호수로 전락할지도 모른다.

우유니 소금 사막과 다양한 지형

볼리비아의 라파스를 거쳐 오루로와 우유니로 가는 길은 지루할 정도로 평탄했다. 한참을 달려도 경관의 변화가 거의 없었다. 양옆의 봉우리들 사이로 나타나는 대초원에는 관목류가 듬성듬성 있고 그 위에 소, 양, 야마, 알파카 등이 어슬렁거리고 있었다. 어쩌다 마을이 나타나긴 했지만 인적은 드물었다.

우유니 소금 사막을 소개하는 차량 광고. 우유니 소금 사막이 볼리비아 남서부에 위치한다는 것과 해발 고도가 3,669m임이 표시되어 있다.

오루로에서 우유니 가는 길에서 본 야마 목축 경관. 사람은 없고 야마들만 한가로이 풀을 뜯고 있다. 여유 있게 어슬렁거리는 모습이 초원의 주인인 듯하다.

알티플라노 고원의 황량함에 익숙해질 무렵, 고원은 또 하나의 감추어 놓았던 보물을 내밀었다. 우유니 소금 사막이었다. 하늘과 맞닿은 거대한 소금밭은 '자연의 신비란 이런 거야'라고 말해 주는 듯했다. 동서남북 어디를 둘러봐도 소금뿐이었다. 이 소금밭의 규모가 우리나라 충청 남도 땅보다 더 넓다고 하니 입이 떡 벌어졌다. 사륜 구동차로 서너 시간을 달려도 여전히 소금 사막 한가운데였다.

소금은 원래 바다에서 멀리 떨어진 내륙에서는 구하기 힘든 것으로, 예전에는 매우 높은 가격에 거래되었다. 그렇지만 이곳에서는 너무 흔했다. 아무데서나 특별한 기술 없이도 소금 덩어리를 캐낼 수 있다. 소금 벽돌로 집도 짓는다. 이곳 원주민인 치파야(Chipaya) 족은 수백 년 동안 그렇게 소금을 캐내면서 생활해 왔다. 건조한 기후와 척박한 땅이어서 곡식을 경작할 수는 없지만, 신은 이곳에 소금이라는 조금은 특별한 선물을 주신 듯했다.

우유니 소금 사막. 사막 위를 달리는 차들이 없으면 하늘과 땅을 구분할 수가 없을 것이다.

소금 층이 햇볕에 마르면서 벌집 모양의 육각형으로 결정이 형성되었다.

우유니 소금 사막의 붉은 호수와 홍학. 호수에 쌓인 침전물과 조류(藻類)의 영향으로 호수의 색깔이 붉은색을 띤다.

소금 층의 두께는 30cm부터 깊은 곳은 100m 이상이라고 한다. 그런데 이곳 소금밭은 우기인 12월에서 3월 사이에는 녹아서 얕은 염호를 형성한다. 반면 긴 건기 동안에는 표면뿐만 아니라 그 아래까지 증발된다. 육각형의 소금 결정체를 만들며 녹았다 말랐다 하면서 그 형태는 변화하지만 짜다는 본질은 변하지 않는다. 서양에서는 이런 소금의 불변성에 빗대어 군대에서의 충성이나 친구 간의 우정을 맹세했다고 한다. 또 고대 이집트 인이나 그리스 인들도 제물이나 봉헌물에 소금을 꼭 포함시켰다.

소금 사막이라고 해서 다 같은 모양은 아니다. 우유니 소금 사막은 하얀 호수, 붉은 호수, 녹색 호수 등 지역에 따라 빛깔이 다른 여러 개의 호수로 구성되어 있다. 호수마다 쌓인 침전물의 색깔과 국지적으로 자생하는 조류의 색깔이 다르기 때문이다.

또한 소금 사막 곳곳에는 빙하의 흔적이 남아 있었다. 빙하성 퇴적물이 그것으로, 커다란 바위부터 자잘한 모래까지 한꺼번에 뒤섞인 자그마한 일련의

빙하에 의해 운반되어 쌓인 퇴적물로 형성된 지형들이 과거 빙하의 흐름을 말해 준다.

구릉지들이 여기저기 보였다. 일행 중 누군가의 표현대로 숟가락으로 밥을 엎어 이어 놓은 것 같았다. 빙하는 얼음 덩어리이긴 하지만 덩치가 워낙 크고 경사면을 따라 이동하는 특성이 있다. 이동하면서는 주변의 산지를 깎기도 하고 깎은 물질들을 산 아래 낮은 곳에 쌓아 놓기도 한다. 시간이 지나고 따뜻한 시기가 오면, 지역에 따라 빙하는 녹아서 사라지지만 빙하가 가져다 놓은 물질들은 세월의 무게를 잘 이겨내고 그 자리를 지키기도 한다.

  빙하의 흔적을 더듬는 사이 우유니 소금 사막은 점점 멀어져 갔고, 알티플라노는 화산이라는 또 다른 자태를 뽐냈다. 알티플라노 고원은 안데스 산지와 함께 지금도 융기하고 있다. 특히 서쪽에 있는 코르디예라 옥시덴탈 산계는 해양판이 대륙판과 충돌하면서 밑으로 침강하고 있는 곳이다. 이러한 지각 판의 깨진 틈을 따라 화산이 형성된다. 지각 판의 움직임에 따라 여러 개의 화산이 지금도 활동 중이다. 6,000m가 넘는 몇몇 고봉들을 포함하여 크고 작은 화산체가 600여 개나 된다. 그야말로 알티플라노는 지형학의 보물 창고이다. 고원, 거대한 호수, 소금 사막과 그 속의 다양한 빛깔의 염호들, 빙하의 흔적부터 화산까지 땅이 살아서 숨 쉰다는 것을 확실히 알게 해 주었다.

우유니 투어

우유니 투어는 보통 3박 4일 일정으로 진행되고, 8명 정원의 지프 차량을 이용한다. 전 일정에 대해 숙식이 제공되며 1인당 요금은 70~80달러 정도이다. 여행객은 차를 타고 가면서 구경만 하면 되고, 그 외의 모든 것은 지프 운전기사들과 식사 준비를 위해 동행한 여자들이 책임진다. 여행 코스는 세 가지가 있다. 그중 우유니에서 출발하여 알티플라노의 남부를 돌아 우유니로 돌아오는 것이 가장 일반적이다. 그 외에 칠레에서 출발하여 우유니로 오는 일정과 우유니에서 출발하여 칠레로 가는 일정이 있다. 우리는 다음 답사 장

우유니의 해바라기 호텔 앞. 도요타 랜드크루저 4대에 짐을 나눠 싣고 우유니 투어에 나섰다.

소가 칠레의 아타카마 사막이었기 때문에 우유니에서 출발하여 칠레로 가는 일정을 선택하였다.

콜차니 마을

콜차니 마을은 우유니의 소금 사막으로 들어가는 입구에 있는, 가내 수공업 형태로 소금을 가공하여 생활하는 마을이다. '톨라'라고 하는 관목을 때서 12시간 동안 소금을 구우면, 맛을 좋게 하고 수분을 제거하여 곱게 만들 수 있다. 마당에는 하얀 소금이 수북이 쌓여 있고, 건물 안에서는 소금을 불에 구워내고 있었으며, 한편에서는 작은 비닐봉지에 소금을 포장하고 있었다. 마을 전체가 소금을 바탕으로 생계를 유지하고 있는 것으로 보였다. 마을의 담들은 넓고 평평하며 두께가 거의 일정한 돌들로 쌓았다. 이러한 돌들은 우유니 소금 호수 중간에 있는 잉카와시 섬에서 많이 볼 수 있다.

소금을 가공하는 마을을 지난 지 얼마 되지 않아, 소금을 캐기 위해 삽을

구들 위에서 구워지고 있는 소금.

물이 얕게 고여 있는 우유니 소금 호수에서 삽으로 소금을 모아 차에 싣고 있다.

든 사람들이 멀리 지평선에 나타났다. 커다란 화물차가 오가고, 사람 키만 한 높이로 수북이 소금 산을 만들어 놓고 화물차에 싣고 있는 모습도 보였다. 소금밭은 상당히 단단해서 그 위로 차량이 지나가는데도 지프차의 바퀴가 소금 속으로 빠지지 않았다.

    우유니의 1월은 우기여서 빗물이 사막으로 유입되어 커다란 호수를 이루고 있었다. 간혹 메마른 곳도 있었지만 거의 20~30cm 정도로 물이 차 있어서, 자동차가 물 위로 달려야 했다. 더워서 창문을 열면 시원한 바람은 들어왔지만 곧 소금으로 뒤덮이게 되었다. 물방울이 튀어 차 안으로 들어오는데, 바로 마르면서 하얀 소금으로 변했기 때문이다.

염호 한가운데의 소금 호텔

자동차는 호수와 하늘이 맞닿은 듯한 신비로운 소금 호수 속으로 들어갔다. 소금 호수에 들어선 지 30여 분이 지나자 집 한 채가 서 있었다. 일명 소금 호텔로 세상에서 제일 짠 집이었다. 호텔 전체가 소금 덩어리로 지어진 소금 호텔은 신기함 그 자체였다. 차에서 내려 가까이 다가가 보니 얼음인지 소금인지 구분이 안 됐다. 장난기가 발동해 어린아이처럼 호텔 벽을 핥아 보니 분명 소금이었다. 우리는 식품으로만 이용하는 소금으로 이

우유니 투어 이동 경로.

곳 사람들은 튼튼한 집을 짓고, 더 나아가 관광 상품으로 개발하고 있었다.

소금 호텔의 내부를 보기 위해서는 비싼 찻값을 지불해야만 했다. 문을 열고 호텔에 들어가 보니 바닥은 물론 기둥과 침대, 테이블, 의자가 모두 하얀 소금이었다. 의자는 야마 모양으로 조각까지 해 놓았다. 밖에서 눈부신 햇살이 들어와 빛과 소금의 하모니를 연출하였다. 방들을 기웃거려 보니 소금 침대 위에서 뒤척이며 여유를 부리는 여행객도 있었다.

소금 호텔 주변은 차바퀴의 타이어 부분까지 물에 잠기고 있었다. 너무 깊어지면 소금 사막 투어를 못한다고 했다. 지프차들은 소금물이 엔진에 튀는 것을 막기 위해 차의 앞부분을 가리고 달렸지만, 소금 사막을 빠져나갔을 때는 모두 두꺼운 소금옷을 입고 있었다. 그래서 우유니 투어를 하기에 가장 좋은 계절은 겨울이라고 한다. 물이 고여 있지 않아서 소금으로 인한 차의 부식을 염려하지 않아도 되고, 소금 사막도 제대로 볼 수 있기 때문이라고 한다.

물에 약간 잠긴 소금 호텔의 외부 모습.

의자, 책상, 벽 등이 온통 소금으로 된 호텔 내부에서 즐거워하는 외국인 관광객들.

섬 중턱에서 내려다본 잉카와시 섬. 사람 키보다도 큰 선인장으로 뒤덮여 있다.

선인장으로 뒤덮인 잉카와시 섬

점심 식사를 하기 위해 우유니 소금 호수의 중간에 있는 잉카와시 섬에 들렀다. 잉카와시 섬은 옛날 타완틴수요의 전령들이 쉬어 가던 돌산이다. 그리 높지 않은 섬의 정상을 구경하고 반대편으로 내려오며 보니, 섬은 온통 사람 키보다도 큰 선인장으로 뒤덮여 있었다.

    점심을 먹고 소금 사막 위를 끝도 없이 달려 산후안에 도착했다. 이튿날 산후안을 출발하여 점심 무렵 카나파(Canapa) 호에 도착했다. 머리에 만년설을 이고 있는 고봉들이 둘러쳐 있고, 눈앞에 펼쳐진 호수에서는 플라밍고들이 한가로이 노닐고 있었다.

카나파 호에서의 우아한 점심. 만년설이 덮인 산들로 둘러쳐진 호수에서 플라밍고들이 한가로이 노닐었다.

붉은 호수와 녹색의 호수를 거쳐 칠레로

사막을 계속 달려 해질 무렵 라구나 콜로라다(붉은 호수)에 도착했다. 호숫가에는 10여 채의 집이 모여 있는 작은 마을이 있었다. 마을 뒤로는 야트막한 산이 있고 앞으로는 도로가 지나가고 있었다.

누군가의 제안으로 저녁에 야마를 잡기로 했다. 비용은 130달러 정도였다. 덕분에 야마를 잡는 모습을 처음부터 끝까지 볼 수 있었다. 호수 근처에서 방목하던 야마 무리를 걸어가면서 천천히 마을 쪽으로 몰아, 거의 한 시간 만에 점 찍었던 한 마리를 잡았다. 야마를 잡는 주인은 서두르는 기색이라고는 전혀 보이지 않는 것이, 어찌 보면 야마 무리에게도 작별의 시간을 주는 듯했다. 우리나라에서도 소나 돼지를 잡으면 온 동네에 잔치가 벌어지듯이, 볼리비아의 이곳에서도 이날 잡은 야마 고기 덕택에 어느덧 마을 전체의 잔치가 되어 있었다.

이날 밤은 날씨가 추워서 침낭 속에 들어가서 잤다. 이층 침대는 삐걱거리

야마를 잡기 위해 야마 무리를 몰고 있는 동네 사람들. 야마는 젖과 고기, 가죽을 제공해 주며 이곳 주민들의 이동 수단이 된다.

고 난방은 될 리가 없고, 다들 편히 잠을 이루지 못했다. 거기다가 이튿날 아침에는 물이 거의 나오지 않아 사막의 혹독한 생활을 톡톡히 체험해야 했다. 씻는 것은 고사하고 제일 중요한 화장실이 마비 상태가 되었다. 그러나 다들 다양한 방법으로 잘 해결하고 있는 것이 이제 어느 정도 사막 생활에 적응이 된 모양이었다.

알티플라노의 최남단인 라구나 베르데와 리칸카부르 화산. 녹색의 호수와 하얀 구름 띠 위로 리칸카부르 화산이 신비로운 모습으로 솟아 있다.

간헐천 지대를 통과하여 사막 지대를 한참 더 달려서 라구나 베르데(녹색의 호수)에 닿았다. 리칸카부르 화산을 배경으로 한 라구나 베르데의 아름다운 물 빛깔에 많은 사람들이 탄성을 질렀다.

볼리비아에 볼리바르는 살지 않는다

페루의 푸노에서 티티카카 호 연안을 따라 볼리비아의 라파스로 갔다. 시가지에 들어서자 집들이 많아지고 여기저기서 새 집을 짓고 있었다. 엘알토 지역이었다. 해발 고도가 4,100m나 되었지만 평탄한 대지가 계속 펼쳐졌다. 고층 건물은 보이지 않고 대부분 2층의 흙벽돌 집이었다. 제법 비가 내리는데도 우산을 쓴 사람들은 찾아볼 수 없었다.

내리막길로 접어드는 곳에서 라파스 분지 전체를 조망할 수 있었다. 라파스는 분지라기보다 계곡이라는 표현이 더 적합한 것 같았다. 깊은 협곡을 따라 집들이 산사면에 다닥다닥 붙어 있었다. 황량한 알티플라노 평원의 사람들이 모두 이곳으로 모여든 것 같았다.

볼리비아의 으뜸 도시 라파스

라파스는 1548년 에스파냐 선장 알폰소 멘도사가 처음 발견하여 이름 붙인 곳이다. 그 3년 전인 1545년 포토시에서 은광이 발견되자, 에스파냐 인들은 혹시 이곳에도 금이 있지 않을까 하여 라파스 계곡의 케아푸 강바닥을 샅샅이 뒤졌다. 포토시 은광과는 비교가 되지 않았지만, 멘도사는 라파스 계곡에서 금을 찾아냈고 이곳에 도시를 건설하여 초대 시장이 되었다.

포토시가 200년을 퍼내도 마르지 않은, 은으로 된 지하 수맥 위에서 성장한 도시라면, 라파스는 사금 웅달샘 옆에 자리한 도시였다. 라파스의 샘물은 얼마 못 가 말라 버려, 라파스는 광산 도시로서의 생명력을 바로 잃었다. 그

라파스 전경. 깊은 계곡을 따라 집이 산사면에 다닥다닥 붙어 있다.

런 연유로 16세기의 라파스는 포토시나 수크레에 비하면 보잘것없는 작은 도시에 불과했다. 그러나 500년이 지난 오늘날, 포토시는 인구 12만 명 정도의 작은 도시인 데 반해, 라파스는 인구 150만이 넘는 볼리비아의 으뜸 도시로 우뚝 서 있다.

라파스의 성장 요인은 우선 지리적 위치에서 찾을 수 있다. 은이 아무리 풍부해도 영원히 지속될 수는 없기 때문에, 은광을 토대로 건설된 포토시는 은이 사라지면 도시의 생명력도 다할 수밖에 없었다. 반면 라파스는 남쪽 포토시의 은을 티티카카 호를 거쳐 페루의 리마로 운반하는 길목에 위치한 교통의 요지이다.

에스파냐는 중남미를 통치하던 초창기에 멕시코와 페루를 근거지로 삼아, 16세기 초 멕시코시티와 리마 두 곳에 부왕령을 설치하여 식민 통치를 지휘

하였다. 포토시를 포함한 안데스 산지 지역은 페루 부왕령의 통치권에 속했다. 18세기 말까지 남미 지역은 페루의 리마를 중심으로 네트워크가 구축되었으며, 라파스는 포토시와 리마를 연결하는 핵심 고리 역할을 통해 발전하였다. 훗날 포토시-라파스-리마를 잇는 교통축의 가치는 포르투갈의 대외 정책 변화로 감소했다. 1763년 포르투갈이 브라질의 리우 지역으로 통치 거점을 옮기자, 이에 대응하여 에스파냐는 아르헨티나의 부에노스아이레스를 수도로 하는 라플라타 부왕령을 분리 설치했다. 때마침 포토시의 은광도 고갈되어 갔고, 대서양 연안이 무역 중심지로 부각됨에 따라 리마의 중심성은 반감하였다. 그렇지만 이 시기까지 200년 동안 라파스는 에스파냐로 이동되는 자원의 유통 라인 중심에 있었던 탓에 대도시로 성장할 수 있었다.

라파스 성장의 요인은 독특한 기후 환경에서도 찾을 수 있다. 라파스는 고원 사이에 숨어 있는 오아시스로서, 황량한 알티플라노 고원이나 추운 레알 산맥 속의 포토시보다는 훨씬 온화하여 사람이 살기에 유리하다. 계곡 위쪽인 엘알토 지역의 해발 고도가 4,100m임에 반해 계곡 가장 아래쪽 하류 지역은 3,200m 정도이다. 그렇기 때문에 평소에도 계곡 위쪽과 아래쪽은 기온이 5~6℃ 정도 차이가 난다. 라파스에 진입하기 직전 버스가 정차했던 곳은 기온이 10.5℃였고 해발 고도는 3,974m였다. 여름철 기온이라는 점을 감안하면 사람이 살기에는 추운 지역이라 할 수 있다. 그러나 계곡 아래쪽은 15~16℃ 정도의 기온이 유지되는 셈이니 그럭저럭 살기에 좋은 곳이다. 이 때문인지 아래쪽 지역에는 부유층이 주로 거주하고 위쪽 지역에는 빈민들이 사는 거주지 분화 현상이 나타난다. 일반적으로 조망 좋은 산자락에 전통적 부촌이 자리 잡는 것과는 반대의 현상이다.

우리가 묵었던 호텔이 있는 곳은 해발 3,619m로 계곡의 중간 부분이었다. 그 곳을 센트로 지역이라 하는데, 오피스 기능이 밀집된 중심 업무 지구에 해당된다. 라파스는 주요 도로가 계곡을 따라 위쪽과 아래쪽 지역을 연결하기

라파스의 야경. 산비탈에 빽빽이 들어찬 서민들의 집에서 불빛이 반짝인다.

때문에 항상 차가 막힌다. 도로 면적에 비해 차량이 많고 계곡이라 대기 오염이 심각할 것 같지만, 계곡 아래쪽에서 위쪽으로 부는 바람과 함께 오염 물질이 이동된다고 한다. 또한 공장이 계곡 안에는 없고 계곡 위의 평원 지역인 엘알토 지역에 많기 때문에 계곡 아래쪽 지역의 대기 오염은 위쪽 지역보다 덜하다.

    라파스 산비탈에 사는 사람들은 계속 늘어만 간다. 농촌을 떠나 도시로 온 사람들이 발붙일 곳은 그곳밖에 없기 때문이다. 가파른 산비탈은 산사태가 일어날 가능성이 높다. 그럼에도 그곳을 떠날 수 없는 서민들의 서글픔은 라파스 계곡 밖 지구촌 어디에서나 흔한 현실이 되어 버린 것 같다.

볼리바르는 없다

어느 나라나 가난한 사람들이 보금자리를 가꾸며 살아가기는 힘들다. 라파스 빈민들은 추위와 싸워야 하고 동시에 오염을 안고 살아가야 하는 이중고에 시달리고 있으니 말이다. 라파스 서민들 역시 자신들의 처지에 따른 박탈감이 큰 것 같았다. 호텔 옆 중심가를 따라 성 프란시스코 광장까지 걸어가다 보니, 광장 북쪽에 시위대의 물결이 자리를 잡고 있었다.

광장 북쪽에는 남미의 독립 운동 지도자인 볼리바르의 얼굴 상과 함께 볼리비아의 세 문화, 즉 티아우아나코와 잉카 그리고 현대 문명을 상징하는 조형물이 있다. 그러나 도저히 가까이 가서 볼 용기가 나지 않았다. 종종 총소리가 들리는 가운데 한밤중에 시위대가 중앙 도로를 막고 횃불을 들고 행진하는 모습을 호텔에서 내려다볼 수 있었다. 라파스 주변에는 만년설이 덮인 일리마니(6,490m) 산이 있다. 산 주변에는 만년설이 녹은 호수가 많은데, 정부가 이 호수 등의 수자원 이용권을 외국 기업체에 매각하려 하자 이에 반발한 시민들이 시위를 벌이고 있는 것이었다.

성 프란시스코 광장에는 볼리바르의 얼굴 상과 함께 티아우아나코, 잉카 등을 상징하는 조형물이 있다. 그 앞에서 시위대가 시위를 벌이고 있다.

볼리비아는 특히 자원 문제로 시위가 많은데, 지난 2003년에도 천연가스 개발 문제로 당시 대통령이던 곤살로 산체스 데로사다는 직위에서 물려나야 했다. 데로사다의 사임 후 선출된 카를로스 메사 대통령은 2004년 7월 석유·가스 산업 국유화 문제를 국민 투표에 부쳤다. 92%의 국민들이 국유화를 지지했으나 부유층의 이익을 대변하는 볼리비아 의회는 에너지 산업 국유화를 유보하는 법안을 통과시켰다. 국민들의 분노는 계속되는 시위로 나타났고, 결국 2005년 6월 메사 대통령도 사임하고 말았다.

은을 퍼 주고, 곧이어 주석을, 마침내 천연가스까지 퍼 주어도 빈곤의 끝이 보이지 않는 볼리비아의 현실. 남미의 해방 운동가 볼리바르는 볼리비아의 현재 모습을 상상이나 했을까? 지구상에서 유일하게 해방자의 이름을 국명에 붙여 준 볼리비아의 현실을.

볼리비아는 티아우아나코 유적에서 볼 수 있듯이 안데스 최고의 문명을 꽃피웠었다. 그러나 피사로에게 정복되어 에스파냐의 영토가 되었다. 그런 볼리비아를 해방시킨 인물이 바로 시몬 볼리바르이다. 따라서 1825년 공화국을 수립하게 되자, 해방자이자 국부로 숭앙되고 있는 볼리바르의 이름을 따서 볼리비아 공화국이라고 이름을 지었다.

라파스를 떠나기 위해 고속버스 터미널에 도착했을 때 한 선생님이 외쳤다. "저것 보세요! 버스 이름이 참 재밌네요. 마르코폴로, 엘도라도, 볼리바르……." 콜럼버스가 늘 가슴에 품고 다녔다는 『동방견문록』의 주인공 마르코폴로, 콜럼버스를 뒤따라 황금을 찾기 위해 엘도라도로 몰려든 침략자들, 그리고 마침내 유럽의 식민지라는 사슬을 끊어 버린 시몬 볼리바르……. 볼리비아의 역사는 고속버스를 타고 계속 내달리고 있었다.

그 많던 자원은 누가 다 가져갔을까

주석의 도시 오루로를 바라보다

버스를 타고 라파스 분지를 빠져나왔다. 알티플라노 남쪽으로 끝없이 펼쳐지는 고원 어디에도 숲은 보이지 않았다. 버스가 달리는 대지의 해발 고도가 3,800m이니 왼쪽 차창 밖으로 보이는 레알 산맥은 4,500m가 훨씬 넘을 것이다. 라파스를 떠나 오루로로 가까이 갈수록 구릿빛 색채가 강해지며 사막의 기운이 드세졌다. 드문드문 작고 쇠락한 마을이 보였다. 라파스에서 오루로로 연결되는 도로는 레알 산맥을 따라 나란히 뻗어 있다. 타완틴수요 시대부터 존재했을 길에는 시간의 흐름이 멈춰 버린 듯 차들도 거의 보이지 않았다.

오루로는 인구 20만 정도의 그리 크지 않은 도시이지만, 볼리비아의 주요 도시인 코차밤바나 포토시, 수크레 등에서 라파스로 가려면 반드시 거쳐야 하는 길목에 있다. 또한 칠레나 아르헨티나로 연결되는 철도 교통의 중심지이기도 하다. 우리 일행도 우유니행 기차를 타기 위해 오루로에 온 것이었다.

점심을 먹기 위해 들른 식당의 옥상에서 도시 경관을 한눈에 조망할 수 있었다. 산 중턱까지 집들이 빼곡히 들어차 있고, 도로는 좁지만 격자형으로 이루어져 있었다. 도시 초입에 세워 놓은 철로 만든 거대한 안전모가 조형물이 비록 작고 초라하긴 해도 오루로가 볼리비아 광업의 중심 도시임을 알려 주었다. 볼리비아는 현재 말레이시아 다음으로 주석 생산량이 많은 나라로, 그 중심 도시가 바로 오루로다. 주석 광산 중에는 이미 16세기부터 개발된 곳도 있는데, 그것은 주석이 은과 함께 매장되어 있는 경우가 흔하기 때문이다.

오루로. 철도 교통의 중심지이자 전형적인 광산촌이다.

볼리비아의 주석 광산은 알티플라노 동쪽 레알 산맥을 따라 띠처럼 분포하고 있다. 오루로 북부 지역에도 중생대에 관입한 화강 섬록암 주변부를 따라 주석-은 광산이 나타나지만, 주요 광산은 오루로 남쪽으로 길게 늘어져 있는 신생대의 화산 지대에 많다. 주석 매장량이 많은 말레이시아도 볼리비아처럼 지각 운동이 활발한 지대에 위치한다.

볼리비아의 주석 광산을 최초로 개발한 사람은 주석왕이라 불리는 코차밤바 출신의 원주민인 시몬 이툴리 파티뇨(Simon I Patiño)이다. 그가 1897년에 매입한 오루로 동쪽의 살바도라 광산에 세계에서 가장 풍부한 주석 광맥이 있었다. 그는 광산업에서 계속 성공하여 1924년에는 볼리비아 주석 생산량의 50%를 통제할 정도로 부를 쌓았다. 그러나 조국의 발전보다는 개인의 치부에 열중하였던 파티뇨는 주석 정련 공장을 볼리비아가 아닌 영국 리버풀에 세웠고, 볼리비아를 단지 원광석만 수출하는 나라로 만들어 버렸다. 원주민 출신임에도 세계적인 부호 대열에 가세한 그는 유럽에 머물면서 막대한 자금을 바탕으로 볼리비아의 대통령을 천거하거나 추방하는 무소불위의 권력을 행사하였다. 1952년에 볼리비아는 엄청난 금액을 파티뇨에게 지불하며

오루로 입구에 있는 거대한 광부 안전모 조형물.

주석 광산을 국유화하였다. 그러나 이때 볼리비아 주석의 품위는 초기 개발 시기에 비해 120분의 1로 떨어져 있었다. 파티뇨는 폐광 직전에 놓인 광산을 국가에 매각한 셈이었다. 볼리비아는 1972년에 와서야 처음으로 국영 주석 정련소를 마련할 수 있었다.

우유니 가는 길에 산 너머 포토시를 상상하다
우유니행 기차는 뒤로 눕힐 수는 없고 방향만 바꿀 수 있는 의자로 채워진 다소 구식 열차였지만, 앞쪽의 작은 모니터에서는 뮤직 비디오가 방영되고 있었다. 거기서 흘러나오는 마돈나와 퀸의 전성기 때 음악을 들으니 마치 20년 전으로 시간 여행을 하는 것 같았다.

 열차가 움직이자 또다시 황량한 벌판이 펼쳐졌다. 기찻길은 레알 산맥을 따라 평행하게 놓여 있었다. 오루로에서 우유니까지 가는 도중에 열 개 정도의 역마을을 지나쳤다. 역마을은 모두 규모가 작고 낙후된 모습이었다. 관찰을 하다 보니, 대부분의 역마을들은 알티플라노 고원의 평탄한 대지와 레알 산맥이 만나는 지점에 위치하고 있었다. 특히 레알 산맥 사이를 헤치고 나오

오루로역. 오루로는 작은 도시이지만, 볼리비아의 주요 도시인 코차밤바나 포토시, 수크레 등에서 라파스를 가려면 반드시 거쳐야 하는 길목에 있다.

는 물줄기가 평지와 만나는 계곡 입구에는 큰 마을이 있었다. 마차카마르카와 찰라파타가 그런 마을이었다. 레알 산맥의 만년설이 녹아 흘러드는 계곡이라 물 걱정이 없기 때문인 것 같다. 두 마을은 라파스부터 줄곧 산맥을 끼고 달려온 길을 수크레와 포토시로 연결하는 골짜기 길목에 있다. 저녁을 알리는 어두움이 밀려올 때 기차는 찰라파타를 지나고 있었다. 거기서 레알 산맥 속으로 난 길을 따라 달린다면 수크레와 포토시에 갈 수 있는데…….

1533년 쿠스코를 약탈하고도 황금에 미쳐 있던 프란시스코 피사로는 동생 곤자로 피사로를 남쪽으로 보내 황금을 찾게 했다. 곤자로 피사로는 레알 산맥 속으로 들어가 안락한 계곡을 발견하고 그 곳에 도시를 세웠다. 바로 수크레다. 해발 고도 2,790m의 낮은 계곡에 있는 수크레는 기후적으로 온화하여 자신의 왕국을 세우기에 가장 적합한 곳이라고 판단했던 것 같다.

1545년 수크레 인근에 있는 포토시에서 은광이 발견되자, 약탈자를 끌어모으는 엄청난 위력을 발휘했다. 17세기 초 포토시에는 교회가 36개, 도박장

찰라파타. 이 지역 대부분의 마을이 알티플라노 고원의 평탄한 대지와 레알 산맥이 만나는 지점에 위치한다.

이 36개, 발레 교습소가 14개나 있을 정도로 붐볐다. 통계에 따르면 당시 12만 명이 살았다고 하는데, 풍요롭기로 소문난 보스턴보다 10배나 많은 인구 규모였다. 이후 200년 동안 말발굽도 은으로 만들었다는 이야기가 있을 정도로 엄청나게 많이 파낸 포토시 은은 유럽으로 건너가 귀족들의 향락을 위해 소비되었다. 17~18세기 유럽의 찬란한 건축물은 남미 원주민의 피와 땀에서 비롯된 것이라고 해도 과언이 아닐 것이다.

침략자들은 광산 개발을 위해서 강제 노역 제도를 수립했는데, 이 제도가 존속했던 250년 동안 안데스 산지의 원주민 인구는 80%나 감소했다. 작은 시골 마을까지 샅샅이 뒤져 닥치는 대로 끌어가 죽을 때까지 일을 시켰기 때문이다. 한편 온화한 기후 덕택에 백인들만의 신세계가 된 수크레는 이들 원

부왕령의 범위와 아우디엔시아(사법 행정 기관)가 설치된 도시.

주민의 희생을 양분 삼아 눈부신 성장을 하였다. 1559년 사법 행정 기관인 아우디엔시아가 설치되어, 식민지 시대 가장 유력한 재판소 본부로 기능하였다. 현재 포토시와 수크레는 유네스코 세계문화유산으로 지정될 만큼 식민지 시대의 흔적이 곳곳에 남아 있다.

볼리비아의 두 광산 도시 포토시와 오루로는 은과 주석으로 세계적인 명성을 얻었으나 볼리비아의 행복에는 별로 기여하지 못했다는 점에서 많이 닮았다. 볼리비아 인들은 '자원을 개발하지 말고 차라리 그냥 묻어 두어 후손들에게 물려주자'고 주장한다. 풍부한 자원을 가졌음에도 결코 부자가 될 수 없는 비극적 상황 속에서 수백 년 동안 살아온 볼리비아 사람들. 안데스 산맥 너머로 붉은 태양이 사라질 즈음, 모자를 푹 눌러쓰고 터벅터벅 걸어가는 이름 없는 볼리비아 민중들에게 과연 희망이란 어떤 의미일까?

4. 팜파스

부에노스아이레스 5월의 광장에서 비둘기에게 모이를 주고 있는 아이들

팜파스, 그 풍요로움 속으로

 칠레의 산티아고 공항을 떠나 부에노스아이레스로 가는 비행기의 창밖으로 안데스 산맥의 웅장한 모습이 눈에 들어왔다. 구름과 키가 엇비슷한 산 정상 곳곳에는 하얀 만년설이 덮여 있었다. 먼 옛날 빙하가 할퀴고 간 흔적도 여기저기 보였다. 그러다가 갑자기 웅장하던 안데스는 사라지고 넓은 평원이 펼쳐졌다. "아! 이것이 바로 팜파스(Pampas)구나!" 하는 감탄이 저절로 나왔다. 초록색으로 덮여 있는 팜파스는 끝이 없었다. 브라질의 남부, 파라과이,

비행기에서 내려다본 드넓은 팜파스.

우루과이 그리고 아르헨티나에 걸쳐 있는 지평선이 보이지 않는 넓은 평원이었다.

아사도 농장으로 가기 위해서 버스에 오르자 현지 가이드의 설명이 이어졌다. 그러나 차창 밖으로 펼쳐지는 경관이 더 마음을 끌었다. 드넓은 초원에서 한가로이 풀을 뜯고 있는 한 무리의 소들. 초원 한쪽편으로 가끔씩 숲이 나타나기도 했다. 초원에서 자라고 있는 식물은 사람들이 샐러드를 해서 먹기도 하고 소의 먹이도 되는 앨펄퍼였다. 또 다른 쪽의 넓은 밭에서는 옥수수가 자라고 있었다.

"우리가 지나가고 있는 이곳은 팜파스가 아닙니다." 가이드의 단호한 말에 어리둥절했다. '지금 우리가 가고 있는 목장은 부에노스아이레스에서 북서쪽으로 약 40km밖에 떨어져 있지 않다. 그러면 이곳도 팜파스가 아닌가? 지금 버스 밖에 펼쳐져 있는 식생 경관이 팜파스가 아니란 말인가?' 이러한 의문은 답사 일정을 마친 후 저녁에 가졌던 회의 시간에 해결되었다. 가이드는 '행정 구역으로서의 팜파스'와 '식생으로서의 팜파스'를 혼동하고 있었다. 우리가 보았던 식생 경관은 부에노스아이레스를 중심으로 반경 약 600~700km에 걸쳐 있는 초원, 즉 팜파스가 분명했다. 팜파스는 온대 초원, 즉 기후와 밀접한 관계가 있는 식생의 한 형태를 지칭할 때 주로 사용하는 용어이다. 팜파스는 안데스로부터 흘러오는 하천이 운반한 비옥한 흙으로 덮여 있다.

아르헨티나를 중심으로 한 대평원인 팜파스는 인디오 말로 '평원'을 뜻한다. 팜파스 평원은 해발 고도가 낮은 구릉으로 된 초원이다. 팜파스의 개척은 19세기부터 시작되었는데 처음에는 양을 기르기 시작하였다. 그 후 철도 교통과 해양 교통의 발달, 냉동선의 발명, 농기계의 발달에 힘입어 세계적인 고기소 사육 지역으로 발달하였고, 최근에는 밀 재배지가 확장되고 있다.

— 『세계지리』(지학사)

팜파스의 드넓은 옥수수 밭. 그러나 일부가 중국으로 수출되는 콩의 재배 면적은 옥수수의 두 배가 넘는다.

부에노스아이레스 북동부에 있는 아사도 농장 주변의 팜파스.

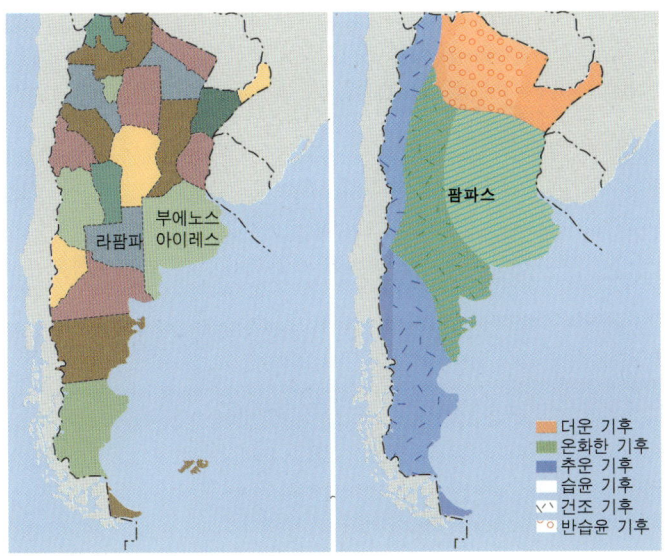

아르헨티나의 행정 구역(왼쪽)과 팜파스의 범위(오른쪽). 팜파스 지대의 일부 행정 구역이 라팜파 주이다. 팜파스는 건조 팜파스와 습윤 팜파스로 나뉜다.

현재 남미에는 에스탄시아와 파젠다라고 하는 대규모 농장들이 발달해 있다. 이러한 대토지 소유제는 소수의 사람들이 대부분의 농경지를 소유하고 있다는 사실 때문에 사회 문제의 원인이 되기도 하는데 아르헨티나도 예외는 아니다.

팜파스로부터 얻은 풍요로움으로 인하여 한때 아르헨티나는 다섯 손가락 안에 꼽히는 세계 경제 대국으로 발전할 수 있었다. 사람보다 소가 많은 나라, 1인당 연간 소고기 소비량이 세계 1위였던 나라가 바로 아르헨티나이다. 사료를 주지 않아도 소 떼들은 드넓은 팜파스를 뛰어다니면서 자란다. 소를 키우는 데 따로 인간의 손길과 노력이 필요 없는 것이다. 이러한 아르헨티나의 소고기가 우리나라로 수입된다면, 미국과 오스트레일리아가 양분하고 있는 국내 수입 소고기 시장 상황이 많이 달라질 것이다.

'산타 수산나 에스탄시아'라는 아사도 식당에서 우리는 팜파스의 풍요로

아사도 농장 안에 있는 관광객 식당. 세계 여러 나라에서 온 사람들이 아사도 요리를 먹고 있다.

움을 확인할 수 있었다. '샐러드-빵-와인-아르헨티나식 순대-소시지-쇠고기-닭고기-파이-커피'로 이어지는 음식들의 행렬에 우리 모두 포만감을 느꼈다. 팜파스에 관한 답사 준비를 하면서 꼭 한 번 먹고 싶었던 아사도와 엠파나다도 먹었다. 아사도는 본래 소를 치는 목동들의 요리로 일종의 바비큐이고, 엠파나다는 속에 고기가 들어간 파이다. 그러나 책에서 읽어 알고 있던, 은근한 불로 오랜 시간 서서히 익히는 전통적인 방식으로 고기를 굽지는 않았다. 우리나라에서 야외로 나갔을 때 흔히 하는 방법으로 구운 것이라 아쉬웠지만, 식당을 찾아오는 많은 외국 관광객들이 기다리지 않게 음식을 바로 제공하기 위해서는 그럴 수밖에 없을 것이다.

'산타 수산나 에스탄시아'에서 일하는 사람들은 옛날에 이곳 목동들이 입었던 복장을 하고 있었다. 드넓은 팜파스에서 소를 방목하던 아르헨티나의 목동을 가우초(gaucho)라 하는데, 이러한 가우초가 팜파스에서 자취를 감춘 지는 이미 100여 년이 지났다고 한다. 팜파스의 대규모 목초지가 사유화되었

아사도 농장. 가우초 복장을 한 종업원들이 소고기와 닭고기를 굽고 있다.

기 때문인데, 19세기 말엽 발명된 냉동선도 이러한 현상을 가속화시켰다. 당시 유럽에서는 인구가 폭발적으로 증가하여 육류의 소비량이 급격히 늘었고, 아르헨티나는 이러한 유럽의 육류 시장에 소고기를 공급하는 식량 공급처 역할을 하게 되었다. 따라서 소를 조방적으로 기르던 목축은 끝나고, 울타리를 친 대규모 목장 안에서 소를 기르는 집약적 목축업으로 전환되었다. 이에 따라 아르헨티나의 카우보이 가우초는 사라졌다. 오늘날은 다만 먹거리와 볼거리 등의 관광 상품으로서의 가우초만 볼 수 있다.

광장을 중심으로 하는 도시 – 부에노스아이레스

1982년, 국내의 정치적·경제적 불안을 해결하기 위해 아르헨티나 군사 정권은 말비나스(포클랜드) 전쟁을 일으켰다. 그리고 민중을 철저하게 탄압하였는데, 이때 3만여 명이 행방불명되었다. 그렇게 행방불명된 사람들의 어머니들이 하얀 두건을 쓰고 매주 목요일 3시에서 4시 사이에 '실종된 자신들의 자식과 손자를 찾아 달라고' 집회를 열어 오고 있다. 그 집회 장소로 유명한, 부에노스아이레스의 심장부에 위치한 '5월의 광장'에 도착하였다. "저기 보이죠? 저곳이 바로 5월의 광장 어머니회가 모여서 집회를 여는 곳입니다. 저곳 바닥에는 흰 수건 그림이 있습니다." 가이드의 설명이 이어졌다.

5월의 광장이라고 불리게 된 연유와는 관계없이 광장에는 광장 특유의 소

부에노스아이레스 5월의 광장에 군사 정권 때 실종된 사람들을 기리기 위해 만들어 놓은 기념물.

5월의 광장에서 여유로움을 만끽하고 있는 시민들.

란스러움과 자유분방함이 넘쳐나고 있었다. 비둘기에게 모이를 주는 아이들, 그 모습을 보고 즐거워하는 부모들, 따사로운 햇살을 온몸에 받으려고 윗옷을 벗고 의자에 앉아 있는 젊은이들, 잔디밭에 누워 이야기를 나누고 있는 사람들. 5월의 광장에는 바쁨보다는 여유를 즐기는 부에노스아이레스 시민들로 북적거렸다.

　부에노스아이레스에 도착하면 꼭 가 보고자 했던 곳 중의 하나가 카사 로사다(Casa Rosada)였다. 영화 '에비타'의 끝 부분에서 에바 페론으로 열연한 마돈나가 'Don't cry for me Argentina!'를 열창하던 카사 로사다(대통령궁)의 테라스 때문이었다. 5월의 광장에 도착하였을 때 한눈에 들어왔던 건물이 바로 장밋빛 건물을 의미하는 카사 로사다였다. 그러나 막상 그곳에 도착하여 보니, 장밋빛의 대통령궁은 그곳에 없었다. 아니 있었지만 영화로 그려진 카사 로사다는 아니었다. 대통령궁의 한쪽은 흉물스런 색을 띠고 있었다. 재정이 부족하여 페인트칠을 다 하지 못했기 때문이라는 가이드의 설명을 듣고

영화 '에비타'에서 마돈나가 'Don't cry for me Argentina!'를 열창한 장소인 대통령궁 카사 로사다.

나니, 오늘날의 아르헨티나 경제와 아르헨티나 국민들의 생활을 엿보는 것 같아 씁쓸했다.

   5월의 광장을 중심으로 해서 그 주변에는 대통령궁인 카사 로사다와 대성당 그리고 옛 에스파냐의 식민 통치를 위한 총독부·입법부·경제부로 사용되었던 건물들이 있다. 대성당은 약 450년 전에 건설되었으며, 내부에는 남미의 독립 영웅인 산마르틴 장군의 유해 일부가 있다고 한다. 그래서 대성당 벽에는 산마르틴 장군을 기리기 위해 햇불이 꺼지지 않고 타고 있다. 현재는 지멘스 등 외국계 회사와 은행들이 광장 주변으로 들어서면서 5월의 광장은 아르헨티나 경제의 중심지 역할을 하고 있다.

   부에노스아이레스뿐만 아니라 페루의 리마와 쿠스코, 칠레의 칼라마와 산티아고 등 지금까지 우리가 지나온 남미의 모든 도시에는 중앙에 넓은 광장이 있다. 그리고 이 광장을 중심으로 구시가지 지역은 대부분 바둑판 모양을 하고 있다. 도로가 격자형으로 발달해 있는 것이다. 도시의 중심에 광장이 있고 도로가 격자형으로 발달해 있다는 것은 자연 발생적으로 형성된 도시가 아니라는 것을 말해 준다. 즉, 누군가에 의해 계획적으로 도시가 만들어진 것이다. 그들은 바로 유럽 인들, 특히 에스파냐 인들이다. 에스파냐의 식민 지배를 받은 페루, 볼리비아, 칠레, 아르헨티나는 모두 그 유산으로 이러한 도시 모양을 가지고 있다. 그래서인지 이들 도시들은 에스파냐의 도시들을 그대로 옮겨 놓은 듯한 착각을 불러일으킨다.

에스파냐 인들은 성문화된 법령에 따라 식민 도시를 건설하였는데, 이러한 에스파냐와 유럽의 도시 계획 전통은 중세까지, 멀리는 그리스·로마 시대까지 거슬러 올라간다. 그들은 중앙의 대광장이 초점이 되는 격자형 가로를 계획하고 거기에 맞춰 도시를 건설하였다. 대광장 주변에는 종교적인 기능을 수행하는 건물뿐만 아니라 에스파냐의 식민 통치에 도움을 줄 수 있는 건물을 세웠다. 즉, 대성당과 시청 등의 관공서들이 들어서게 했다.

부에노스아이레스도 예외는 아니다. 에스파냐로부터 온 '환 데 가라이' 라는 정복자가 부에노스아이레스의 도시 계획을 처음 확정하였다. 가라이는 광

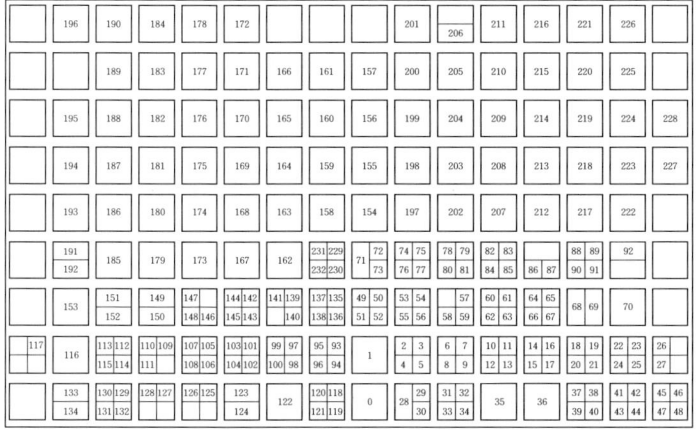

1580년에 그려진 부에노스아이레스의 도시 계획 도면(『부에노스아이레스 : 남미의 파리』에서 인용).

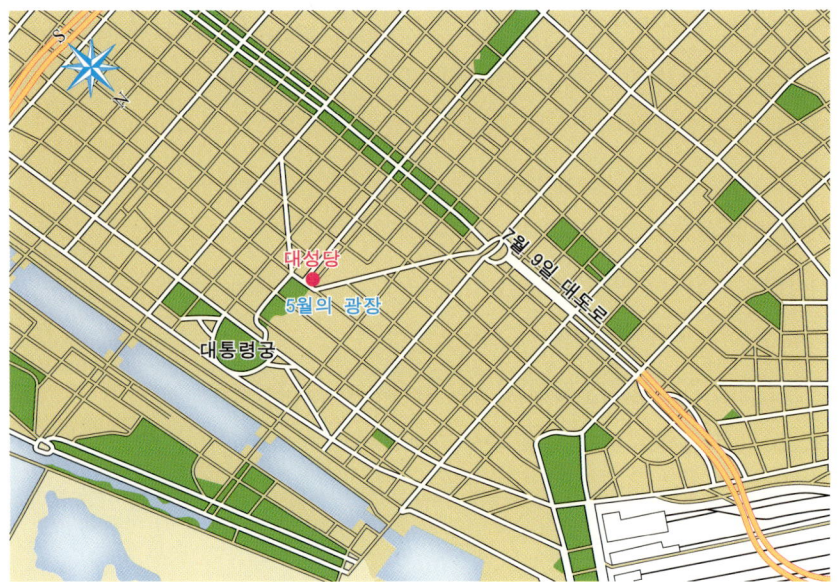

오늘날의 부에노스아이레스 시가지 모습.

장을 중심으로 도로를 구축한 후 그 도로를 따라 건물을 완성해 나갔으므로, 전체적으로 도시의 형태는 바둑판 모양을 하고 있다. 현재 대통령궁인 카사 로사다의 위치, 그 앞에 있는 아르헨티나를 상징하는 중심 광장인 5월의 광장, 이 광장에 면해 있는 대성당의 배치 구도는 지금으로부터 약 400년 전에 이 정복자가 그려 놓은 도시 배치 그대로이다. 옛날 도면의 0번은 정복자가 살던 숙소로 지금의 카사 로사다이고, 1번은 대광장인 5월의 광장, 2번은 대성당이다. 옛날에 총독부였던 51번에는 부에노스아이레스 시의 의회인 카빌도가 있고, 36번에는 성 마르틴 병원이 있다.

땅고와 보카 주니어스 – 보카에서

아르헨티나 보카 항 입구에 2층으로 된 기념품점이 있었다. 그 2층 발코니에 인형이 세 개 있었다. "저 인형은 마라도나네!" "가운데 인형은 마돈나!" 우리 일행은 너나없이 자신 있게 말하고 있었다. 그러나 나머지 하나가 누구인지 쉽게 대답하는 사람은 없었다. 아마도 땅고와 관계있을 것이라고 짐작은 되었지만, 정확하게 이름은 기억이 나지 않았다. 가이드에게 물어보았다. "카를로스 가르델입니다. 아주 유명한 전설적인 땅고(Tango의 에스파냐 어 발음) 가수입니다. 땅고의 아버지라고도 하지요."

보카 항 입구의 기념품 판매점에 있는 가르델, 마돈나, 마라도나 인형.

그 세 개의 인형은 보카를 잘 설명해 주고 있었다. 지난날 혈기 왕성한 젊은 남자들이 돈을 벌기 위해, 고향을 떠나 머나먼 낯선 땅 아르헨티나로 왔다. 그들은 타국에서의 애환과 고향에 대한 향수를 달래기 위해 친한 친구들과 모여 그들이 고향에서 즐겼던 운동인 축구를 했다. 그리고 항구에 있는 선술집에서 술을 마시고, 노래를 부르고, 춤을 추었다.

19세기 후반 유럽은 인구 과잉 상태에 있었지만, 아르헨티나는 냉동 열차와 냉동선의 발명과 더불어 경제가 빠르게 성장하면서 상대적으로 노동력이 부족한 상태였다. 이러한 유럽과 아르헨티나의 상황이 맞아떨어져 유럽 각국으로부터, 특히 에스파냐와 이탈리아로부터 이민자들이 대거 아르헨티나로 이주해 왔다. 이들은 대개 대목장인 에스탄시아에서 계약 노동자로 일했다. 19세기에 미국 다음으로 많은 유럽 이민자를 받아들였던 나라가 바로 아르헨티나였다.

이러한 이민자들로 북적거렸던 곳 중의 하나가 보카다. 보카는 부에노스아이레스의 남쪽에 위치한 항구이다. 옛날에는 조선소가 있었고 외국의 대형 선박들이 정박하는 항구로서, 부에노스아이레스의 중요한 경제권을 형성하였던 곳이다. 그래서 보카는 많은 이민자들의 일자리가 있는 곳이자 그들의 생활 터전이기도 했다. 보카를 소개하는 책에는 어김없이 노랑, 빨강, 파랑

보카 항에 있는 벽화. 항구 노동자들의 모습을 부조 형태로 표현했다.

보카 항에 있던 조선소에서 남은 페인트로 벽을 칠한 집들.

등 원색으로 벽을 칠한 집들이 나온다. 보카 항구에 있던 조선소에서 배에 칠하다 남은 페인트로 칠한 집들이다. 그러나 지금은 항구로서의 기능은 모두 다른 외항에 빼앗긴 채, 악취를 풍기는 바닷물과 그 위에 떠 있는 유람선만이 남아 있어 과거의 항구 모습은 찾아보기 어려웠다. 벽화만이 과거의 보카를 상상하게 해 주었다.

이제 보카는 과거와는 달리 땅고와 축구의 명소를 관광하러 온 여행객들로 북적거린다. 보카가 아르헨티나의 춤과 음악에서 이제는 세계인의 춤과 음악이 된 땅고의 발생지이기 때문이다. 또한 아르헨티나 제1의 축구 클럽인 보카 주니어스(Boca Juniors)의 연고지이기 때문이기도 하다.

세계 지리 수업 시간에 학생들에게 유럽의 명문 축구 클럽에서 뛰고 있는 외국 선수들의 출신 국가들을 한번 주의 깊게 살펴보자고 한 적이 있다. 크레스포, 사비올라, 사무엘, 사네티, 곤살레스 등 유명한 아르헨티나의 축구 선수들은 유럽의 어느 국가에서 활약하고 있을까? 영국이나 독일 축구 리그, 심지어는 러시아 축구 리그에서 활약하고 있는 선수들도 있지만, 많은 선수

보카 주어니스의 홈 구장에 그려져 있는 벽화. 유니폼의 색은 스웨덴 국기에서 따온 것이라고 한다.

들이 에스파냐 이탈리아 축구 리그에서 활약하고 있다. 아르헨티나 국민들의 대부분이 에스파냐와 이탈리아계 백인이고, 언어 그리고 문화적으로 남부 유럽과 친숙하다는 점을 학생들이 상기할 수 있다면 이보다 좋은 공부가 없을 것이라는 생각에서였다.

약 100년 전에 이탈리아에서 이민 온 5명의 젊은 친구들이 모여 창단한 축구 클럽이 보카 주니어스이다. 보카 주니어스 축구 선수들의 유니폼은 노란색과 파란색으로 이루어져 있는데, 이것은 당시 보카 항구에 정박해 있던 스웨덴 국적의 선박에 걸려 있던 스웨덴 국기에서 따온 것이라고 한다. 해가 뉘엿뉘엿 기울고 있어 아르헨티나와 축구를 좀 더 이해할 수 있는 기회가 없어 아쉬웠지만 발길을 돌릴 수밖에 없었다. 저녁에 예약되어 있는 땅고 쇼를 보아야 했기 때문이었다.

부에노스아이레스에서 가장 큰 세뇨르 땅고(Señor Tango) 극장에서 땅고 쇼를 관람하였다. 우리가 책 속에서 읽은 땅고 내용 그대로 쇼가 펼쳐졌다.

부에노스아이레스에서 가장 큰 세뇨르 땅고 극장의 땅고 쇼.

땅고 춤을 추고 있는 춤꾼들의 동작과 얼굴 표정에서 당시의 시대적 상황을 읽을 수 있었다.

서로의 다리를 가볍게 스치거나 상대방의 다리 사이로 날렵하게 다리를 집어넣었다 뺐다 하는 동작들, 다리로 상대방의 허리를 휘감아 도는 동작, 상대방을 똑바로 쳐다보는 타오르는 시선 등을, 그 극장에 앉아 있던 관광객들 모두 성적 호기심에 사로잡힌 채 보고 있었을 것이다. 항구에서 낮 시간 동안 힘든 육체 노동에 시달렸던 이민자들이나 가족을 두고 홀로 머나먼 나라에 와 있는 남성들에게 폭발적으로 인기를 끌었던 춤이 바로 땅고이다.

당시 아르헨티나는 결혼 적령기의 남자 수에 비해 여자가 절대적으로 부족하였다. 남자가 월등히 많은 사회에서 여성의 성은 큰 돈벌이가 되는 상품이었을 것이다. 그래서 어떤 사람은 땅고가 매음굴에서 발생하였다고 비판하기도 하였으며, 이러한 이유로 초기에 아르헨티나 중상류층은 땅고를 철저히 외면하였다. 또한 당시 아르헨티나는 여자 수가 적은 상태에서 각종 성범죄가 많았을 뿐만 아니라 동성애가 사회 문제로 대두되었다. 여성을 연상시키는 남자들의 화려한 원색의 옷 차림새, 그리고 몸을 좌우로 흔드는 걸음걸이……. 남자들끼리의 땅고 경쟁은 동성애 상대를 찾기 위한 비밀스러운 수단이었을지도 모른다.

19세기 아르헨티나 이주민들의 설움과 애환을 씻어 냈던 애절한 리듬. 이민의 역사가 곧 아르헨티나의 역사이기도 한 아르헨티나를 이해하는 데 땅고는 매우 중요한 연결 고리이다.

5. 브라질 고원

평탄한 용암 대지를 흘러 장쾌하게 떨어지는 이과수 폭포

대자연의 신비 이과수 폭포

거대한 물, 장엄한 폭포

폭포 하면 먼저 떠오르는 것들이 있다. 희미한 안개, 위에서 아래로 떨어지는 물줄기, 폭포수 밑 깊은 못 속에는 용이 살거나 선녀들이 내려와 목욕을 한다는 이야기, 용이 되어 승천한 이무기 이야기 등. 거의 대부분이 어릴 적 읽었던 폭포와 관련된 전래 동화들의 영향이다. 우리나라 폭포 이름에 '비룡'이나 '구룡'이란 단어가 많은 까닭도, 폭포 아래 연못 이름에 '선녀탕'이 많은 것도 다 그 때문일 것이다.

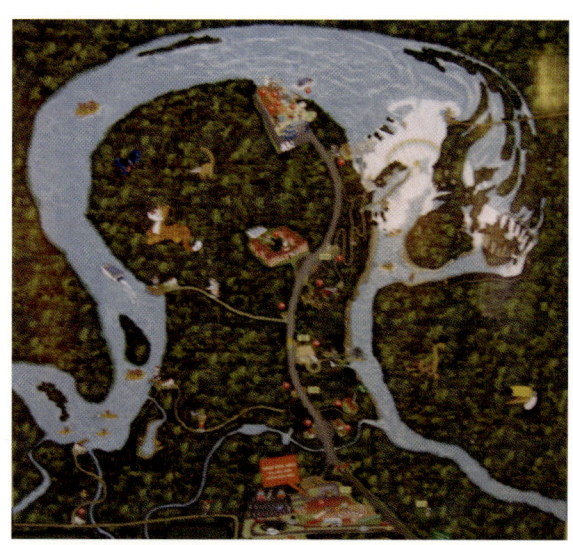

이과수 국립공원 안내도. 이과수 강이 굽이치며 흐르고 있다.

세계 최대 폭포인 이과수 폭포의 '이과수'는 그곳 과라니 원주민 언어로 '큰 물' 또는 '거대한 물'이란 뜻이다. 말로만 들었을 때는 '큰 물'이란 뜻이 그리 크게 와 닿지 않았는데, 실제로 폭포를 보고 나니 과연 이름값을 한다는 생각이 들었다.

이과수 폭포는 우리를 두 번 놀라게 했다. 우선 폭포에 도달하기 전 멀리서부터 소리로 압도했다. '우르르 쾅쾅. 콰아.' 물소리에 묻혀 사람들의 말소리가 잘 들리지 않았다. 폭포의 높이가 80m가 넘고 물의 양이 많으니 소리가 큰 건 당연했다. 두 번째는 폭포의 형태나 규모가 매우 다양하다는 것이었다. 2단 폭포, 3단 폭포, 국수 가락처럼 생긴 폭포, 용이 승천하는 것 같은 폭포 등등. 최대 폭이 4km에 달하는 폭포도 있으니 그 규모 또한 놀라웠다.

이과수 폭포에 대해 관심을 갖게 된 계기는 '미션'이라는 영화였다. "이 이야기 속에서 표현된 역사적인 사건은 사실이며 1750년 아르헨티나, 파라과이, 브라질의 국경 근처에서 있었던 일이다."라는 자막으로 시작하는 영화는 예수회 신부들과 원주민들이 에스파냐 군대의 막강한 화력과 병력 앞에 전멸하고 살아남은 과라니 족 아이들이 모여서 폭포의 더 높은 곳으로 올라가는 장면으로 끝이 난다.

거대한 폭포 주변에서 평화로이 농사를 지으며 유유자적한 삶을 즐겼던 폭포의 주인 과라니 족은 이주민인 포르투갈 인과 에스파냐 인들에 의해 거의 몰살당하게 된다. 폭포 주변의 땅 주인도 파라과이에서 브라질과 아르헨티나로 바뀌게 된다. 지금 이과수 지역에서 순수 과라니 족은 거의 만나볼 수 없다. 대부분이 에스파냐 인과 혼혈이 되어 버렸기 때문이다. 백과사전에서나 그 흔적을 찾아볼 수 있는데 용모는 동양인과 유사하고 기질은 호전적이며, 화전을 일구어 옥수수나 감자를 재배하면서 이동 생활을 했었다고 한다.

저녁을 먹었던 식당의 벽면에는 이 폭포를 처음 발견했다고 하는 에스파냐 출신 어느 선교사의 그림이 그려져 있었다. 원래 파라과이 아순시온으로 향

이과수 폭포의 다양한 모습. 여러 갈래의 폭포수가 층 지어 흘러내리고 있다. 빽빽한 식생 탓에 상류 쪽 물줄기는 보이지 않는다.

하다가 길을 잘못 들어서서 지금의 이과수 폭포를 발견하게 되었다는 에피소드도 적혀 있었다. 그곳에 이미 사람들이 살고 있는데도 백인의 눈에 처음 띄었다고 '발견'이라는 말을 쓴 것은 확실히 모순이라는 생각이 들었다.

폭포의 형성과 다양한 지형

현재 이과수 폭포는 브라질과 아르헨티나 양국이 지정한 이과수 국립공원에 속해 있다. 면적이 여의도의 630배나 되며, 이 중 브라질 쪽 면적이 1,850km²로 아르헨티나 쪽에 비해 3배 이상 넓다.

이과수 강은 브라질 동쪽의 쿠리티바 시 인근의 산에서 시작된다. 거기서부터 서쪽으로 약 600km를 구불구불 흘러내려오다 아르헨티나와 브라질의 접경지에서 크게 휘어져 흐르면서 층 지어 폭포로 떨어져 내린다. 누가 세어 봤는지 이과수 폭포에는 크고 작은 물줄기가 약 300개나 된다고 한다. 이 중 2/3는 아르헨티나 소유이고, 1/3만이 브라질 소유라고 한다. 그렇지만 아르헨티나 쪽보다는 브라질 쪽 관광객이 훨씬 더 많은데, 아르헨티나의 경제 사정이 불안한 까닭도 있지만 브라질 쪽에서 바라보는 폭포의 모습이 더 장관이고 관광 시설도 잘 갖추어져 있기 때문일 것이다.

이과수 일대의 기반암인 현무암. 검은빛을 띠며 표면에 구멍이 많다.

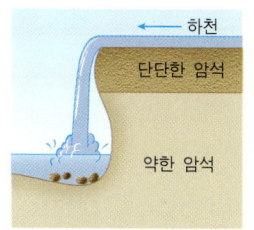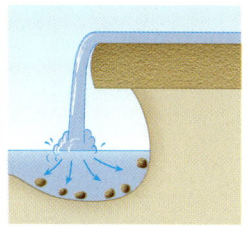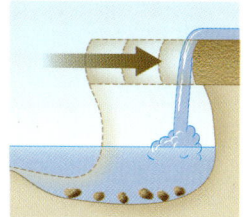

폭포의 변화 과정. 폭포에서 떨어지는 물은 암석을 깎고 이동시키면서 그 형태를 변화시킨다.

　이과수 폭포 일대는 1억 2천만 년 전에 흘러내린 현무암질 용암이 굳어서 형성된 용암 대지이다. 산책로를 따라 걸어 올라가다 보면 나무 사이로 드러난 현무암을 쉽게 관찰할 수 있다. 이러한 용암 대지에 거대한 단층 운동이 일어나게 되고, 이 단층에 의해 경사가 바뀌는 지점에 폭포가 형성된 것이다.

　폭포는 변신의 귀재이다. 특히 이과수 폭포처럼 우기에 물의 양이 많아지는 거대한 폭포는 늘 끊임없이 폭포의 형태를 바꾼다. 약한 부분은 쉽게 부서지고 침식되면서 폭포는 점차 상류 쪽으로 이동하게 된다. 특히 폭포의 윗부분이 단단한 암석으로 구성되어 있고 그 밑에 약한 암석이 놓여 있는 경우에는 폭포의 변화가 더 빠르게 진행될 수도 있다. 그림처럼 폭포물이 떨어질 때 연약한 암석이 먼저 깎여 나간다. 이런 돌들은 또 하천 바닥을 갈아서 큰 웅덩이를 만들 수도 있다. 연약한 암석이 많이 깎여 나가게 되면 위에 있던 단단한 암석 부분도 밑으로 떨어지게 된다. 그렇게 폭포는 주변에 협곡을 만들면서 점점 상류 쪽으로 이동하게 되는 것이다. 언젠가는 제 수명이 다할 줄을 알면서도 그 길을 가고 있는 것이 폭포의 숙명인지도 모른다.

　이과수 폭포의 절정은 '악마의 목구멍'이었다. 말발굽 모양으로 상류 쪽으로 오목하게 들어간 형태로, 그 깊이의 끝이 보이지 않았다. 가까이 다가갈수록 물안개 때문에 앞이 보이지 않았는데, 으르렁거리는 물소리와 어울려 폭포 속으로 빨려 들어갈 듯한 느낌이 악마의 달콤한 유혹 같았다. 폭포는 흘러내리면서 침식에 약한 상류 쪽으로 파고든다. 이로 인해 그 쪽으로 더 많은

악마의 목구멍을 보기 위해 폭포 가운데로 걸어가는 관광객들. 물안개 때문에 앞이 보이지 않을 정도였고, 옷은 비를 맞은 것처럼 흠뻑 젖었다.

물이 모이게 된다. 세월이 지나면 말발굽 모양은 점점 더 상류 쪽으로 커지게 될 것이다. "와, 무지개다!" 누군가가 소리쳤다. 물안개와 바람에 날리는 물보라 때문에 모두 물에 빠진 생쥐 꼴이 되었지만, 멀리 피어오른 무지개는 여기까지 오면서 겪었던 힘든 여정을 봄눈 녹듯 사라지게 하고도 남았다.

개발이냐, 보존이냐

폭포를 따라 거슬러 올라가는 길에는 수많은 이름 모를 나무들과 풀들이 빼곡히 들어차 있었다. 누군가가 나무의 이름을 물어보았지만 아는 사람이 없었다. 사실 폭포가 너무 유명하기 때문에 이 국립공원이 많은 귀중한 동식물들의 서식지라는 사실을 잊어버리게 된다. 앵무새를 비롯한 청명한 새의 울음소리도 거대한 폭포 소리에 묻혀서 모깃소리만 하게 들렸다. 그러나 이과수 폭포 주변에는 많은 열대 식물, 아열대 식물, 양치 식물, 다양한 멸종 위기의 동물들이 서식하고 있다.

브라질 정부는 이과수 강 상류에 새로운 댐을 건설할 계획이라고 한다. 이 댐이 건설되면 폭포 쪽으로 흘러 내려오는 물의 양이 줄어들어 앙상한 현무암 암벽만 드러날지도 모른다. 또한 주변의 나무들은 콩밭과 밀밭, 그리고 농장을 만드느라 베어져 나가고 있다. 벌써 폭포 물은 산림의 파괴로 늘어난 토사 때문에 흙탕물처럼 보일 때가 많다고 한다. "이번에 이과수 폭포 잘 봐 두어야겠네. 한 10년 후에 오면 폭포가 사라져 버리는 거 아냐?" 누군가가 농담으로 한 말이었지만 농담 같지가 않았다.

작은 도랑물이나 주변을 압도하는 거대한 강물이나 모든 물은 높은 데서 낮은 곳으로 흐른다. 폭포수도 마찬가지다. 이것이 중력의 힘이자 자연의 힘이다. 자연의 흐름은 비디오처럼 되감기가 불가능하다. 편식이 인간의 건강을 해치듯이 한쪽의 이익을 위해 치우친 하천의 개발은 전체 생태계를 망칠지도 모른다.

삼국 국경과 이타이푸 댐

파라나 강과 세 나라

싱싱한 생선을 보면 '물이 좋다'라고 표현한다. 생선뿐만 아니라 어떤 물건이나 때의 가장 좋은 상태가 지났을 경우에는 '한물갔다'고 한다. 이처럼 물은 생명력이나 생기를 상징한다. 물은 지구상에서 가장 부지런하다. 비가 되어 내리던 빗방울이 모여 일정한 방향을 따르게 되면 우리는 그 길을 하천이라 부른다. 하천은 흘러가면서 생물의 서식지를 만들기도 하고 인간을 위한 거주지와 경작지를 만들기도 한다. 또한 하천은 그 물길을 통해 지역을 나누

아르헨티나와 브라질의 자연적 경계인 이과수 강. 다리 난간에 반반씩 아르헨티나와 브라질의 국기가 그려져 있다. 사진의 왼쪽은 아르헨티나 국기이며, 오른쪽은 브라질 국기이다.

기도 하고 합치기도 한다.

　아르헨티나에서 브라질로 넘어가는 이과수 지역의 국경에 도착했다. '철조망은 어디 있나?' 찾아보았지만 어디에도 없었다. 이과수 강이 흘러가고 있을 뿐이었다. "저 다리만 지나면 바로 브라질 땅입니다." 가이드가 말했다. 국경을 지키는 군인도 없고, 국경인지를 알려주는 지표라곤 다리 난간에 표시된 국기뿐이었다.

　"이 다리를 우정의 다리라 부릅니다. 다리를 보시면 절반에는 아르헨티나 국기가, 절반에는 브라질 국기가 그려져 있습니다. 이곳 주민들은 국적에 상관없이 자유롭게 왕래합니다." 가이드의 설명을 듣다 보니 철조망으로 빈틈없는 우리의 휴전선이 생각났다.

　과거 교통이 발달하지 못했던 시기에는 높은 산, 큰 하천이 양쪽 지역 간의 문화적 차이를 가져오는 경우가 많았다. 현재에도 이러한 지형이 국경이나 지역의 경계가 되는 곳이 많다. 이과수 강이 합류하는 파라나 강은 파라과이, 브라질, 아르헨티나 세 나라를 가르는 자연적 경계이다.

　이과수 강은 원래 파라과이 땅에 속했다. 삼국 전쟁 전에는 파라과이가 가장 강한 나라였고 영토도 지금보다 넓었다. 그러나 당시 힘이 약했던 브라질과 아르헨티나가 서로 힘을 합친 결과, 파라과이는 전쟁에 패하게 되었고 많은 영토를 잃었다. 그 과정에서 이과수 강이 파라나 강에 합류하는 지점이 세 나라의 국경이 되었다. 이것은 강줄기가 산줄기와 마찬가지로 두 나라의 교통에 장애가 되는 성

삼국 국경과 이타이푸 댐. 이타이푸 댐이 건설되어 있는 파라나 강은 브라질과 파라과이를 나누는 자연적 경계이다. 파라나 강의 지류인 이과수 강은 브라질과 아르헨티나와의 국경이 된다.

이과수 강과 파라나 강이 만나는 곳. 사진의 왼쪽이 이과수 강이고 오른쪽이 파라나 강이다.

격을 갖고 있기 때문이다.

　남아메리카에서 아마존 강 다음으로 긴 파라나 강은 브라질 고원에서 발원하여 브라질과 파라과이의 국경을 따라 남하한다. 세계적인 발전량을 자랑하는 이타이푸 댐을 지난 다음엔 강을 사이에 두고 브라질 서쪽의 포즈두이과수 지역과 파라과이 동쪽의 시우다드델에스테 지역이 마주보고 있다. 두 도시 사이를 빠져나오면 바로 이과수 강이 흘러 들어오는 합류점에 도달하게 된다. 이 지점이 바로 아르헨티나까지 합쳐 삼국의 국경이 맞닿는 곳이다.

　브라질 쪽 삼국 국경을 알리는 기념탑 앞에 서니, 이과수 강을 사이에 두고 브라질과 아르헨티나가 마주보고 있었다. 옆의 파라나 강을 끼고는 파라과이

민속품 가게에 나란히 걸려 있는 아르헨티나, 브라질, 파라과이 세 나라의 국기.

땅이 보였다. 기념탑 부근에 있는 민속품 가게에는 삼국의 국기가 걸려 있고, 이를 기념하는 티셔츠와 각종 민속품을 팔고 있었다. 삼국 국기 중 제일 익숙한 건 브라질의 국기였다. 월드컵 축구 경기 때마다 노란색 상의에 초록색 하의를 입은 브라질 선수들을 TV에서 많이 본 까닭이었다. 초록은 삼림 자원을, 노랑은 광물 자원을, 파랑은 하늘을 나타낸다. 아르헨티나의 국기에 그려져 있는 파랑과 흰색은 독립 운동을 추진했던 애국자의 복장에서 취했다고 한다. 흰 바탕의 그림은 '5월의 태양'이라 하여 최후의 승리를 거둔 날에서 연유한다.

　과거 삼국의 격전지였던 이곳에 삼국의 국기가 평화로이 걸려 있는 것을 보면서, 이런 평화를 유지하기까지 얼마나 많은 사람들의 희생과 노력이 있었을지 생각해 보았다. 현재 이 지역에서는 여권이나 별다른 절차 없이 세 나라 사람들이 자유롭게 왕래하면서 경제 활동을 할 수 있다고 한다.

포즈두이과수 – 폭포와 댐이 만든 도시

포즈두이과수는 브라질 서쪽 끝자락의 남위 22.4° 쯤에 위치해 있는 도시이다. 열대 지역이라 그런지 날씨가 후덥지근했다. 한낮의 온도가 35.4°C였는데, 몸이 늘어지는 걸 보니 체감 온도는 훨씬 더 높은 것 같았다. 일행 중 누군가가 "아이스크림 먹읍시다!"라고 외치자 모두들 기다렸다는 듯이 아이스크림을 먹으며 나무 그늘 아래서 더위를 식혔다. 열대 지역인 것을 알려 주려는 듯이 주변에는 커피나무, 사탕수수와 같은 열대 작물이 눈에 띄었다.

포즈두이과수는 '이과수의 관문'이라는 뜻으로, 이름대로 이 도시는 세계 각지에서 모여든 관광객들로 인해 늘 부산스럽다. 첫 느낌은 생각했던 것보다 도시의 규모가 매우 크고 깨끗하다는 것이었다. 주변의 흙이며 보도블록, 집들이 온통 황토색이었는데, 이과수 강도 비가 많이 오면 물이 황토색이 된다고 하니 가히 황토 도시라 부를 만했다.

1973년에 약 35,000명이었던 이곳의 인구는 이타이푸 댐이 건설되면서 2000년에는 무려 20만 명으로 증가하였다. 이 지역은 세계적인 토목 사업인 이타이푸 댐 건설과 신이 내린 이과수 폭포가 가져온 시너지 효과를 통해 부

포즈두이과수 전경. 이타이푸 댐과 이과수 폭포로 인해 발전한 관광 도시로 고층 건물이 많다.

포즈두이과수의 민속품 가게. 각종 나무 조각품, 코카차와 마테, 자수정을 비롯한 보석류가 많다.

유해질 수 있었다. 시내 중심가에는 보석상과 명품 상점이 즐비했다. 여러 나라 언어로 된 여행사들도 있고 호텔도 100여 개가 넘는다고 했다.

이타이푸 댐의 건설과 관광 효과

이타이푸는 그곳 원주민 언어인 과라니 어로 '이타'는 '돌', '이푸'는 '노래를 하다'라는 뜻이다. 원래 파라나 강 가운데에는 돌섬이 있었다고 하는데, 과거에는 물소리 때문에 돌이 노래를 하는 것처럼 들렸다고 한다. 그 돌섬 부근에 이타이푸 댐이 건설되었다. 지금은 댐이 쏟아내는 물이 더욱더 우렁찬 노래를 하고 있는 셈이다.

1960년대 후반 브라질은 고도의 경제 성장을 이룸에 따라 전력 공급량이 부족하게 되었다. 그래서 견고한 암반 지대로 수력 발전용 댐을 조성하기에 유리한 조건을 갖춘 파라나 강에 주목하였다. 그 후 4년여의 협의 끝에 브라질 정부와 파라과이 정부가 공동으로 댐을 건설하게 되었다. 만약 과거 두 나라 사이의 전쟁으로 인한 갈등이 남아 있었다면 불가능한 일이었을 것이다. 공사는 1975년에 시작되어 1991년에 완공되었다. 이 댐은 낙차가 196m로 미국의 후버 댐에 이어 세계 2위이며, 전력량은 1,400만kw로 우리나라 소양강댐의 63배이다. 공사에 사용된 철강재의 양은 프랑스 에펠 탑을 380개 건설할 수 있는 양이며, 콘크리트 양은 영국과 프랑스를 잇는 도버 해협 유로 터널에 소요된 양의 15배에 달했다.

이타이푸 댐의 발전량은 전체 브라질 전력 수요의 25퍼센트, 파라과이 전체 수요의 80퍼센트를 담당하고 있다. 홍수를 조절하고 관개용수나 공업용수를 공급하는 일도 한다. 또한 운하 기능은 물론이고 댐 상류에 있는 이과수 폭포와 함께 관광객을 끌어들이는 역할까지 한다. 2000년까지 이미 165개국에서 천만 명 이상의 관광객이 이곳을 방문했다고 한다.

야간의 이타이푸 댐은 두려운 느낌이 들 정도로 거대해 보였다. 세계 각지에서 온 관광객들이 수십 대의 관광버스에서 내리고, 대형 스크린에서는 댐의 건설 과정을 알리는 비디오가 상영되었다. "댐을 건설하기 전 양국 정부는 3년여에 걸쳐 동식물의 생태 조사를 하는 등 자연 재생에 혼신의 힘을 기울였습니다. 댐 호수 주위에 1,400만 그루의 나무를 심었습니다. 이것이 자라 오늘날에는 숲의 장막을 이루었습니다. 또한 댐의 한쪽 편에는 어도가 설치되어 있을 정도로 환경 파괴를 줄이기 위해서 많은 노력을 기울였습니다." 댐의 규모가 얼마나 큰지, 얼마나 환경 친화적인지를 홍보하는 내용이었다. 이타이푸 댐은 브라질 경제 성장의 상징이자 자부심이다.

고대 이집트에서 시작되어 수천 년의 역사를 자랑하는 댐은 지난 반세기 동안 발전의 상징물로 여겨져 왔다. 그러나 페트릭 맥컬리는 『소리 잃은 강』

이타이푸 댐의 야경. 1991년에 완공된 이타이푸 댐은 브라질 경제 성장의 상징이자 자부심이다.

이란 책에서 "댐은 강을 따라 발달한 세계의 문화유산을 삼켰고, 세계 민물고기의 5분의 1을 멸종시켰으며, 수많은 사람들의 삶의 터전과 가장 비옥한 0.3퍼세트의 토지를 물 속에 잠기게 했다."고 또 다른 시각을 제시하고 있다.

하천의 생명은 늘 그렇게 '흐른다'는 점이다. 하천은 흐르면서 수많은 지류들을 합치기도 하고, 또한 곳에 따라 지역을 나누기도 한다. 하천을 사이에 둔 지역은 정치적 관계에 따라 그 하천의 폭만큼 문화적 거리가 멀 수도 있고 가까울 수도 있다. 삼국 전쟁이 끝날 당시 파라나 강과 그 지류인 이과수 강은 삼국을 나누는 대립의 공간이었지만, 지금은 하천 물이 모이듯 삼국이 사이좋게 합쳐진 모습이다. 그러나 파라나 강은 댐으로 인해 곳곳이 막혀 있다. 이제 이 강은 늘어선 인공 호수의 연장일 뿐일지도 모른다.

아름다운 항구 도시 리우데자네이루

세계 지리 수업 시간에 남아메리카 단원을 공부할 때면 늘 007영화의 배경으로 등장했던 리우데자네이루의 경관을 화두로 내세우곤 한다. 그 정도로 리우데자네이루의 자연과 인문 경관은 남아메리카를 대표하는 지리적 의미를 지녔다.

'리우데자네이루'라는 지명은 포르투갈 말로 '1월의 강'이란 뜻이다. 1502년 1월, 포르투갈의 항해자들이 최초로 이곳에 도착했을 때 대서양과 좁은 입구로 연결되어 있는 과나바라 만을 강으로 잘못 알고 붙인 지명이다. 위성영상과 항공사진, 컴퓨터 지도 등이 널리 보급되어 있는 오늘날에야 그런 착각을 할 수 없지만, 당시 넓은 대서양을 건너 이곳 해안을 탐색하던 사람들로

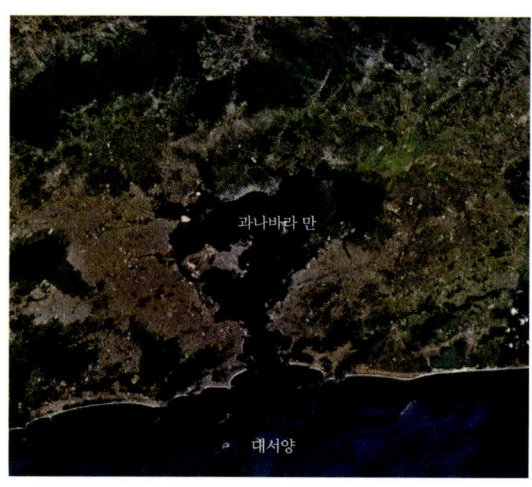

리우데자네이루 일대의 위성영상.

서는 내륙 깊숙이 들어와 있는 만을 하천으로 착각할 수도 있었을 것이다.

과나바라 만을 끼고 형성된 리우데자네이루는 좁은 입구가 외해로부터 들어오는 풍랑을 막아 주어 천혜의 항구 조건을 갖추고 있을 뿐만 아니라, 내륙에서 발견된 금광과도 가까워 급성장할 수 있었다. 브라질의 골드러시는 17세기 말 내륙의 미나스제라이스 주에서 금광이 발견된 것을 계기로 시작되었는데, 리우데자네이루는 이러한 골드러시의 시작과 더불어 금광 지대의 무역항으로 번영하기 시작하였다. 1763년에는 브라질 동부 바이아 주에 있던 총독부가 이곳으로 옮겨 왔으며, 이후 1822년부터 1960년까지 브라질의 수도로서 역할을 하였다. 그리고 1975년 행정 구역 개편으로 리우데자네이루 주의 주도가 되어 오늘에 이르고 있다.

리우데자네이루는 남회귀선이 지나는 대서양 해안에 자리 잡고 있다. 아울러 적도에서 흘러들어오는 브라질 난류의 영향을 받아 연중 기온차가 작은 열대 기후의 특징을 보인다. 그러나 연평균 기온은 23℃ 내외로 브라질의 다른 지역에 비해서는 거주하기에 쾌적한 편이다.

아름다운 해변을 가진 관광 도시

리우데자네이루의 낭만과 아름다움을 상징하는 명소 중의 하나가 코파카바나 해변이다. 바다에서 육지를 향해 부채를 펼쳐 놓은 듯한 모양의 이 해변은 모래밭의 길이가 무려 4.5km나 된다. 해변 주위의 아름다운 산지 경관과 더불어 해안가에 즐비한 관광 시설, 그리고 연중 기온이 높아 일년 내내 해수욕이 가능하다는 기후 조건을 바탕으로 세계 여러 나라에서 찾아온 많은 관광객들로 늘 붐비는 곳이다.

코파카바나 해변 이외에도 리우데자네이루에는 이파네마, 보타포고, 플라멩고 등 아름다운 모래 해안들이 즐비하다. 이곳 해안을 덮고 있는 모래는 배후의 화강암 산지에서 빗물에 씻기고 하천에 의해 운반되어 온 부산물이다.

코파카바나 해변. 바다에서 육지를 향해 부채를 펼쳐 놓은 듯한 모양의 이 해변은 모래밭의 길이가 무려 4.5km나 된다. 해안에는 호텔, 음식점 등 관광 시설들이 즐비하다.

곶은 육지로부터 뻗은 산줄기가 달려 나간 곳이며, 만은 바다가 육지 쪽으로 파고 들어온 곳이다. 대체적으로 만에는 육지로부터 흘러온 하천이 유입되는데, 이 때 하천에 의해 운반된 토사가 만에 공급된다. 이렇게 공급된 토사는 파도에 의해 바다로 씻겨 나갔다가 다시 파도에 의해 해안에 쌓이기를 반복하면서 모래 해안을 형성하게 된다.

파도에 의해 씻겨 나갔다가 다시 쓸려 오는 과정을 반복한 모래 알갱이는 다듬어져서 더 둥글고 고운 모래가 되어 해안에 쌓이게 된다. 이 때 모래를 형성하고 있는 알갱이의 경도(단단한 정도)가 낮으면 세찬 파도의 수마 작용에 견디지 못하고 사라지게 된다. 리우데자네이루의 해안을 형성하고 있는 모래는 경도가 높은 석영질이며, 이와 같은 석영을 공급한 곳은 리우데자네이루 일대의 화강암 산지이다.

팡데아수카르에서 본 보타포고 해안과 코르코바도 언덕. 보타포고 해안은 과나바라 만 안에 형성된 또 다른 만의 모래 해안으로 이와 같은 모래 해안을 포켓비치라고 한다. 왼쪽 끝에 보이는 돔형의 바위산이 코르코바도 언덕이며 흰 구름으로 가려진 자리에 그리스도 석상이 있다.

코르코바도 언덕과 팡데아수카르

코르코바도 언덕에는 브라질 독립 100주년을 기념하여 만들었다는 거대한 그리스도 석상이 있다. 이 석상은 리우데자네이루를 상징하는 대표적인 건조물이다. 코르코바도 언덕은 자동차를 타거나 도보로 올라가기도 하지만, 대부분의 관광객은 보조 톱니 레일이 달린 산악 관광 열차를 타고 올라간다. 우리가 산 아래의 역에 도착했을 때는 이미 많은 관광객들로 인산인해를 이루고 있었다. 이곳을 운행하는 관광 열차는 모두 3칸으로 되어 있으며 20분 간격으로 운행되기 때문에, 산에 올라가기 위해서는 꽤 많은 시간을 기다려야 했다. 가파른 언덕을 올라가는 동안 열대 원시림과 그 숲 사이로 간간이 보이는 리우데자네이루의 도시 모습을 볼 수 있었다.

양팔을 벌린 거대한 그리스도 상이 있는 산 정상에서는 리우데자네이루의

코르코바도 언덕의 관광 열차. 스위스의 산악 열차를 도입하여 산 정상까지 관광객을 수송한다. 오른쪽은 산 정상의 그리스도 상이다.

시가지가 한눈에 내려다보였다. 그리스도 상은 리우데자네이루의 기원이 되는 동쪽의 과나바라 만 입구를 바라보며 남북 방향으로 팔을 벌리고 있다. 왼팔이 가리키는 방향이 리우데자네이루의 중심가인 '센트로(중심부)'이며, 오른팔이 가리키는 방향이 '조나술(남부 지역)'인 코파카바나, 이파네마 해안이다. 따라서 코르코바도 언덕 정상에서 가장 쉽게 리우데자네이루의 시가지 배치를 파악할 수 있다. 결국 리우데자네이루의 시가지 어디에서든 이 그리스도 상을 볼 수 있다는 이야기다.

그러나 바다에서 가깝고 해발 고도가 높은 급경사의 산지인 까닭에 코르코바도 언덕 정상은 기류의 변화가 매우 심하다. 따가운 햇살이 비치다가도 이내 한 치 앞이 안 보이는 짙은 구름이 끼고, 어느 틈엔가 다시 맑아진다. 일단 해가 나면 뜨거운 햇살에 그늘을 찾게 되지만, 구름이 하늘을 덮으면 서늘하다 못해 춥다. 산 정상에 오른 우리 일행은 수많은 인파의 틈을 비집고 리우데자네이루의 도시 조망과 촬영을 위해 안간힘을 다했다. 그런데 막상 많은

코르코바도 언덕에서 본 로드리고데프레이타스 호와 이파네마 해안. 바깥쪽의 이파네마 해안 사주가 성장하여 석호를 만들었다.

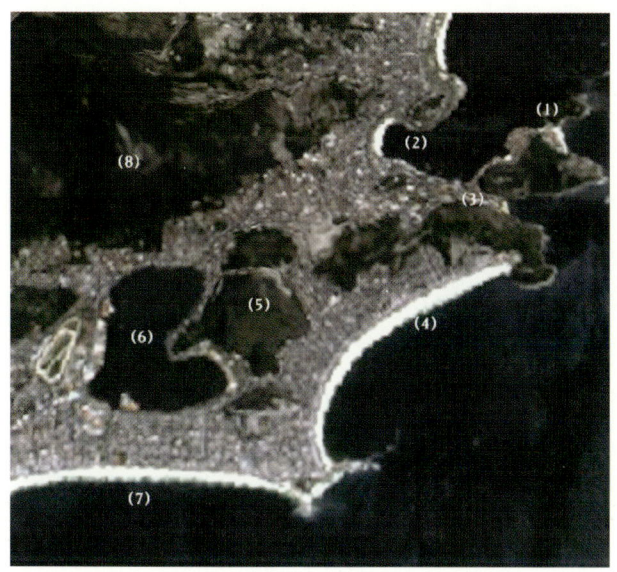

조나술(남부 지역) 일대의 위성영상
(1) 팡데아수카르 : 높이 395m의 돔형 화강암 산지
(2) 보타포고 해안 : 과나바라 만 안에 연속된 작은 만 – 포켓비치
(3) 우르카 언덕 : 코파카바나 해안 동쪽 끝에 불쑥 튀어나온 돔형 화강암 산지
(4) 코파카바나 해안 : 리우데자네이루의 가장 유명한 모래 해안
(5) 사우다데 언덕 : 로드리고데프레이타스 호 동쪽의 화강암 암반이 노출된 낮은 바위산
(6) 로드리고데프레이타스 호 : 이파네마 해안의 모래가 퇴적되어 형성된 하트 모양의 석호
(7) 이파네마 해안 : 로드리고데프레이타스 호와 대서양 사이에 모래가 퇴적된 사주
(8) 코르코바도 언덕과 그리스도 상

5. 브라질 고원   209

팡데아수카르에서 본 리우데자네이루. 팡데아수카르, 우르카 언덕, 사우다데 언덕 등 리우데자네이루 남부 해안에는 화강암으로 이루어진 돔형 구릉들이 특징적으로 분포한다.

사람들을 비집고 카메라를 들이대려고 하니 짙은 구름이 앞을 막았다. 세계에서 가장 아름다운 항구 도시를 한꺼번에 보여 주기가 싫은 모양이었다.

코르코바도 언덕의 그리스도 상과 더불어 리우데자네이루를 상징하는 또 하나의 자연물이 팡데아수카르이다. 멀리서 바라보는 팡데아수카르의 모습도 장관이지만, 이 산에서 바라보는 리우데자네이루의 모습도 정말 아름다웠다. 케이블카를 두 번 갈아타고 395m의 가파른 암벽을 올라가면 리우데자네이루와 과나바라 만 전체를 조망할 수 있다. 거기서 리우데자네이루의 해안과 도시 전경을 바라보니 과연 세계 3대 미항 중 하나라는 명성이 무색하지 않았다.

오래된 땅의 파노라마

브라질 고원의 지질과 지형

안데스 산맥과 알티플라노 고원은 활화산이 있고, 지진이 자주 발생하며, 높고 험준한 산지가 분포하는 젊은 땅이다. 이에 비해 브라질 고원은 지각이 오래되었고, 화산이나 지진이 적은 안정된 땅이다. 브라질 고원은 그 전체적인 생김새에 따라 순상지, 구조 평야, 고기 조산대 등으로 구분된다.

순상지는 '방패 모양의 땅'이라는 뜻이다. 이처럼 넓은 지역의 땅이 전체적으로 방패 모습으로 다듬어지려면 아주 오랜 시간 동안 침식을 받아야 가능한 일이다. 따라서 순상지는 땅속 깊은 곳에서 형성된 암석이 지표에 노출되어 화성암류와 변성암류가 많이 분포하는 경향을 보인다. 아울러 오랜 지질 시대의 변화를 겪으면서 형성된 금, 철, 우라늄 등의 광물 자원이 풍부하게 매장되어 있다.

순상지의 주변에는 흔히 구조 평야가 나타나는데, 이는 대륙이 전체적으로 내려앉은 후 그 표면에 퇴적층이 쌓이고, 다시 서서히 융기하여 넓고 평탄한

브라질 고원의 지형 구조.

지형을 이룬 것이다. 따라서 구조 평야는 오랜 지질 시대의 퇴적암층으로 구성되어 있다.

고기 조산대는 주로 순상지나 구조 평야의 끝자락에 나타나는 해발 고도가 낮고 연속성이 작은 산지를 말한다. 고기 조산대는 지질 시대에서 오래 전에 형성된 산지라는 뜻으로 오랫동안 침식을 받아 낮아졌다.

리우데자네이루의 해안 일대의 지형은 주로 지상에서 관찰하였지만, 브라질 고원의 모습은 리우데자네이루에서 브라질리아로 향하는 비행기 안에서 주로 관찰하였다. 육로로 이동하면서 직접 확인을 하면 더 좋았겠지만 시간의 제약 때문에 그러지 못해 아쉬움이 남았다.

설탕 산과 오렌지 산

리우데자네이루에는 여기저기 흩어진 흰색의 커다란 바위산들이 독특한 자연경관을 이루고 있다. 그 대표적인 것이 팡데아수카르인데, '아수카르'는 포르투갈 말로 설탕을 가리키므로 '팡데아수카르'는 설탕 산이라는 뜻이다. 설탕 가루를 수북이 쌓아 놓은 모양의 산을 보고 붙인 이름인 것이다. 영어로는 이런 산을 'sugar loaf'라고 한다.

일반적으로 암석은 산성일수록 색이 밝고 염기성일수록 어두운데, 화강암은 대표적인 산성암으로 전체적으로 흰색을 띤다. 또한 화강암은 지하 깊은 곳에서 마그마가 서서히 식으면서 굳어진 심성암이다. 이런 암석이 지하 깊은 곳에서 받는 압력은 대단히 크기 때문에 지표에 노출될 때는 팽창하면서 갈라지게 된다. 따라서 판 형태로 틈이 생기고 양파 껍질처럼 벗겨져 나가는 현상이 잘 나타난다. 이런 판상 절리와 박리 현상이 화강암의 돌산을 돔 형태로 다듬는 역할을 한다. 리우데자네이루 일대에서 흔히 볼 수 있는 돔 형태의 화강암 산지 표면에서는 이러한 박리 현상을 쉽게 관찰할 수 있다.

리우데자네이루의 남부 해안에 볼록볼록 솟아 있는 우르카 언덕, 사우다데

팡데아수카르. 돔 형태의 거대한 화강암 산지가 장관을 이루고 있다. 자연이 만들어 놓은 리우데자네이루의 상징이라 할 수 있다.

언덕, 코르코바도 언덕 등은 모두 팡데아수카르처럼 흰색의 화강암 바위가 노출된 돔 형태의 구릉들이다. 이런 돔 형태의 바위산은 화강암이 분포하는 지역에서는 보편적으로 나타나는 경관이다. 우리나라의 경우에는 북한산 인수봉이 가장 비슷한 형태이다. 물론 금강산, 설악산 등의 다른 화강암 산지에서도 흔히 볼 수 있다.

열대 밀림의 마나우스로 향하는 비행기가 리우데자네이루를 이륙해서 10분 정도 북쪽으로 날아가자, 창밖으로 올망졸망한 구릉들이 눈에 들어왔다. 초기에 이 지역을 정복한 유럽 인들이 빨간색 토양으로 뒤덮여 있어 마치 오

비행기에서 내려다본 리우데자네이루의 구릉 지대. 식생으로 덮여 푸르게 보이나 식생 밑은 붉은색의 토양층이 두껍게 쌓여 있다.

렌지를 반쪽으로 잘라 놓은 것 같다고 하여 '하프 오렌지(half orange)'라고 부른 구릉들이다. 연중 기온이 높고 강수량이 많은 열대 기후 지역이어서, 토양 속 염기는 물에 녹아 많이 제거되고 철과 알루미늄의 산화물은 제자리에 남게 되어 토양이 적색을 띠는 것이다. 낮은 반원형의 구릉과 거기에 붉은색 토양이 덮힌 모습을 보고 '하프 오렌지'라고 부른 것을 보면 지형학의 전문 용어들은 상당히 실용적이고 서민적인 것 같다.

설탕 산이나 오렌지 산 같은 지형은 화강암에서 두드러지게 나타나는 지형 경관이다. 설탕 산은 화강암이라는 암석의 특징과 이 일대가 안정된 땅이라는 지구 물리학적 특징이 반영된 지형이며, 오렌지 산은 여기에 열대 기후라는 기후적 특징이 더 반영된 독특한 자연경관이라 할 수 있다. 이런 눈으로 자연경관을 바라보면, 자연경관이 그저 멋있는 경치가 아니라 신비로운 자연의 변화 과정이라는 사실을 깨닫게 된다.

 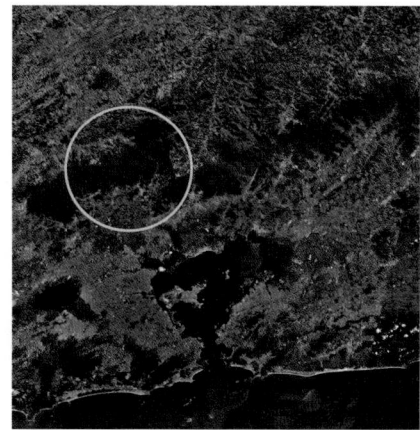

리우데자네이루 북쪽의 가파른 산지와 브라질 고원 남동부의 위성영상.

안정된 땅덩어리의 끝자락 모습

리우데자네이루 북부 지역을 통과할 무렵에 갑자기 높이 솟은 산지들이 나타났다. 북쪽은 고원에 연결되어 있고, 남쪽 대서양 쪽은 경사가 급했다.

이러한 산지를 묶어 '고기 조산대'라고 하는데 세계의 여러 지역에서 비슷한 유형이 나타난다. 미국 동부의 애팔래치아 산맥, 오스트레일리아 동부의 그레이트디바이딩 산맥 등과 같이 안정된 땅덩어리의 대륙 끝자락은 신기 조산대가 아니더라도 대륙과 대양의 지각이 만나 서로 밀치려는 힘이 작용한다. 따라서 비교적 경사가 급한 산지가 해안선과 평행하게 솟아 있는 경우가 많다.

우리나라의 경우에는 동해안과 평행하게 달리는 태백 산맥을 생각할 수 있다. 강릉에서 옛 영동 고속도로를 타고 서울 방향으로 오려면 낮은 해안 평야와 경사가 급한 영동의 아흔아홉 구비를 돌아 올라와야 한다. 이렇게 급한 경사면을 올라와 만나는 대관령 일대에는 넓고 평평한 땅, 즉 고원이 펼쳐진다. 규모의 차이는 있지만 리우데자네이루에서 브라질 고원으로 향하는 시작점에서도 이와 비슷한 땅의 모습이 나타났다. 이것은 브라질 고원이 솟아오른 흔적이라고 생각된다.

해체되는 고원의 모습과 경지 이용

고원이란 해발 고도가 높은 평평한 땅이다. 따라서 고원은 넓고 평평하지만 고도가 낮은 평야 지대와는 달리 에너지가 큰 상태이다. 이를 '위치 에너지'라고 하는데, 이것은 물체가 위치하고 있는 고도에 따른 에너지이다. 하천의 위치 에너지는 해수면을 기준으로 해발 고도가 높을수록 커지고 그만큼 침식 작용이 활발하다. 그래서 계곡이 깊게 파이고 평탄한 평원의 모습이 계속 깎여 나간다. 우리나라에서는 대관령 일대가 아니면 보기 힘든 자연경관의 변화 과정이지만, 미국 콜로라도 고원의 그랜드 캐니언 같은 경우에는 이런 모습이 장관을 이루어 세계적 관광지가 되기도 한다.

브라질 고원. 농경지로 이용하고 있는 후면의 평탄한 지형이 해발 고도가 높은 곳이다. 전면은 침식에 의해 파이면서 고원이 와해되고 있다.

비행기에서 찍은 브라질 고원의 경지 모습. 스프링클러를 이용해 물을 공급하기 때문에 경지가 원형이다.

넓고 평탄한 지형은 농경에 유리하다. 브라질 고원이 세계적 농업 지역이 된 데는 끝없이 넓고 평평한 땅이라는 조건이 중요하다. 이 외에도 열대 초원(사바나)이라는 기후 조건도 중요하게 작용한다. 사바나 기후는 건계와 우계의 구별이 뚜렷한 열대 기후로 연중 기온이 높지만, 비가 적은 계절은 강수량이 부족하여 삼림이 형성되기 어렵다. 따라서 밀림과는 달리 긴 풀의 초원을 이루며, 그 가운데 관목류의 나무들이 드문드문 자란다. 세계에서 소비되는 커피의 절반이 브라질 고원에서 생산되는 것도 바로 이와 같은 자연 조건 때문이다. 남반구에 위치하여 5월에서 9월이 건기가 되며, 이때 커피를 수확한다. 연중 기온은 19~30℃ 정도이다.

고원상에 보이는 또 다른 하천의 모습들

비행기의 창가 좌석에 앉아 브라질 고원과 같은 평탄한 지역 위를 날 기회가 있다면, 하천을 중심으로 전개되는 경관에 관심을 갖고 보기를 권한다. 단조롭게만 보이던 자연경관이 새로운 흥밋거리를 제공할 것이다.

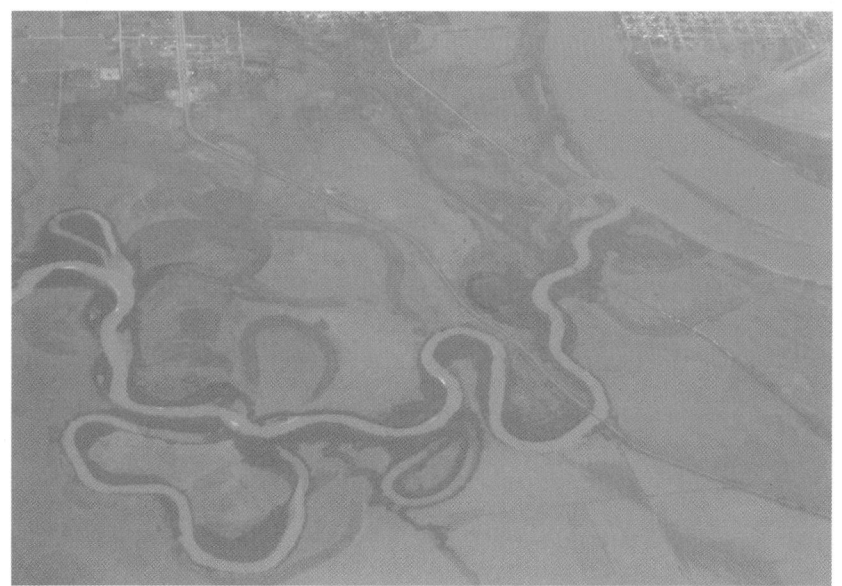
자유 곡류하는 하천의 모습. 작은 하천일수록 하천의 구배가 크고, 유로 변경의 흔적이 뚜렷하다.

고원에서는 주어진 지형 환경의 여건(고원 내부의 기복이나 암석 배열 등)에 따라 깊은 계곡을 파며 평탄면이 해체되는 모습뿐 아니라 낮고 평평한 지역의 범람원을 자유 곡류하는 하천의 모습도 볼 수 있다.

이곳에서 관찰한 하천은 거의 직선상으로 흐르는 큰 하천과 이에 합류하는 굴곡이 매우 심한 작은 하천들로 나눌 수 있다. 대체로 직선상으로 흐르는 큰 하천들은 지각이 크게 갈라진 틈(구조선)을 따라 흐르고, 작은 하천들은 빗물이 자연스럽게 모여 고도가 낮은 부분을 따라 흐르는 것으로 보인다. 따라서 작은 하천들은 깊은 계곡을 형성하기 어렵기 때문에 큰 홍수가 있으면 물길을 자주 바꾸게 된다.

물길을 바꾼 흔적은 위의 사진에 나타난 것과 같은 우각호, 구하도 등이다. 우각호는 소뿔 모양의 호수로 과거 하천이 곡류하던 곳에 남아 있다. 이는 아직 호수의 상태로 남아 있는 것으로 하천 유로가 변경된 지 얼마 되지 않았음을 알 수 있다. 우각호 중에 호수의 물이 말라 버린 것을 구하도(옛 하천 길)라고 한다.

케스타 지형

리우데자네이루와 브라질리아 중간쯤을 통과하였을 때 비행기의 창밖으로 낮고 긴 구릉 열이 겹겹이 뻗어 있는 모습이 시야에 들어왔다. 산줄기가 달리는 모습이 여러 대의 기차가 경주를 하는 모습이었다. 바로 케스타였다. 브라질 고원의 지질도를 펼치고 현재의 위치를 어림잡아 살펴보았다. 이 일대는 중생대에 퇴적된 사암, 역암, 이암 등의 암석층이 분포한 곳이었다.

케스타 지형은 서로 다른 수평의 퇴적층이 분포하는 구조 평야에서 흔히 볼 수 있다. 상대적으로 단단한 암석은 풍화 침식에 저항하는 힘이 강하여 구릉으로 남게 되고, 약한 암석은 일찍 제거되어 평원을 이루는 형태이다.

고공에서 촬영한 케스타 지형. 케스타란 에스파냐 어로 '언덕'을 뜻한다. 마치 기차처럼 달리는 낮은 구릉 열은 사암 등 단단한 암석층이며, 그 사이의 평지는 이암 등 연한 암석층이다.

낮은 케스타 구릉에서도 작은 단열로 유도되는 하천의 침식에 의해 산지가 잘리는 모습을 볼 수 있다.

    망원 렌즈를 통해 자세히 관찰하니 기차처럼 달리는 산줄기가 작은 하천에 의해 잘린 곳도 있었다. 우리 조상들은 산줄기를 인식할 때 '산자분수령'이라 하여 하천은 산을 가로지를 수 없다고 했는데, 이와 같은 작은 물줄기가 산을 가로지르는 힘은 무엇일까? 그것은 수없이 많은 단층선(지각의 갈라진 틈)들이 작은 하천들로 하여금 쉽게 침식할 수 있도록 길을 열어준 것이다. 우리 조상들의 생각은 상당히 합리적이지만 당시의 과학적 지식으로는 땅이 계속적으로 운동하면서 수없이 많은 단층선을 만든다는 것을 생각할 수 없었던 것 같다.

브라질 그리고 커피

커피의 매력은 '그윽한 맛과 향기'에 있다. 이 깊은 매력으로 커피는 세계인의 입맛을 사로잡은 음료 중의 하나가 되지 않았을까? 미국 사람 한 명이 1년 동안 마시는 커피의 양은 1.5리터 콜라병으로 86통에 달한다고 하니 그 양이 실로 엄청나다. 미국 사람들보다는 덜하지만 우리나라 사람들도 결코 뒤지지 않는다. 식당에서 음식을 배불리 먹고 난 후, 대체로 그 자리에서 후식으로 커피를 마신다. 식당에서 나오자마자 카페에 들어가서 또 한 잔의 커피를 마시면서 이야기를 나누는 경우도 드물지 않다.

이렇게 우리의 기호 식품이 된 커피는 어디서 어떻게 자라나고, 어떻게 가

상파울루 동부의 캄피나스 지역에 있는 파젠다. 일본인 소유로 한자어로 '동산 농장'이라는 뜻이다.

공되어 우리에게 오는 걸까? 그런 면에서 이번 남미 답사는 커피에 대한 여러 궁금함을 해결할 수 있는 절호의 기회였다. 답사 22일째, 드디어 커피 농장을 방문하게 되었다. 호텔을 출발하여 상파울루 북동쪽 캄피나스에 있는 한 파젠다로 향했다. 도시 근교를 벗어나 고속도로를 달린 지 2시간 만에 우측으로 사람의 손길이 많이 간 대농장들이 보이기 시작했다. 버스가 우측으로 꺾어지자 'Fazenda tozan do Brasil'이란 나무 표지판이 보였다. 버스는 아름드리나무들 사이 길로 조금 들어가 정차했다.

아프리카에서 아라비아를 거쳐 브라질까지 온 커피

커피의 원산지는 아프리카의 에티오피아이다. 에티오피아에서 커피는 염소의 도움으로 발견되었다고 한다. 아프리카 에티오피아에 사는 한 양치기가 염소를 방목하면서 어느 날 평소와는 달리 비정상적으로 흥분하고 신경질적으로 행동하는 염소를 보게 되었다. 이 염소를 자세히 관찰하다가 입 속에 넣고 아작아작 씹는 빨간색 열매를 발견하게 되었고, 이 열매를 따서 끓여 먹어 본 양치기는 전신에 기운이 솟는 것을 느꼈다고 한다. 이 열매가 바로 커피였으며, 염소의 도움으로 커피가 세상에 빛을 보게 된 것이다.

이렇게 발견된 커피는 아프리카 인들에 의해 홍해를 건너 아라비아 반도 남단의 예멘으로 전달되면서 음료로 개발되었다. 아라비아 반도의 남단에 위치한 예멘은 홍해를 사이에 두고 아프리카의 에티오피아와 거의 접해 있기 때문에 지리적으로 가깝다는 유리한 점이 있었으며, 특히 예멘의 무하(al-Mukhā, 흔히 모카라고 함) 항은 인도양에서 홍해로 들어가는 길목에 위치해 있기 때문에 커피 무역에서 중심 도시로 발전할 수 있었다.

아랍 인들은 커피 열매 속에 있는 씨앗을 분리해 가루로 만들었으며, 이 가루를 물과 섞어서 마셨다고 한다. 그 후 14세기에 이르러 아랍 인들은 커피 열매를 불에 살짝 볶으면 더 맛이 좋다는 사실을 알게 되었으며, 이때부터 지금 우리가 마시는 커피와 같은 방식으로 커피 가루를 걸러 마시기 시작했다.

　15세기에 들어와 커피가 가장 인기 있는 음료가 되면서 아랍 인들은 커피 무역에 대한 독점권을 유지하고자 많은 노력을 기울였다. 발아가 불가능하도록 커피 알갱이의 껍질을 반드시 벗겨서 수출하였으며, 커피나무나 알갱이 자체로의 수출은 금지했다. 이를 어기거나 밀무역하는 자는 사형에 처하는 등, 중국인들이 차나 목화의 국외 반출을 금지시켰듯이 아랍 인들도 커피의 보안 유지에 철저하였다.

　커피는 아라비아의 와인이라는 이름으로 유럽에 소개되면서 유럽 인에게 선풍적인 인기를 끌게 되었으며, 영국에서는 17세기 말 약 2천여 개의 커피 하우스가 생겨났다고 한다. 커피의 수요가 폭발적으로 증가하면서 커피의 전파는 거스를 수 없는 대세였을 것이다. 마침내 17세기 초(1616년) 네덜란드 인들은 메카를 경유하여 커피나무를 네덜란드로 가져왔다. 이들은 17세기 말(1696년)에 커피의 씨앗을 네덜란드의 식민지였던 인도네시아의 자와 섬으로 보내 18세기 초에는 인도네시아에서 커피 재배에 성공하였으며, 이 커피

사람 키보다도 크게 자란 커피나무.

를 유럽으로 수출하였다. 그 후 1714년 네덜란드 인들이 1.5m쯤 되는 커피나무를 프랑스의 루이 14세에게 선물로 기증하였으며, 프랑스는 커피나무를 식물원에서 배양하여 그 씨앗을 식민지 국가들로 보내면서 카리브 해 국가에서도 커피 생산이 본격화되었다.

  1727년에는 브라질의 파라에 커피 플랜테이션 농장이 만들어져 프랑스령 기니에서 가져온 커피 묘목을 심으면서, 브라질에서도 본격적으로 커피가 재배되기 시작하였다. 아랍 인들의 전유물이었던 커피가 오랜 세월 동안 수많은 우여곡절 끝에 브라질로 전해져 재배되기까지 약 1,200년의 세월이 걸린 셈이다.

커피 농장에서

우리가 방문한 커피 농장은 1798년에 조성된 후 현재는 일본인에 의해 경영되는 농장이었다. 커피나무를 보러 가는 길에 붉은색의 토양을 보게 되었는데, 이 토양이 바로 테라 록사(terra roxa)였다. 포르투갈 어로 'terra'는 토양,

커피 농장의 테라 록사. 휘록암과 현무암류가 풍화되면서 형성된 붉은색의 토양이다.

'roxa'는 붉은색을 의미한다고 한다. 테라 록사는 주로 브라질 고원 남서부의 파라나 지방을 중심으로 분포하며, 휘록암과 현무암류가 풍화되면서 형성된 붉은색의 토양이다. 대체로 습기가 많으면 점성이 잘 나타나고, 건조하면 먼지로 잘 날아간다고 한다. 이 지역은 우기와 건기의 구별이 뚜렷하니, 우기 때는 점성이 풍부하여 커피가 자라기에 좋은 조건을 제공해 줄 것이다.

커피 농장에 들어서자마자 초입에 커피 묘목을 키우고 있는 곳이 보였다. 원래 커피나무의 종류는 크게 세 가지로 분류된다고 한다. 에티오피아의 고산 지대가 원산지인 아라비카 종과 아프리카의 콩고가 원산지인 로브스타, 라이베리아가 원산지인 라이베리아 종이 그것이다. 현재는 이러한 세 가지의 종으로부터 개발된 약 25개의 종류가 있는데, 이 농장에서는 병충해에 강한 아라비카 종의 변종인 부르봉 종을 가장 많이 심는다고 했다. 이는 프랑스의 루이 14세가 식민지에 커피 종자를 옮겨 심게 했을 때, 아프리카 부르봉 섬(지금의 레위니옹 섬)이 첫 상륙지가 된 데서 유래한다.

커피 묘목. 조그마한 비닐 화분에 2개의 씨앗을 뿌려 발아시킨 것이다.

5. 브라질 고원 *225*

커피나무. 아프리카가 원산지이며 붉은색의 열매가 달린다. 씨앗을 볶아서 가루로 만든 것이 커피이다.

  커피는 조그마한 비닐로 된 화분에 2개의 씨앗을 뿌려 발아시킨다. 이 때 커피 열매의 과육은 벗겨내고 물에 가라앉는 좋은 씨앗만을 선택한다. 씨앗이 발아할 때의 모양은 콩나물과 비슷하다고 한다. 흙을 뚫고 나온 것 중 튼튼한 1개의 커피나무를 약 6개월간 키워서 농장에 옮겨 심는데, 이 때 커피나무의 크기는 20~40cm 정도 된다고 한다.
  커피 묘목을 옮겨 심은 후 2~3년이 경과하면 처음으로 꽃이 피고 커피 열매가 맺히며, 약 30년 동안 수확이 가능하다고 한다. 꽃 색깔은 아이보리 색으로 피어 있는 기간은 일주일 정도이며, 약 한 달가량은 꽃이 피고 지면서 열매가 맺히기 때문에 한 나뭇가지에서도 꽃과 열매가 함께 달려 있는 것을 볼 수 있다. 이 농장에서는 대체로 우기인 9~11월에 꽃이 피고 후년 5~8월에 수확한다고 했다. 수확기인 5~8월은 브라질의 남동부 지역이 건기인 셈이다. 우리가 방문했던 시기는 1월이었는데도 커피나무 한 그루에서 꽃이 피어 있는 모습을 보기도 하였다. 나뭇가지에 달린 커피 열매의 크기는 앵두와 비슷했으며, 색깔은 초록색이었다. 그러나 수확기가 되면 붉은색으로 익는다

커피 원두.

고 했다. 빨간색의 외피는 보통 두께가 2mm 정도의 과육으로 되어 있으며, 이 과육을 벗겨내면 흔히 커피 원두라고 하는 씨앗이 나온다. 이 씨앗을 볶아서 처리한 것이 우리가 볼 수 있는 원두이다.

커피 수확기에는 많은 노동력을 필요로 한다. 이 농장에서도 평상시에는 40명 정도의 노동자들이 농장 일을 돌보지만, 수확기가 되면 80명 정도의 노동자들이 필요하다고 한다. 노동자들은 인근의 대도시에서 모집하며, 항상 노동력의 수요보다 공급이 초과하므로 값싸게 노동력을 확보할 수 있다고 한다. 커피 농장의 노동자들은 커피 수확이 끝나게 되면 인근의 사탕수수 농장, 오렌지 농장으로 계절별로 일자리를 찾아 이동하면서 생계를 유지한다. 수확기 커피 농장의 노동자들은 농장 내의 숙소인 콜로냐에서 지내면서 온 가족이 커피 수확에 참여한다. 이들에게 농장주는 밥과 콩, 고기 1조각을 제공한다고 한다. 이들이 커피 1가마니(60리터, 50킬로그램)를 수확하면 약 1.5달러를 받으며, 숙련된 노동자의 경우 1일에 10~12가마니를 수확한다고 한다. 따라서 아무리 열심히 해도 하루 일당은 15~18달러에 불과하다. 사탕수수 농장에서 사탕수수를 1톤 트럭에 가득 싣고 나면 1달러의 임금을 받는다고 하니, 그래도 커피를 수확하는 것이 노동자들에게는 좀 더 나은 벌이인 셈이다.

커피 농장 노동자들의 숙소.

　이 농장에는 120만 그루의 커피나무가 있으며, 1년에 5,000가마니 정도의 커피를 생산한다고 한다. 질과 맛이 좋은 원두 1가마니는 약 100달러에 다국적 기업으로 팔린다고 한다. 3시간 남짓 농장을 둘러본 후 농장에서 미리 준비한 뷔페식 점심을 배불리 먹었다. 돌아오는 길에 노동자들의 숙소인 콜로냐를 지나면서, 올해도 많은 노동자들이 흘린 땀방울이 다국적 기업의 배를 불리고 우리에게는 생활의 향기와 여유를 찾게 해줄 것이라는 생각에 기분이 씁쓸해졌다.

가난한 사람들로 가득 찬 부자 나라 – 브라질

코파카바나 해변

리우데자네이루의 코파카바나 해변은 세계적으로 유명한 곳이다. 남미 여행을 떠나기 위해 짐을 꾸리며 코파카바나 해변에서 꼭 수영을 해보리라는 마음으로 수영복을 챙겨 왔다. 우리는 코파카바나 해변과 도로를 사이에 두고, 호텔에서 하루를 묵었다. 호텔을 나와 도로만 건너면 바로 해변이었다.

그러나 우리는 그 유명한 코파카바나 해수욕장에 한 발도 들여 놓지 못했다. 시간이 없어서 그런 것이 아니었다. 현지 가이드가 절대로 들어가면 안 된다고 거듭 강조했기 때문이었다. 소매치기가 많아 위험하다는 이유에서였다. 소매치기들은 해변에서 노는 사람들 가운데 숨어 있다가 외국인이 들어오는 것을 보고 접근한다고 했다. 우리는 바닷물은커녕 모래사장에도 못 들어가고 그저 해수욕장을 따라 길게 나 있는 인도를 걸으면서 바라보는 것만으로 만족해야 했다.

그곳 사람들은 귀중품을 가지고 다니지 않는다. 비상금은 10달러에서 20달러 정도이고, 털리는 일이 많다 보니 신용 카드는 180달러 한도 내에서 쓸 수 있게 한정되어 있다. 현지 교포 가이드는 브라질에 온 이후 네 번밖에 털리지 않았다고 자랑하듯이 말했다. 그러나 이 가이드는 소매치기들이 나쁜 사람은 아니라고 했다. 오히려 착한 사람들인데, 다만 가난해서 먹고 살기 위해 그럴 뿐이라는 것이었다. 소매치기를 잘 하지 않는 사람도 배고픔을 해결하기 위해 순간적으로 그런 충동을 느낀다고도 했다.

숙소에서 본 코파카바나 해변. 보기에는 매우 아름답고 평화로워 보이나 소매치기의 위험이 많은 곳이다.

리우데자네이루의 인구는 1950년 300만여 명이었는데, 2000년에는 1,760만여 명으로 약 5배 이상 증가하였다. 인구가 이렇듯 크게 증가하였음에도 불구하고 제조업이 아닌 항구와 행정 기능에 주로 의존하여 도시의 성장이 이루어졌기 때문에 새로운 이주민들에게 충분한 일자리를 제공하지 못했다. 따라서 대다수의 사람들이 점원이나 가정부 등과 같은 저임금의 노동에 종사하고 있으며 유휴 노동력으로 인한 실업자가 많아지게 되었다. 리우데자네이루에 살고 있는 여섯 명 중의 한 명은 이러한 사람들이며, 이들은 도시 안의 언덕과 해변을 따라 빈민가를 형성하고 있다.

빈민촌 파벨라

해수욕장에 나온 소매치기들은 거의 가난한 동네에 산다. 브라질에서는 가난한 동네를 파벨라라고 부른다. 파벨라는 브라질의 수많은 도시에서 볼 수 있으며, 한 도시 안에도 여러 곳이 있다. 리우데자네이루에 있는 파벨라 수만 해도 800여 개나 된다. 그러나 파벨라에 외부 사람들이 들어가기는 쉽지 않다. 심지어는 경찰도 들어가기가 어렵다. 파벨라에 사는 사람들은 불법으로 총 등의 무기를 가지고 있는데, 경찰에게서 총을 사기도 한다. 파벨라 조직은 수류탄뿐 아니라 기관총도 가지고 있어 그 화력은 일반 경찰의 것보다 강하다. 파벨라에서는 종종 시가전이 벌어지기도 한다.

우리는 버스 기사에게 파벨라 부근을 천천히 달려 줄 것을 제안했다. 그러나 버스 기사는 그 제안을 받아들이려고 하지 않았다. 만약 이곳에서 외부 사

리우데자네이루에서 유명한 파벨라 중의 하나. 파벨라는 빈민 지역으로 경찰조차 들어가길 꺼릴 정도로 위험한 지역이다. 동네에 들어가는 것이 허용되지 않아 달리는 버스 안에서 찍었다.

람이 자동차를 세우거나 천천히 달리면, 주민들은 그들이 자기를 공격하는 것으로 간주하기 때문이었다. 어쩌면 파벨라는 가난한 사람들의 자기 보호 구역인지도 모른다. 마을 입구에 경찰이 서 있는 경우가 있는데, 그것은 외부 사람들이 이 마을에 들어가지 못하게 막고 있는 것이라고 했다. 우리도 마을 안에는 들어가지 못하고 대신 부근의 넓은 도로에서 다른 자동차와 똑같은 속도로 달리며 사진을 찍는 것으로 만족할 수밖에 없었다.

리우데자네이루 사람들은 위험해서 아무 거리에서나 데이트를 하지 않는다. 갈 수 있는 곳이 있고, 가서는 안 될 곳이 있기 때문이다. 가서는 안 될 곳에 가면 반드시 소매치기를 당하지만, 목숨은 그렇게 위험하지 않다고 한다. 도둑이 착한 편이어서, "돈 좀 남겨 줘. 나도 택시 타고 가야 할 것 아니야?"라고 말하면 돈을 남겨 주기도 한다니까 말이다.

그러나 마약과 관련된 범죄가 많아서 갱 조직 간 총싸움이 벌어지는 일이 잦다. 공식 발표에 따르면 2002년에만 브라질 전체에서 38,088명이 총에 맞아 죽었고, 이 숫자는 매년 급증하고 있다. 이 정도면 전쟁 수준이라고 할 수 있지 않을까? 일반 경찰은 웬만하면 파벨라에 들어가지 않지만, 꼭 들어가야 할 때는 중무장한 헬기를 타고 특수 경찰이 투입되기도 한다. 특수 경찰은 이런 조직에 단호하게 대응하며, 필요하면 범죄자들에게 총을 쏠 수도 있다.

브라질의 빈부 차

브라질은 빈부 차가 매우 커 상위 5퍼센트가 브라질 부의 70퍼센트를 가지고 있다. 큰 건물 옥상에는 헬리콥터 착륙장이 있어, 부자들은 출퇴근을 하거나 쇼핑을 할 때 자가용 헬리콥터를 이용한다. 요트를 타고 출퇴근하는 경우도 있으며, 브라질의 유명한 축구 선수는 개인 전용기로 외국 나들이를 가기도 한다. 축구 선수 말고도 부자들은 많이 있다. 큰 공장이나 백화점, 또 넓은 농장을 가진 사람들이 그들이다.

브라질의 지역별 인구 및 1인당 GDP. 1인당 GDP는 동남부와 남부에 비해 동북부와 북부가 매우 낮다.

그러나 브라질에서 가난한 사람이 부자가 되는 것은 매우 어렵다. 가난한 사람이 부자가 되는 방법 중의 하나는 축구를 잘하는 것이다. 그러나 이것도 경쟁자가 매우 많아 쉬운 일이 아니다. 공부를 잘 해서 부자가 되는 것도 어렵다. 왜냐하면 가난하면 좋은 사립학교에 갈 수가 없기 때문이다. 부자들은 초등학교부터 대학교까지 사립학교에 다니는데, 매달 내는 학비가 일반 회사원 월급의 두 배나 된다. 공립학교는 시설과 교사 등의 수준이 낮아서 공부를 전문적으로 하기가 어렵다고 한다. 국가는 공교육에 대한 관심이 적어서 투자를 하지 않는다. 브라질 사람들은 대체로 학력이 낮아서 고등학교만 나오면 학력을 뽐낼 수 있다. 브라질에서는 대학을 졸업해도 먹고 살기가 쉽지 않은데, 그것은 마땅한 일자리가 부족하기 때문이다. 브라질에서 부자가 되는 방법은 부모의 재산이 많아 그것을 물려받는 것뿐이라고 할 수 있다.

이와 같이 브라질은 빈부의 차와 학력 차가 크지만, 그것을 줄이기 위한 사회 구조의 개혁이 어려운 형편이다. 현지 교포의 말에 따르면 부자들은 가난한 사람들에게 부를 나누어 주려고 하지 않는다고 한다. 예를 들면 사람들이 필요로 하는 철도 구간이 있어도 만들지 않는다. 버스 회사의 로비 때문이다.

삼바 춤 공연 모습. 리우데자네이루에는 이러한 삼바 춤 극장이 한 곳뿐이다.

　상파울루의 인구는 1,700만 명이나 되나 지하철은 동서 간과 남북 간 두 개뿐이다. 승용차가 없으면 돌아다닐 수 없으며, 화물은 트럭으로 운반한다. 또한 자동차 도로가 좋은 편이 아닌데도 이를 고치려고 하지 않는다. 자동차 업자들의 로비 때문인데, 자동차가 빨리 망가지면 자동차를 더 많이 팔 수 있기 때문이다. 리우데자네이루에서 삼바 춤을 보기 위해 극장에 갔는데, 삼바 춤 극장은 그곳 하나뿐이라고 했다. 폭력 조직이 삼바 춤 극장을 독점하고 있기 때문이다.

　한 도시 안에서도 빈부 차에 따라 주거 지역이 달라지지만, 국가적으로도 지역에 따라 빈부 차가 뚜렷하다. 브라질에서 가장 가난한 곳은 동북부 지방과 북부 지방이다. 동북부 지방은 예로부터 사탕수수를 재배해 왔던 곳으로, 노동력이 부족했던 유럽 인들은 아프리카에서 흑인들을 강제로 데려와 일을 시켰다. 그러나 사탕수수 플랜테이션의 결과 사막화 현상이 나타날 정도로 토지가 거칠어지고 가뭄이 자주 발생하여 사람들은 굶주림에 시달리고 있다.

동남부의 커피 농장 일꾼들은 가난한 동북부에서 온 사람들이 많다. 이들은 농사철에 가족 단위로 와서 일을 하고 있는데, 아이들은 학교에 다니지 않는다. 북부는 아마존 강 유역의 셀바스 지역으로 동북부와 마찬가지로 주민 소득이 가장 낮은 편에 속한다.

이에 비해 남부 해안 지방은 주민 소득이 높다. 남부 해안은 기후가 비교적 온화한 편이고, 유럽과 만나는 교통 요지이다. 이곳에는 브라질 최대의 도시 상파울루와 세계적인 관광 도시 리우데자네이루 그리고 생태 도시로 유명한 쿠리티바를 비롯한 여러 도시들이 있다.

파벨라 출신의 대통령 룰라

굶주림과 질병 때문에 살아서 다섯 살을 넘기기 힘들다는 브라질 북동부에서 룰라는 태어났다. 가족과 함께 남부의 상파울루로 이사 온 그는 열두 살에 구두닦이를 시작했고, 금속 공장에서 선반공으로 일했다. 룰라는 밤을 새면서 선반 작업을 하던 중 잠시 졸던 동료의 실수로 왼손 새끼손가락을 잃었다. 그는 손가락이 없는 게 부끄러워 여러 해 동안 사람들 앞에 손을 내놓지 못했다. 그의 첫 부인은 치료를 제대로 받지 못해 출산 도중에 아이와 함께 사망했다.

룰라는 노동조합에 들어가 오랫동안 활동하다가 노동당을 만들었다. 그러던 중 파업을 선동했다는 이유로 감옥에 들어가기도 했다. 대통령 후보가 된 그는 부자들에게서 세금을 많이 걷어 빈부 격차를 줄이겠다는 정책을 내놓았다. 그리고 네 번의 도전 끝에 대통령에 당선되었다.

브라질은 면적이 미국과 비슷하다. 숲이 우거진 열대 우림과 열대 초원, 그리고 온대 기후 지역으로 이루어져 있으며, 철광석 등 각종 지하자원이 풍부하고 인구도 1억 8천만 명으로 대국이다. 그만큼 자존심을 뒷받침할 힘을 갖고 있다. 브라질은 21세기에 새로 뜨는 네 강대국 브릭스(BRICs : 브라질, 러시아, 인도, 중국)에 속한다. 그래서 미국에 대해서도 당당하다. 미국이 9.11 테러 이후 미국 입국자들에게 범죄 혐의자에게나 하는 지문 검사를 실시하자, 브라질도 브라질에 입국하는 미국인에게 똑같이 맞대응하고 있다. 여기에는 중국과의 관계도 한몫하고 있다. 중국이 필요로 하는 콩 등 많은 자원을 가지고 있는 브라질에게 중국은 미국을 대신할 무역 상대국으로 급부상하고 있기 때문이다. 현재 브라질과 중국의 사이는 매우 가까워지고 있다.

최근 우리나라와 브라질도 대통령의 상호 방문을 통하여 긴밀한 관계를 형성해 가고 있다. 우리나라의 수준 높은 기술력과 브라질의 풍부한 자원은 앞으로 서로에게 득이 되는 동반 관계를 만들어 나갈 수 있을 것으로 기대된다.

6. 아마존

짙은 녹색의 삼림과 갈색의 하천 이외에는 아무것도 보이지 않는 아마존 강 유역

녹색의 천국, 아마존 강

열대 우림 속을 흐르는 강

멀리 비행기에서 아마존 강이 보이기 시작하자 비행기 안 여기저기서 탄성이 터졌다. 빽빽한 밀림 속을 유유히 구불거리며 흐르는 다갈색의 강은 시작도 끝도 한눈에 들어오지 않는 장대한 규모였다.

아마존 강은 총 길이가 약 6,300km로 나일 강보다 짧지만, 유역 면적은 약 705만km²로 우리나라 전체 면적의 30배가 넘는다. 하늘에서 내려다본 아마존 강 유역은 짙은 녹색의 삼림과 갈색의 하천 외에는 아무것도 보이지 않는 그야말로 녹색의 천국이었다.

마나우스에 내리는 스콜. 하루에 한두 차례 지면이 가열되면서 상승 기류가 형성되어 비가 내린다.

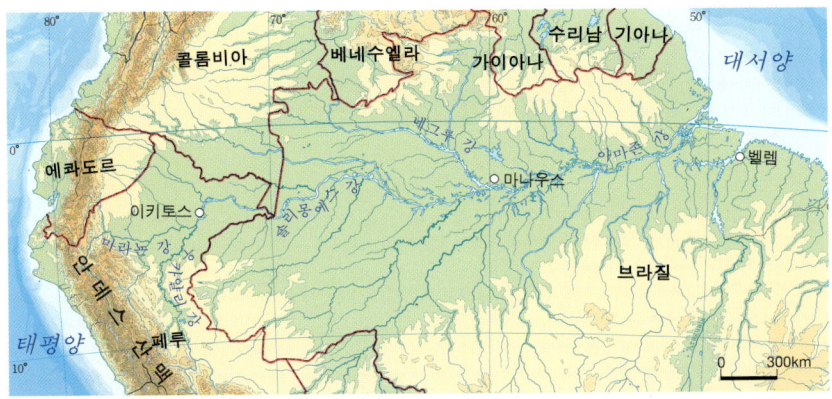

아마존 강 유역 지도. 안데스 산맥에서 발원한 아마존 강은 적도를 따라 평행하게 달려 대서양으로 빠져나간다. 두 하천의 합류 지점 부근에는 어김없이 도시가 발달했는데, 이키토스, 마나우스, 벨렘 등이 유명하다.

 아마존 강이 이렇게 커지게 된 데는 위치와 지형에 원인이 있다. 아마존 강은 적도 바로 아래에 위치해 있는데, 이곳은 매우 덥고 습한 곳으로 연 강수량이 10,000mm를 넘는 곳도 있다. 우리나라 연 강수량의 약 9배나 되는 많은 양이다. 매일 한두 차례의 소나기가 쏟아지는데, 열대 지역에서 내리는 이런 비를 스콜이라고 한다. 한낮의 뜨거운 열기로 증발한 수증기는 하늘로 올라가 구름을 형성하게 되고, 이 구름이 오후 두세 시쯤 비를 뿌린다. 우리가 여행하는 동안에도 한두 차례의 스콜을 맞은 적이 있다. 늘상 내리는 비라서 그런지, 그곳 사람들은 스콜을 대수롭지 않게 생각했다. 우리는 우산을 꺼내고 비를 피하려고 애를 쓰는데, 그곳 주민들은 그저 나무 아래나 처마 밑으로 천천히 걸어갔다.
 그렇게 많은 양의 비가 흘러 하천으로 모인다. 지도에는 수십여 개의 지류밖에 보이지 않지만 실제로는 천여 개의 지류가 흐르고 있다. 그 지류들이 나뭇잎 모양으로 연결되어 거대한 아마존 강을 이룬다. 곳곳에 떨어진 수많은 빗방울들이 하천으로 모여들고 그 하천들이 또 모여 거대한 아마존 강 수계가 형성된 것이다.

마나우스 일대 위성 영상.

아마존 강 유역 분지는 남마 대륙의 북쪽 절반을 차지하고 있다. 그 모양을 찬찬히 들여다보면 납작한 접시 모양이다. 쏟아지는 빗방울들이 경사가 완만한 접시의 가장 낮은 곳으로 모이고 모여 다갈색의 아마존 강을 이루게 된 것이다. 그야말로 티끌 모아 태산을 이룬 것이다.

아마존 강은 여러 나라를 거치는 국제 하천이다. 유역의 3분의 2는 브라질에 속하지만 상류의 지류들은 페루, 에콰도르, 볼리비아, 콜롬비아, 베네수엘라에 걸쳐 있다. 사람으로 치면 머리는 페루와 에콰도르에, 두 팔은 콜롬비아와 볼리비아에, 몸통은 브라질에 속해 있는 셈이다. 국적이 다양한 만큼 강의 모습도 지역마다 차이가 많다. 부르는 이름도, 물의 색깔도, 물의 흐름도, 주변의 경관도, 사는 사람들도 다르다.

안데스 산지의 당당함도 아마존 강의 위력 앞에서는 힘을 못 쓰는 것 같다. 페루에 있는 아마존 강의 최상류인 마라논 강과 우카얄리 강은 안데스 산맥을 뚫고 동쪽으로 흘러가니 말이다. 만약 조각배를 페루의 우카얄리 강에 띄운다면 그것이 안데스 산맥을 넘어 아마존 강을 따라 수천km를 흘러 대서양까지 갈 수 있다는 얘기다.

페루의 이키토스는 여객선과 화물선이 도달할 수 있는 최상류 지점이다. 현지 사람들은 이키토스부터 네그루 강이 합류하는 마나우스까지를 솔리몽에스 강이라 부르고, 마나우스에서 바다에 이르는 강만을 아마존 강이라고 한다. 그런 의미에서 마나우스는 아마존 강을 대표하는 도시로 볼 수 있다.

검은 강과 흰 강의 만남

마나우스에서 바라본 아마존 강은 하천이 아니라 바다였다. 멀리 보이는 수평선이 그랬고 아침에 떠오르는 태양이 그랬다. 주변에 산이라고는 없었다. '이곳에서는 해발 고도가 가장 높은 곳이 200m 정도 되며, 60m만 되어도 아주 높은 것'이라는 가이드의 설명이 없어도, 강 주위에는 강과 평행하게 달리는 낮은 평지들뿐이었다. 어디가 강의 끝이고 육지의 시작인지 알 수가 없었다.

네그루 강의 수평선. 하천 저 멀리 희미하게 낮은 육지들이 보인다.

유람선을 타려고 선착장으로 내려가니 강변에 하천의 최고 수위를 표시해 놓은 벽이 있었다. 연도별로 수위가 오르락내리락한 것을 알 수 있었다. 늘상 비가 많이 오는 곳이지만 해마다 차이는 있었다. 평상시 이곳의 강폭은 4~5km 정도인데, 물이 심하게 불어날 때는 10km 정도나 된다고 한다. 워낙 고도가 낮아서 주변의 물이 조금만 불어나도 강의 멀리까지 잠기게 되는 것이다.

유람선에서 바라보니 강물의 색깔이 온통 검은빛이었다. 마나우스는 아마존 강의 지류인 네그루 강변에 위치해 있다. '네그루'는 포르투갈 말로 검은색이라는 뜻이다. 일행 중의 누군가가 "브라질은 커피가 유명하니까, 커피 강이라고 부르는 게 좋겠군." 하자, 또 누군가가 "검은 강이 있으면 흰 강도 있겠네요?" 하며 농담처럼 질문을 던졌다. 그러자 가이드는 "정말 흰 강이 있습니다. 이곳에서 몇 km를 내려가면 '흰 강'인 솔리몽에스 강과 네그루 강이 만나는 합류점이 나옵니다. 그곳에서는 검은 강과 흰 강이 만나는 장관이 연출됩니다."라고 대답했다.

아마존 강의 수위 변화. 최근 7년 동안의 최고 수위 변화는 2~3m에 불과했다.

커피색의 네그루 강. 호텔의 수영장 색깔과 비교해 보면 네그루 강이 얼마나 검은지 알 수 있다.

　배가 두 하천이 만나는 곳에 이르렀을 때, 모두 벌어진 입을 다물 수가 없었다. 흙탕물의 흰 강과 커피색의 검은 강이 서로 섞이지 않고 나란히 하류로 흘러가고 있었다. 수km를 그렇게 분리된 채 흘러가서야 서로 뒤섞인다고 하니 자연의 오묘함에 감탄할 뿐이다.

　흘러가는 강물을 찬찬히 바라보니 두 하천의 물이 흘러가는 속도가 달랐다. 흙탕물의 흰 강은 속도가 매우 빠른 반면, 커피색의 검은 강은 유속이 매우 느렸다. 흰 강은 가는 모래나 진흙이 많은 반면에 검은 강은 이런 물질들이 거의 없다. 대신 검은 강은 수많은 낙엽을 우려낸 것 같았다. 이런 두 하천의 차이가 따로, 또 같이 강물을 만들어내는 것이었다.

6. 아마존　*243*

검은 강과 흰 강의 만남. 서로 섞이지 않고 톱니 모양으로 나란히 수km를 흘러간다.

아마존 강의 돌고래

두 하천의 만남을 구경하고 돌아가는 뱃길. 뜨거운 태양 아래 바람도 없는 배 위에서 아마존 강을 하염없이 바라보고 있는데, 갑자기 여기저기서 "돌고래다. 고래 떼다!" 하는 함성이 들려왔다. '설마 진짜 고래가 하천에 살까?' 하는 마음도 잠시 진짜 고래를 보았다. 아마존 강에는 오래 전부터 돌고래가 살아왔다는 사실을 책을 통해 알고 있었지만, 직접 눈으로 보게 되리라고는 생각지도 못했다.

아주 먼 옛날 지구는 지금처럼 여러 조각으로 흩어져 있지 않고 판게아라 불리는 하나의 대륙으로 서로 붙어 있었다. 이 판게아는 지구 내부에서 작용하는 힘에 의해 오랜 지질 시대를 거치면서 오늘날과 같이 여러 대륙으로 흩어지게 되었다. 실제로 남아메리카의 동해안과 아프리카의 서해안을 보면 그 해안선의 모양이 퍼즐 조각처럼 잘 들어맞는다. 아프리카와 헤어진 남아메리카의 동쪽은 대서양이 되고 서쪽은 태평양이 되었다.

아마존 강은 남아메리카의 서해안을 따라 길쭉이 뻗은 안데스 산지가 신생대에 융기하기 전에는 태평양으로 흘러갔다. 그래서 현재의 아마존 강에 살고 있는 많은 물고기들도 대서양보다는 태평양 출신이 더 많다고 한다. 안데스 산지가 솟으면서 대륙의 동쪽이 서쪽에 비해 높이가 낮아졌기 때문에 안데스 산맥에서 대서양으로 이어지는 긴 물줄기가 생겨났다. 그것이 바로 오늘날의 아마존 강이다. 신생대 4기에는 전 세계적으로 몇 차례의 빙하기와 간빙기가 교대로 나타났다. 빙하기에 비해 상대적으로 따뜻했던 시기인 간빙기 때에는 해수면 상승에 따라 아마존 강 상류에 거대한 호수가 형성되기도 하였다.

이러한 과정을 통해 짠물에 살던 돌고래들도 서서히 환경에 적응해 가면서 '하천 돌고래'로 변신하게 되었다. 이 돌고래들은 신체 구조가 바다 돌고래와 다르다고 한다. 모래나 자갈 혹은 바위가 많고 굴곡이 심한 강에서 살다 보니 자연스럽게 유전자에 변이가 생긴 것이다. 돌고래의 역사는 아마존 강 역사의 중요한 일부분이다. 아마존 강이 힘차게 굽이치면서 살아 숨쉴 때, 돌고래들도 바다에 대한 향수를 잊고 번성할 수 있을 것이다.

아마존 강을 떠나면서 다시 한 번 비행기에서 내려다본 모습은 여전히 짙은 녹색뿐이었다. 지금은 삼림의 벌채와 같은 작은 녹색의 사라짐도 아마존 강이 훌륭히 보완해 주고 있다. 하지만 농경지의 확대로, 목재의 생산으로, 목장의 개발로, 도로의 건설로 인해 녹색이 더 많이 사라진다면 아마존 강도 그 자태를 유지하기 힘들 것이다. 녹색의 천국, 아마존 강이 언제나 그 모습을 잃지 않기를 바랄 뿐이다.

지구의 허파 셀바스

셀바스의 대동맥 아마존 강

'셀바(selva)'는 포르투갈 말로 '숲'이란 뜻이고, 셀바의 복수 형태인 '셀바스(Selvas)'는 아마존 강 유역의 숲 지대를 가리키는 고유 명사다. 기온이 비교적 높고 연중 강수량이 많으면 숲이 우거지게 되는데, 이런 곳을 영어로는 rainforest라고 한다. 우림(雨林)이라는 한자어 대신 우리말로 비숲이라고 불러 보았다. '비숲'을 몇 번 되뇌어 보면 그 이름이 참 정감 있게 다가온다. 비숲은 열대에도 있지만 캐나다의 태평양 연안 등 온대에도 있다.

비행기가 브라질리아를 지나 북쪽으로 얼마쯤 날자 드디어 구름 아래로 숲이 보이기 시작했다. 셀바스였다. 어떤 사람이 셀바스의 모습을 브로콜리 같다고 했는데 꽤 그럴듯한 표현이다. 그런데 숲 군데군데에 나무가 없는 직사각형 모양의 공간이 보였다. 숲 속에는 이런 곳이 꽤 많았다. 원래는 숲이었으나 개발이라는 이름으로 숲이 제거되고 있는 것이었다. 연기가 피어오르는 곳도 있었는데, 이곳도 역시 개발을 위해 숲을 태우고 있는 중이었다.

마나우스 공항에 내린 첫날 우리들은 숙소에 짐을 풀자마자 바로 배를 탔다. 우리들만을 태운 한국인 소유의 배는 강 상류로 한 시간 이상 올라갔다. 숲 속의 호텔과 원주민 마을을 보기 위해서였다.

네그루 강은 지류임에도 바다처럼 넓은 게 강의 너비와 깊이가 상상을 초월했다. 깊은 곳은 40m가 넘는데 황해의 평균 깊이가 46m라는 것을 생각하면 얼마나 깊은지 알 수 있다. 물결이 거셀 때는 배가 뒤집어지는 일도 흔히 아마존 강의 지류인 네그루 강. 구름 밑의 짙은 색깔 부분이 셀바스다.

마나우스 부근 곡류와 셀바스. 셀바스에서는 뱃길이 아니면 숲 속으로의 통행이 거의 불가능하다.

강가 육지의 뜰집. 배를 타고 드나든다.

있다고 했다. 아마존 강의 배들은 해도처럼 수심이 자세히 나타난 지도를 쓰고 있었다. 도도히 흐르는 엄청난 물이 우리를 압도하였다.

셀바스에서는 뱃길이 아니면 숲 속으로의 통행이 거의 불가능했다. 마나우스의 아마존 강 본류에는 운동장만 한 배들이 여러 척 떠 있었다. 이번에는 마나우스 하류 쪽으로 검은 강(네그루 강)과 흰 강(솔리몽에스 강)이 만나는 곳까지 갔다가 다시 거슬러 올라와, 네그루 강의 작은 지류로 들어갔다. 작은 배들이 많이 오고 갔다. 강 위에서 배를 타고 놀고 있는 아이들도 보였다. 배는 그곳 사람들에게 우리나라의 승용차처럼 다양하게 이용되고 있었다.

강가에는 집배들이 있었고, 강가의 뭍에는 나무로 만든 뜰집(집 바닥이 땅에서 떠 있는 집)들이 보였다. 빨래를 하거나 물고기를 잡고 있는 사람들도 보였다. 이곳에서 강은 외부와 연결되는 통로이자 놀이마당이고, 먹을 것을 풍부하게 제공해 주는 토지와 같았다.

나무로 지은 고급 호텔

마나우스에서 네그루 강을 거슬러 올라간 배는 한 시간이 지나 드디어 목적

셀바스 안의 호텔. 판자로 만든 다리가 길이다. 우리는 다리 아래 늪 속에 살고 있는 악어를 볼 수 있었다.

지에 도착했다. 강가의 숲 속에 나무로 만든 호텔이 있었다. 미국의 클린턴 대통령을 비롯하여 세계의 유명인들이 그곳을 다녀갔다고 했다.

호텔을 지나 작은 지류로 들어가는 부두로 갔다. 원주민 집이 있는 곳에 가기 위해서였다. 어두워져 가는 숲은 조용했다. 목적지에 도착해 원주민 집을 보았다. 관광객들을 위해 상업적으로 만들어 놓은 것이었다. "원주민들은 이곳에 사는 게 아니라 이곳으로 출퇴근하는 거네?" 하고 누군가 말했다. 어쨌든 우리는 원주민의 얼굴과 몸 형태, 그들의 몸 그림(보디 페인팅), 그리고 먹는 음식, 집 구조와 재료 등을 볼 수 있었다.

현재 브라질에서 원주민은 전체 인구의 1퍼센트도 되지 않는다. 브라질의 역사 교과서에는 원주민의 역사가 쓰여 있지 않다고 한다. 브라질의 역사는 유럽 인이 도착한 다음부터가 시작인 것이다. 그러므로 브라질의 역사는 500년밖에 되지 않으며, 그 전에는 브라질이 없었던 셈이다. 가능하면 역사를 더 오래 전으로 끌어 올리려는 우리나라나 일본과는 사뭇 다르다. 그러면서도 과거에 원주민을 죽음으로 내몰았던 유럽계 후손들은 이제 관광 소득을 위해 이처럼 원주민의 문화와 사람을 상품화하고 있다.

셀바스의 넓은 지역을 차지하고 있는 아마조나스 주의 주도는 마나우스 시이다. 인구가 백만 명이 넘는 이 도시는 소득을 올리기 위해 산업 단지를 조성하고 있으나, 또 다른 소득원으로 생태 관광에도 관심이 많은 듯하였다. 마나우스의 시내 버스에 포르투갈 어로 쓰여 있는 '자연 보전'이라는 말이 인상적이었다.

셀바스의 햄버거화

마나우스 공항에서 나와 시내로 들어가면서 열대의 나무들을 보았다. 우리는 마나우스에 머무는 3일 동안 셀바스를 좀 더 자세히 보고 싶었다. 그러나 짧은 일정 동안 우리가 갈 수 있는 곳은 제한되어 있었고, 그나마도 상당히 개발된 관광지 주변의 숲이 전부였다.

열대의 숲 속에는 키 큰 교목 사이로 키 작은 관목과 덩굴 식물이 빽빽하게 자라고 있었다. 모기와 같은 곤충 등이 많아 자연 상태로는 도저히 들어갈 수 없었다. 그곳에서는 길이 아니면 통행이 불가능했다. 배에서 내린 다음 가까운 곳까지만 갈 수 있었는데, 그런 경우에도 도시의 고가 도로처럼 판자로 길을 만들어 놓은 경우가 많았다. 우리는 배에서 내려 판자로 길을 만들어 놓은 숲 속으로 수백 미터만 들어갔다가 나왔다. 셀바스에서 사진을 찍는 몇 분 동안 모기들이 소리 없이 날아와 어깨와 팔의 피를 빨아 먹었다. 팔이 가려워 비로소 물린 것을 알고는 무서운 생각이 들어 숲 속을 뛰다시피 빠져나왔다. 강가로 나와 부풀어 오른 곳을 세어 보니 열 군데나 되었다.

열대 비숲은 생물의 종류가 매우 다양하다. 숲 속은 도란도란 수많은 생명의 목소리와 몸동작으로 가득 차 있다. 숲은 생명의 다른 이름이다. 지구는 긴 시간을 통해 이런 오묘한 생명들을 만들어 왔다. 숲 속에 서 있으면 인간이 얼마나 미약한 존재인지 새삼 느끼게 된다. 인간은 숲 속에 들어가면 작은 모기의 공격에도 너무나 무기력하다.

아마존 강 중류 마나우스 부근의 열대 비숲.

    그러나 조직을 만들고 지식을 쌓아온 인간들은 문명과 개발이라는 이름으로 자연을 정복하고 싶어한다. 자연은 인간에게 하얀 속살을 드러낸 채 상처를 입고 너무 쉽게 쓰러진다. 우리는 이번 답사 도중에 거대한 자연이 인간의 문명과 탐욕에 의해 사라지는 것을 여러 번 보았다. 아르헨티나에서 브라질로 이동하는 비행기 안에서도 보았고, 셀바스 상공 위를 날면서도 계속 보았다. 마나우스 시내에서도 멀리 지평선 같은 숲 속에서 연기가 하얗게 피어오르고 있었다.

    외국의 한 지리 교과서에 따르면 비숲은 지표의 6퍼센트에 지나지 않으나 지상의 생물 종 가운데 적어도 50퍼센트는 이곳에 있다. 1945년 이후 세계

숲을 경지로 바꾸고 있다(이과수 폭포 남쪽).

비숲의 40퍼센트가 파괴되었으며, 날마다 50종의 식물과 동물이 지구상에서 영원히 사라지고 있다. 열대 비숲 파괴의 원인 가운데 상업적 목재가 차지하는 비율은 20퍼센트에 지나지 않으며, 숲 파괴의 80퍼센트는 도로 건설 등 목재를 운반하는 과정에서 발생한다.

숲은 광합성 작용을 통해 이산화탄소를 산소로 바꾼다. 특히 열대 비숲의 광합성 작용은 뛰어나다. 그래서 셀바스를 지구의 허파라고 한다. 이런 작용을 통해 열대 비숲은 온실 효과를 조절하는 데 중요한 구실을 한다. 그러나 현재 숲을 태우는 과정에서 한 해에 이산화탄소가 20억 톤씩 배출된다. 석유, 석탄 등 화석 연료가 한 해에 56억 톤의 이산화탄소를 배출하는 것에 비하면 그 양은 대단한 것이다. 숲 태우는 시기인 어느 해 9월의 위성사진에 의하면 아마존 강 유역의 숲에서 불을 피우고 있는 곳이 8,000군데나 되었다.

돈 많은 사람들은 소고기를 수출하기 위해 셀바스의 숲을 없애고 목장을 만들고 있다. 또 정부는 이를 지원해 왔다. 이 고기는 보통 패스트푸드용으로 많이 소비되므로 '아마존 강 숲의 햄버거화'라는 말이 이상하게 들리지 않는다. 보통 초지는 목장 1만m²에서 소 한 마리밖에 키울 수 없을 정도로 생산성이 낮다. 1만m²는 학교 운동장보다 더 넓다. 따라서 일정한 수익을 올리려면 대규모의 벌목이 필요하다. 하지만 점점 자라는 풀이 줄어들게 되고, 이에 따라 수익성도 낮아진다. 그래서 목장 주인들은 5년에서 10년 정도 되면 새로운 목장을 위해 다른 숲을 태운다. 목장 대신 농경지를 만드는 경우도 마찬가지다.

아마존 개발업자들로부터 셀바스와 셀바스에 사는 사람들을 지키기 위해 싸우는 사람들이 있다. 그 과정에서 여러 사람이 개발업자들이 고용한 사람에 의해 살해되었다. 그중 한 사람이 치코 멘데스이다. 1988년 44세로 총에 맞아 살해될 때까지 그는 미국의 국제 개발 기금과 법률가들을 여러 번 방문했다. 아마존 강 유역 개발과 라텍스를 채집하는 사람들 및 숲 속 원주민들의 숲 이용 목적이 일치하기 전에는 아마존 강 유역의 도로 건설 계획에 대한 투자가 더 이상 진행되지 않도록 하기 위해서였다. 그는 살해 위협을 받았지만 끝내 숲을 떠나지 않았고, 결국 개발업자 무리에게 살해되었다. 이 개발업자들의 네트워크는 브라질의 대도시, 정부, 미국의 권력과 연결되어 있었다.

그러나 점차 브라질과 세계 각국의 숲 속을 지키려는 사람들의 연대가 힘을 키워 가고 있다. 셀바스 보호 및 브라질 환경과 관련하여 멘데스와 뜻을 같이 해 온 사람들이 선거에서 승리하거나 국가적으로 중요한 자리를 차지하게 되었다. 여전히 많은 사람들이 개발 등 여러 가지 이유를 내세우며 셀바스를 없애려고 노력하고 있는 반면, 또 다른 많은 사람들이 셀바스를 지키기 위해 애쓰고 있다.

고무나무로 만든 오페라 하우스

열대 비숲(우림) 중심의 마나우스

1월인데도 무척 덥다. 사람들은 반바지, 반팔에 샌들을 신고 다닌다. 마나우스는 세계 최대의 열대 비숲(열대 우림)인 셀바스의 중심으로 아마존 강을 끼고 있다. 도시의 산업 문명에 찌들어 가는 21세기, 생명의 신비를 간직하고 있는 셀바스는 지구의 보물이다. 셀바스는 '지구의 허파'이기도 하지만 생물의 종류가 다양한 광대한 숲이기도 하다. 아마존 강 유역의 대부분을 차지하는 셀바스는 그 범위가 매우 넓어 브라질 외에도 페루, 볼리비아 등 여러 나

열대 과일을 팔고 있는 마나우스의 노점상들.

라에 걸쳐 있다.

마나우스는 열대 비숲 기후의 중심에 있어 가게에는 열대 과일이 많고, 거리의 나무들은 푸른 싱그러움이 가득했다. 길가에는 단독 주택과 아파트들이 보였다. 마나우스가 주도인 아마조나스 지역은 브라질에서도 가난한 편에 속해 파벨라라는 빈민 지역도 자주 보였다.

아마조나스 극장과 부자들

마나우스를 여행하는 사람들이 꼭 들르는 곳이 있다. 바로 아마조나스 극장이다. 파리의 상징이 에펠 탑이라면 마나우스의 상징은 아마조나스 극장이다. 아마조나스 극장은 오페라 공연장으로 유명하다. 인간이 거주하기에 매우 불리한 열대 비숲의 중앙에 웬 오페라 극장이냐고 의아해하는 사람이 있을지 모르겠다. 우리도 극장 건물을 보고는 무언가 어울리지 않는다고 생각했다.

아마조나스 극장의 앞면에는 '1896' 이라는 숫자가 쓰여 있었다. 처음 보았

100년 전 고무를 팔아 만든 오페라 하우스. 1,600명이 입장할 수 있으며, 당시 이탈리아의 세계적인 가수 카루소가 공연을 하기도 했다.

을 때 이 숫자가 무엇을 의미하는지 궁금했다. 나중에 이 숫자가 극장의 완공 연도를 나타낸다는 것을 알았다. 이 오페라 극장은 완공 당시 세계에서 가장 아름다운 극장으로 칭송되었다. 극장의 개막을 축하하기 위해 이탈리아의 세계적인 테너 가수 카루소가 밀림 사이로 아마존 강을 거슬러 왔다고 한다.

아마조나스 극장은 공사 기간이 15년이나 되었다. 사람들은 극장을 짓기 위해 건축 자재인 돌을 비롯한 갖가지 재료들을 세계 각지에서 배로 실어 날랐다. 3만 6천 개의 도자기 타일은 프랑스에서, 대리석은 이탈리아에서 가져왔으며, 삼나무 목재는 레바논에서, 비단은 중국에서 실어 왔다. 이탈리아의 고전 양식으로 만들어진 이 오페라 극장은 화려한 모습을 자랑하며 지금까지도 이용되고 있다.

완공 당시 아마조나스 극장에는 비단옷에 다이아몬드를 뽐내는 1,600명의

오페라 하우스 부근의 광장과 교회. 바닥의 물결 무늬는 아마존 강의 물결을 상징한다.

관객이 입장하였다. 마나우스는 시민 1인당 다이아몬드 구입량이 세계에서 가장 많았으며, 19세기에서 20세기로 접어들 무렵에는 다이아몬드가 화폐로 쓰일 정도로 돈이 넘쳤다. 일부 여성들은 이에 다이아몬드를 박기도 했다. 점심 때 손님들에게 샌드위치를 가져다주는 식당의 여종업원이 팁으로 다이아몬드를 받은 적도 있었다고 한다.

마나우스의 부자들은 유럽에서 수입한 가구, 샹들리에, 피아노가 있는 궁전 같은 집에서 살았다. 그들은 런던과 파리의 최고급 재봉사가 만든 양복과 드레스를 입었다. 그들은 금화로 거래했고, 화려한 카페에서 술을 마셨으며, 아메리카에서는 처음으로 전기 자동차를 타고 도시를 달렸다. 그들의 자식들은 영국으로 공부하러 갔다. 특히 고무나무와 고무 산업을 지배하는 사람들은 귀족 같은 생활을 하였다.

이곳에서만 자랐던 고무나무
당시 마나우스 사람들이 밀림 속에서 이처럼 호화롭게 살 수 있었던 이유는 무엇일까? 당시 마나우스의 모든 사람들이 이렇게 잘 살았던 것일까? 그들의 사치스런 생활은 얼마나 지속되었을까? 이에 대한 해답은 지금은 그렇지 않지만 당시에는 매우 특별했던 어떤 나무에 있다. 그 나무는 '헤베아 브라질리엔시스'라는 이름의 고무나무였다. 천연고무의 대부분은 아마존 강의 상류 유역에서 생산되었다. 이곳은 과거 볼리비아의 아크레 주에 속했으나 브라질이 전쟁으로 획득한 곳이다.

농민들은 매일 새벽에 나와 오전에 100그루 이상의 나무에서 20리터 가까이 고무액(라텍스)을 모았다. 그 고무액을 물가의 집으로 가져와 연기로 말리면 40킬로그램 정도의 딱딱한 고무가 되었다. 그러나 천연고무 제품은 여름에는 물러지고 겨울에는 딱딱해지는 문제가 있었다. 1839년 '굿이어'가 이 문제를 해결하였다. 1888년에는 '던롭'이 천연고무를 재료로 자동차 바퀴로

고무나무 잎.

고무나무에서 라텍스를 채취하는 모습. 나무 줄기에 날카로운 칼로 Y자 모양의 상처를 내면 하얀 고무액(라텍스)이 끈끈하게 흘러내려와 통으로 모인다.

아마존 강에서 본 마나우스 시가지. 아마존 강의 편리한 수운을 이용하여 아마조나스의 주도로 발전하였다.

쓸 수 있는 공기 타이어를 만들면서 미국과 유럽에서 자동차 공업이 크게 발달하였다. 당시 자동차와 공기 타이어의 생산으로 큰 부자가 된 사람이 헨리 포드이다. 자동차 산업의 발달 결과, 19세기 초반 몇 톤 되지 않던 천연고무의 수출량은 1912년 42,000톤에 이르렀다. 거의 만 배로 증가한 것이다.

마나우스는 상류에서 배를 이용하여 운반되어 온 천연고무를 팔아 벌어들인 돈으로 활기가 넘쳤고 인구가 급증하였다. 1865년 마나우스의 인구는 5천 명에 불과했지만 19세기 말에는 5만 명으로 증가했다. 영국, 프랑스, 독일에서 고무를 사러 이곳에 왔다. 고무나무는 브라질의 국가 차원에서도 중요해, 브라질의 경제에서 가장 중요한 자원이었다. 브라질 수출에서 고무가 차지하는 비중은 1890년에 10퍼센트였으나, 1910년경에는 40퍼센트를 차지했다. 이것은 당시 번영의 절정에 올라선 커피의 수출액과 비슷했다.

노예와 같았던 고무 노동자

고무나무는 셀바스의 일부 지역에서만 자랐다. 그러나 셀바스는 수많은 종류의 나무와 풀이 빽빽한 데다 모기들이 많아 사람들이 드나들기가 매우 어렵다. 오늘날 비교적 개발이 잘 이루어진 관광지도 사람이 출입할 때는 나무판자로 육교처럼 길을 만들어 드나드는 곳이 많을 정도이다. 따라서 인구 밀도가 낮은 고무나무 지역에는 라텍스를 모을 수 있는 노동력이 부족했다. 브라질 북동부에서 희망을 갖고 출발한 많은 노동자들이 오는 도중에 죽어, 목적지에 도착한 사람의 수가 반이 되지 않는 경우도 있었다고 한다.

브라질 고무 산업 성장의 배경에는 노예나 다름없는 고무 노동자들이 있었다. 사람이 훨씬 적었던 백여 년 전의 숲 속은 더욱 힘들고 위험했으며, 작업은 매우 고달팠다. 그들은 등 뒤에 가죽 끈으로 여러 개의 용기를 둘러메고 매일 새벽녘에 오두막에서 나와 고무나무 액을 채취하였다. 사람들은 그들을 '세링게이로'라고 불렀다. 고무나무 농장의 주인들은 그들에게 음식을 비롯하여 최소한의 것만을 주었다. 일한 대가는 돈 대신 낙엽관목인 마니오크의

브라질의 빈민 지구인 파벨라. 마나우스에도 파벨라가 여러 곳 있다. 고무액을 채취했던 세링게이로처럼 여전히 가난한 사람들이 많다.

가루, 흑설탕, 마른 고기, 술 등으로 주었다. 이것들의 가치는 오늘날의 맥도날드 빵값 정도에 지나지 않았다.

50만 명 이상의 사람들이 말라리아, 결핵, 각기병 등으로 죽어갔다. 살아남아도 빚을 질 수밖에 없어 숲으로부터 탈출을 시도했지만 길은 아마존 강밖에 없었다. 그곳에선 강을 따라 배치된 경비병들의 총이 기다리고 있었다.

마니오크. 덩이뿌리를 먹는데 맛과 모양은 고구마와 비슷하다. 카사바, 유카라고도 하며, 세계 생산량은 2억 톤 가까이 된다.

영국인 문익점이 고무나무를 빼돌리다

당시 브라질은 고무나무가 밖으로 나가는 것을 엄격하게 막고 있었다. 옛날 중국이 목화 씨앗이 밖으로 나가지 못하도록 국경에서 지킨 것과 마찬가지였다. 그러나 1876년경 한 영국인이 몰래 고무나무 씨앗을 배에 실어 영국으로 빼돌렸다. 그리고 영국인들은 동남아시아의 열대 지역에서 고무나무 재배에 성공했다. 브라질의 마나우스 사람들이 아마조나스 극장을 세우던 시기였다.

고무나무는 동남아시아에서 무럭무럭 자랐다. 그 결과 현재 세계에서 고무나무가 가장 많은 나라는 말레이시아, 인도네시아, 타이 등으로 동남아시아에 집중되어 있다. 이 나라들은 인공적으로 고무나무를 빽빽하게 심은 데 비해 브라질은 자연 상태에서 자란 고무나무에서 천연고무를 얻었다. 그래서 동남아시아는 노동자 한 사람이 더 많은 나무를 쉽게 관리할 수 있었으나 브라질은 그렇지 못했다. 자연 상태에서 고무나무는 학교 운동장 크기의 넓이에서 수십 그루밖에 자라지 않는다. 그나마 아마존 강 상류의 일부에 주로 분포하고 있어 생산성이 낮았다.

고무나무 씨앗. 고무나무 밑에 많이 떨어져 있었다.
영국인이 이 고무나무 씨앗을 몰래 빼돌렸다.

동남아시아의 천연고무 생산 증가로 1913년에 브라질의 고무는 갑작스런 재난에 직면하였다. 3년 전까지만 해도 12실링에 달했던 국제 시세가 4분의 1로 폭락한 것이다. 1905년에 동남아시아의 플랜테이션에서 생산된 천연고무는 세계 생산량의 1퍼센트에 지나지 않았으나, 1910년에는 10퍼센트, 1922년에는 93퍼센트를 차지했다. 그 결과 마나우스는 짧은 기간에 갑자기 세계와의 무역이 뚝 끊겼다. 왕궁 같은 집들은 무너졌고, 거리에는 풀들이 수북하게 자랐다. 마나우스는 이런 상황을 전혀 예측하지 못한 채 인공적인 고무 플랜테이션이나 다른 산업 개발 등의 새로운 대안을 찾지 않고 있었다. 그들은 오직 화려한 소비를 위해 노동자를 착취하는 데만 관심을 가졌을 뿐이었다.

현재 노동자들의 후손들 가운데 몇 사람은 과거의 고무나무 수액 채취 과정을 보여주며 관광 자원으로 활용하고 있다. 생태 관광인 셈이다. 셀바스를 목장이나 경지로 바꾸려는 개발 붐이 일고 있는 요즘, 그들은 정부와 셀바스 개발업자들에게 그들의 삶터를 훼손하지 말 것을 요구하고 있다. 그러나 천연고무 채취만으로 잘 살기가 어려워 다른 일도 같이 하고 있는 실정이다.

7. 짧은 만남, 깊은 울림

동생의 머리를 빗겨 주고 있는 우유니의 소녀

남미에서 만난 청소년들

사랑스런 아이들의 웃음

지구상의 어느 곳에서나 아이들은 참 예쁘다. 남미의 아이들도 마찬가지다. 지금 이렇게 돌아와 사진을 또 들여다본다. 아무리 보아도 질리지 않는다. 절로 웃음이 나온다. 사진을 찍자고 하니까 저마다 포즈를 잡는 게 타고난 모델 같다. 우리나라 같으면 학원 가느라고 바쁠 텐데 남미의 아이들은 자기들끼리 잘도 논다. 천연덕스럽게 개집에 들어가 노는 아이들도 있다. 엄마 뱃속 같은 편안함을 느끼는 걸까, 아이들은 좁은 공간에 들어가는 것을 좋아한다.

안데스 산지의 쿠스코 부근 시골에서는 아이들이 양탄자 속에 들어가 놀고

브라질 상파울루에서 만난 아이들. 사진기를 들이대자 타고난 모델들같이 포즈를 취해 주었다.

페루 쿠스코 부근의 시골에서 양탄자를 밖에 깔아 놓고 그 속에서 놀고 있는 아이들.

있었다. 그들과 나 사이에는 물이 힘차게 흘러가는 작은 도랑이 놓여 있어서 건너갈 수 없었다. 하지만 그 아이들과 눈이 마주치자 장난기가 발동해 전봇대 뒤로 숨는 시늉을 했다. 아이들은 양탄자에서 나와 나를 찾으려고 했다. 내가 다시 전봇대에서 얼굴을 내밀면 아이들은 얼른 양탄자 속으로 얼굴과 몸을 밀어 넣었다. 이렇게 몇 번이고 반복하면서 매우 재미있어했다. 나중에 사진을 찍으려 하자 작은 아이들은 다시 양탄자 속으로 들어갔다. 더 놀자는 거였다. 가운데 서서 보고 있던 오빠의 말에 아이들이 얼굴을 내미는 순간 셔터를 눌렀다. 큰 아이의 의젓한 마음 씀씀이가 고마웠다.

　남미 아이들은 자기가 직접 돈을 벌기도 한다. 장사를 하는 경우도 있고, 구두를 닦는 아이들도 많다. 우리나라에서는 이제 구두닦이 아이들을 보기 어렵지만, 그 아이들을 보면서 과거 산업화 초기의 우리나라를 돌아보게 되었다. 직접 일을 하지는 않지만 아이들이 가게나 노점에서 어른들과 함께 시간을 보내는 경우도 많이 있었다. 안데스 산지에 있는 마추픽추의 온천 마을

볼리비아 라파스의 거리에서 구두를 닦고 있는 아이들.

아과스칼리엔테스 시장에서도, 티티카카 호의 주변 도시에서도, 페루의 바닷가에서도 그런 모습을 볼 수 있었다.

희망의 교육…… 글쎄?
초등학교 다닐 때 몽당연필이라도 아껴 쓰자는 글이 교과서에 나왔었다. 물론 누구에게나 몽당연필이 있었다. 당시에는 책받침도 제대로 없어 함석판을 사용했다. 그런 모습을 남미에서 보았다. 볼리비아 티티카카 호 부근의 도시에서 한 아이가 몽당연필 같이 짧은 색연필로 그림을 그리고 있었다. 그 아이는 할머니와 길가에서 물건을 팔고 있었다. 일행 중 어떤 선생님이 가지고 있던 볼펜을 아이에게 주었다. 아이는 그 볼펜을 받아 왼손에 든 채 오른손의 짧은 색연필로 계속 축구공을 그렸다.

경제 사정이 어려워서인지 교육의 질은 높지 않은 듯했다. 근처 도시의 큰 학교는 유리창이 깨져 있었다. 학교 안에 들어가 보니 화장실도 그렇게 깨끗하지 않았다.

남미는 전체적으로 상급 학교 진학률이 낮다. 비교적 산업이 발달했다는 브라질에도 고등학교를 나온 사람이 많지 않다. 특히 볼리비아 등 고원의 오지에 사는 가난한 사람들은 더욱 그러했다. 어떤 마을의 시장에서 과일을 사며 아이들에게 과일 이름을 써 달라고 한 적이 있다. 그러자 아이들은 글을 쓸 줄 몰라서인지 어른에게 써 달라고 했다.

안데스 산지에서 원주민 가이드들과 밤새 술을 마시며 오랫동안 이야기를 나눈 적이 있었다. 이들은 LG, 삼성 등 우리나라의 기업을 알고 있었다. 한국의 인구가 얼마냐고 묻기에 5천만 명이라고 했더니 매우 놀라워했다. 그들이 "한국에서 가장 중요한 게 뭐예요?"라고 물어 우리들은 조금 생각하다가 대답했다. "교육이지요. 대부분 대학에 진학합니다."

이 말을 하면서 우리는 그들이 놀랄 것으로 기대했다. 그들은 대학에 가는 사람이 거의 없기 때문이다. 그러나 그들은 전혀 놀라워하지 않았다. 사회 경제적 지위가 철저하게 세습되고, 대학을 나와도 얻을 수 있는 직장이 없기 때문에 그들에게 대학은 아무런 의미가 없었던 것이다. 국가는 원주민들에게

볼리비아 티티카카 호 부근의 한 도시에서 만난 노점상을 하는 할머니와 손자. 옆에서 그림을 그리고 있는 손자는 숙제를 하고 있는 듯 보였다.

혜택을 주는 게 별로 없다. 그래서 원주민들은 세금을 내지 않는다. 정부는 원주민에 대한 통계도 갖고 있지 않다고 했다.

어디서나 아름다운 젊은이들

아르헨티나의 부에노스아이레스에서 아침 식사 전에 시내를 돌아다녀 보았다. 이른 시간인데도 사람들이 길거리의 식탁에 앉아 음료수를 마시면서 담소를 즐기고 있었다. 알고 보니 토요일은 공휴일이어서 금요일 저녁부터 밤새 논 사람들이었다. 집에 돌아가기 위해 지하철 안으로 내려가는 젊은이들이 보였다. 아마 밤새 술을 마시거나 춤을 추면서 젊음을 즐겼을 것이다. 화를 내거나 욕을 할까 두렵기도 했지만 몸짓으로 사진을 찍어도 되겠냐고 물어보았다. 그들은 좋다는 반응을 보이며 사진기 앞에 포즈를 취해 주었다.

면적이 남한의 30배인 300만km²이고 국경 분쟁도 없는 아르헨티나, 그곳 젊은이들의 삶은 경쟁과 스트레스보다 여유와 편안함에 더 가까워 보였다.

금요일 밤에 밤새 놀다가 집에 돌아가는 것처럼 보이는 젊은이들. 웃음이 편안해 보였다.

안데스 산지에 사는 젊은 여성들. 그들은 만나자마자 반가운 웃음을 지으며 포옹을 했으며, 곧이어 뭐가 재미있는지 폭소를 터뜨렸다.

한편 이른 아침부터 웃통을 벗고 청소하는 젊은 남성, 노점에서 읽을거리를 파는 젊은 여성도 있었다.

답사하는 동안 여행하는 젊은이들을 많이 보았다. 그러나 여행객 가운데서 원주민들은 거의 보지 못했다. 많은 원주민 젊은이들이 안데스의 가난한 고지대에 살며 밖으로 나갈 기회를 제한받고 있다. 그러나 안데스 산지에서 본 청소년들은 순박하게 웃었으며, 미래를 위해 주어진 조건에서 성실하게 생활하고 있었다. 반면 저지대는 안데스 산지에 비해 유럽 인종이 많고 비교적 부유하다. 특히 아르헨티나가 그렇지만 칠레도 상대적으로 그런 편이다. 젊은이들이 어느 나라의 어떤 지역에 살고 있으며, 어느 계층에 속하는지 하는 것들은 이들의 성장과 교육 그리고 문화 의식에 큰 영향을 끼친다. 쉽진 않겠지만 젊은이다운 의식을 가지고 서로 소통할 수 있는 방법을 찾을 수 있었으면 좋겠다.

담장, 땅에 대한 짧은 생각

볼리바르 공원 옆에 있는 고고학 박물관으로 가는 길목에서였다. 현지 안내인이 물을 사 올 동안 우리 일행을 태운 버스는 과일을 팔고 있는 할머니의 손수레 앞에 정차해 있었다. 손수레 옆에는 굳건하게 문이 닫힌 상점이 하나 있었는데 얼마 후에 주인처럼 보이는 청년이 와서 문을 열었다. 그런데 열쇠를 하나, 둘, 셋, ……. 여행자의 바쁜 마음에는 반 시간은 족히 흐른 것 같았다. 청년이 연 열쇠의 개수는 무려 일곱 개였다. 일용품을 파는 상점에 그렇게 많은 잠금 장치가 필요한 이유는 무엇일까.

페루 리마에 있는 한 상점. 리마의 상점들은 출입문에 여러 개의 자물쇠를 채운다.

마나우스에 있는 한식당. 철조망이 있어 날렵한 고양이만이 주인의 허락 없이 드나들 수 있을 것 같다.

아마존의 마나우스에 있는 한식을 파는 음식점은 담장이 높았다. 그것도 부족하여 지붕 처마에까지 쇠창살을 만들어 놓아 날렵한 고양이만이 주인 허락 없이 들어갈 수 있을 것 같았다. 모처럼의 한식이라 조금 서둘러 먹은 우리는 바깥바람을 쐬기 위하여 식당 밖으로 나왔다가 무더운 아마존의 더위에 못 이겨 다시 식당 문을 열었다. 그러나 문이 열리지 않았다. 그 문은 안에서만 열 수 있는 문이었다.

답사를 한 남미 대부분의 도시들에서는 높은 담장을 특징으로 하는 경관을 볼 수 있었다. 담장이라는 것이 무엇인가. 외부로부터의 침입을 막고 개인의 사생활을 보호하기 위해 설치해 놓는 구조물, 그리고 자신의 땅과 다른 사람의 땅을 경계짓는 구조물이다. 건물의 높은 담장은 내부 공간과 외부 공간을 단절시킬 뿐만 아니라, 부와 권위를 강조하는 상징적인 기능을 한다. 현대인들은 언제부터인가 이런 담장에 자신의 존재를 기대어 살 수밖에 없게 되었다. 담장 안에 펼쳐진 작은 세계가 그들의 유일한 피난처가 되어 버린 것이다.

우리나라의 도시에서 볼 수 있는 담장도 리마의 그것과 다를 바 없어 보인

리마 시내의 거리 모습. 높은 담장이 이채롭다.

다. 단지 외형적인 높이의 차이만이 존재할 뿐이다. 옛날 우리의 집들은 안에서 밖을 바라볼 수 있고, 지나가는 사람도 조금만 발돋움을 하면 집 안을 훤히 들여다 볼 수 있을 정도로 담장이 나지막했다. 그러나 지금은 그와는 다르게 담장을 위협적으로 높게 만든다. 아파트 입구에도 외부 차량을 통제하는 차단기가 설치되어 있다.

왜 현대인들은 이렇게 높은 담장을 만들고 살게 된 것일까? 땅이 재산 증식의 수단이 되며, 땅의 많고 적음이 부의 상징이 되어 버렸기 때문은 아닐까? '땅은 본디 자연의 일부이며, 재산권은 인류 공동의 정의 실현을 위해 규제되고 조정될 수 있는 상대적 권리'라는 사실을 깨닫지 못하기 때문은 아닐까? 요즘 사람들은 땅의 생산 가치보다 땅의 교환 가치를 중요시한다. 그래서 땅을 재산 증식의 상품으로 인식하고 거래하고 있다.

원래 남미 원주민에게 지금 우리가 생각하는 '땅에 대한 소유' 개념은 없었다. 유럽 인들이 아메리카에 들어오기 전의 원주민 사회에서는 극히 제한된 개인 소유만을 인정하였다. 소유 자체가 그리 큰 의미를 가지지도 않았다.

그래서 원주민 개개인은 땅에 대한 소유권을 주장하지도 않았고 주장할 필요도 없었다. 그들은 땅에 대한 경작권을 가지고 농사를 지었을 뿐이다. 공동으로 땅을 소유하고 경작하였으며 농작물을 재배하였다.

그렇다면 현재 안데스 산지에 살고 있는 원주민들은 어떻게 땅을 소유하고 경작하고 있을까? "산기슭의 경작지는 국가 소유의 땅으로, 땅이 없는 사람이 무단으로 개간하여 사용하고 있기도 합니다. 그러나 하천 주변의 땅은 엄연히 주인이 있습니다. 최근에는 외국인이 호텔이나 식당을 짓기 위해 땅을 매입하고 있어 문제가 되고 있기도 합니다. 법을 교묘히 피해 가면서 말이죠." 가이드의 설명이다. 땅의 공동 소유에 대한 원주민의 전통은 이미 사라져 버린 것이다. 쿠스코 부근 인디오 마을에도 그렇게 높지는 않았지만 담장이 있었다. 물론 리마에서 보았던 높은 담장은 아니었지만, 옛날 그들의 조상들이 살았던 방식대로 살고 있지는 않았다. 적어도 땅의 소유 문제에 있어서는 그랬다.

남미의 극심한 빈부 차는 대토지 소유제에 기인하고 있다. 극소수가 대부분의 토지를 소유하는 토지 소유 제도 때문에, 기후가 농사짓기에 나쁘지도 않고 경작지가 부족하지도 않은데도 빈부 차가 매우 크다. 가난한 사람들이 많으니 치안 문제도 심각하다. 그래서 부자들은 자신의 재산을 보호하기 위해 담장을 더욱더 높게 만들었는지도 모른다. 토지 소유의 불균형 문제가 부의 불균형 문제를 낳고, 부의 불균형 문제가 높은 담장을 만들고, 그래서 도시의 경관을 바꾸어 놓은 것은 아닐까?

그렇다면 이것은 누구의 잘못일까? 전쟁을 일으킨 국가에게 전쟁의 책임을 묻듯, 그러한 토지 소유 제도를 낳은 식민 통치 제도를 탓할 것인가? 아니면 에스파냐 등 유럽에 이러한 책임을 물어야 할 것인가?

지구 반대편에서의 또 다른 삼국 시대

한국과 일본, 그리고 중국은 서로에게 어떤 존재일까? 영원히 평행선을 달리는 것 같으면서도, 때로는 서로의 생존을 위해 함께 손을 잡고 걸어가야만 하는 묘한 애증의 관계. 그 관계의 묘함이 때로는 우리의 삶을 사뭇 역동적으로 만들곤 한다.

지구 반대편, 꼬박 24시간을 투자해야 도착할 수 있는 곳, 그 머나먼 남미 대륙에서도 우리는 한국, 일본, 중국 세 나라 사이에 흐르는 긴장감을 느낄 수 있었다. 첫 도착지 페루 리마의 공항에서부터 시작된 그 긴장감은 브라질 상파울루에서 비행기가 이륙할 때까지, 때로는 우쭐하는 자긍심으로 때로는

페루의 수도 리마 공항에서 만난 LG 핸드폰 광고. 선명한 LG 마크가 오고가는 한국 관광객들의 시선을 사로잡고 있다.

기분 나쁜 열등감으로 계속해서 우리를 자극했다.

낯선 땅, 그 곳에서 만난 우리

해외에 나가면 모두 애국자가 된다고 했던가. 비행기를 두 번이나 갈아타야 하는 장시간의 비행 끝에 파김치가 되어 버린 우리였지만, 그 깊은 새벽 낯선 공항에서 만난 하나의 광고판에 모두의 시선이 고정되었다. 우리의 눈에 익숙한 LG 마크가 찍혀 있는 핸드폰 광고. 우리는 처음 보는 남미의 수많은 낯선 풍경보다도 그것이 더 신기한 듯 그 앞에서 발걸음을 멈추었다. 정말 쉽지 않게 도착한 곳, 많은 꿈을 꾸며 1년여가 넘게 동경하며 준비해 오던 곳, 그 미지의 세계에 첫발을 내딛는 순간 우리의 시선을 잡아 끈 것이 결국 우리나라 기업의 광고판이라니. 낯선 땅, 그 곳에서 우리는 낯익은 우리의 향기에 그렇게 끌렸다.

리마 공항 밖으로 빠져나오니 공항을 삥 둘러 우리나라 기업의 광고판들이 정말 많이도 눈에 띄었다. 은연중에 페루에 대해 얕보는 마음이 있었나 보다.

리마 공항 밖 광장에 우뚝 서 있는 삼성의 핸드폰 광고 조형물. 그 뒤로 LG의 가전 제품 광고판이 보인다.

이 낙후된 나라, 미개발의 나라에서 새삼 우리나라의 국력이 돋보이는 것 같아 우쭐하는 기분이 들었으니 말이다. 멀리 황금빛의 엄청나게 커다란 손 모양의 조형물이 보였다. 조명을 받아 번쩍번쩍 빛이 나고 있는 것이 신기해서 뛰어가 보니 그 손은 핸드폰을 들고 있었다. 우리나라의 삼성전자 핸드폰 광고 조형물이었다. 남미에서도 우리나라의 전자 제품들이 이렇게 싹쓸이를 하고 있구나, 눈 씻고 찾아봐도 일본 기업의 광고판은 보이지 않고. 우리는 그렇게 잠시 뿌듯한 마음으로 신새벽 리마 공항을 활보하며 돌아다녔다.

국가 이미지보다 앞서는 기업 이미지

그러나 호텔로 향하는 버스 안에서 가이드의 설명을 듣자 우리의 자긍심은 금세 상처를 입었다. 남미에서 삼성이나 LG 등의 기업 이미지는 매우 좋은 편이나 그 기업들이 한국의 기업이라는 사실을 모르는 사람들이 아주 많다는 것이었다. 심지어는 일본 기업으로 알고 있는 사람들도 꽤 있다고 했다. 남미에서 한국은 아직 고유의 이미지로 자리 잡지 못한 것 같았다. 전 세계 대부분의 대기업들이 초국적으로 변해 가고 있는 시점에서 국가 이미지를 운운한다는 것 자체가 어쩌면 너무 구식일지도 모르겠다. 그러나 우리의 우수한 기업들이 일본의 기업으로 인식되고 있다는 사실이, 그래서 국가의 이름을 내걸지 못하고 기업의 이미지로만 승부를 걸고 있다는 그 사실이 부풀어 오른 자존심 한구석을 찔러 대며 바람을 빼고 있었다.

남미는 소수의 국가를 제외하고는 제조업의 기반이 취약해 공산품의 대부분을 수입에 의존하고 있는 실정이기 때문에, 우리나라의 입장에서 보면 더할 나위 없이 좋은 시장이 될 수 있다. 유럽 열강의 침략 시대부터 이어져 내려온 어찌해 볼 수 없는 빈부의 격차와 교육의 부재는 남미 사람들에게서 미래에 대한 희망을 빼앗아 버렸고, 이러한 상황은 좀 더 나은 삶을 위한 노력 없이 버는 대로 다 소비해 버리는 문화를 양산했다. 페루만 해도 1인당 국민

리마의 아르마스 광장에서 산마르틴 광장으로 이어지는 도로변 상점에 진열되어 있는 삼성의 가전제품들. 유리창으로 현지 주민들의 모습이 비치지 않았다면 이곳이 꼬박 24시간을 넘게 날아와야 하는 지구 반대편의 나라 페루라는 사실을 느끼기 어려웠을 것이다.

소득이 이제 겨우 2,000달러를 조금 넘는 수준인데도 불구하고, 통신 비용으로 한 달간 약 5만 원에 상응하는 금액을 지출하는 사람들이 많다고 한다. 그들 입장에서 보면 아프고 안타까운 역사적 산물이지만, 제3자의 이기적인 입장에서 볼 때는 남미만큼 매력적인 시장도 없을 것이다.

그러나 남미에 대한 국가적 차원에서의 체계적이고도 과감한 투자와 분석이 아직은 부족한 것 같아 괜히 초조하고 속이 상한다. 페루의 통신 시장만 하더라도 겉으로는 우리의 기업들이 많은 부분을 장악한 듯 보이지만, 사실 속내를 들여다보면 알짜배기는 일본이 다 먹어 버린 상황이다. 일본은 핸드폰 판매보다는 페루의 국가 통신망 사업을 따 내는 데 총력을 기울여 왔다. 핸드폰 판매는 고정적으로 큰 수입을 내기 어렵지만, 국가 통신망 사업을 수주하게 되면 비교적 안정된 수입을 창출할 수 있기 때문에 훨씬 실익이 되는 것이다. 페루가 국가 통신망 사업을 발주했을 때 우리나라도 물론 입찰을 시도했다고 한다. 그러나 안데스라는 특유의 지형을 고려하지 않고 우리나라에서 이용되고 있는 통신망을 그대로 적용하려 했기 때문에 품질 면에서 만족스러울 수가 없었다고 한다. 일본은 그러한 점을 미리 간파하고 새로운 통신망을 개발·구축하였기 때문에 최종적으로 낙찰될 수 있었던 것이다. 따라서 지금 일본은 큰 소리 소문 없이도 매우 큰 이익을 챙기고 있다.

다음 날 날이 밝은 후에 돌아본 리마 거리의 상점들에서 우리는 더욱더 많은 우리 기업의 제품들을 만날 수 있었다. 그러나 어쩐지 기초가 튼튼하지 않은 모래성처럼 위태로워 보이는 것이 안타깝기까지 하였다. 우리의 능력을 너무 비하하여 쓸데없는 걱정으로 괜한 열등감에 시달리는 것일지도 모른다. 그러나 남보다 5분 앞서 생각할 수 있는 능력이, 한발 먼저 내딛는 작은 발걸음이 이후의 무한 성공 여부를 가늠하게 한다고 볼 때, 우리나라가 일본이나 중국보다는 한 발짝 앞장서 나아가기를 바라는 마음은 오랜 역사적 얽힘 속에서 배어 나온 자연스런 경쟁심이 아닐까.

의류 시장을 장악하고 있는 한인 교포들

한국과 일본, 그리고 중국의 이민자들은 각기 서로 다른 형태로 남미 속에 자신들만의 영역을 확보하고 있다. 안데스 산지에서는 한국 교포들의 숫자가 매우 적어서 그 자취를 찾기가 어려웠지만, 그 이외의 지역에서는 정착해 살아가는 교포들의 삶의 터전이 많이 눈에 띄었다. 안데스 산맥에 위치하고 있는 페루와 볼리비아 그리고 칠레까지는 한인 교포들이 거의 없어 원주민들이 현지 가이드의 역할을 해 주었는데, 아르헨티나로 내려오면서부터는 한인 2세들이 가이드를 해 주었던 것만 봐도 실감이 났다.

브라질 상파울루에서의 마지막 일정으로 브라질 한인회를 방문한 우리는 그곳에서 남미로의 이민 역사를 생생하게 전해 들을 수 있었다. 남미 이민은 1960년대 아르헨티나와 브라질을 중심으로 하는 농업 이민으로부터 시작되었고, 그 역사는 40여 년에 불과하다고 한다. 구한말 근대의 격동기에 해외로

상파울루의 캄보 지역에 있는 브라질 한인회관. 1979년 6월에 문을 열어 오늘에 이르고 있다.

고 장승호 씨 가족. 브라질 한인회관 강당에는 40년 이민의 역사를 고스란히 알 수 있게 해 주는 많은 사진들이 전시되어 있다.

이민을 떠나게 된 계기가 주로 일제의 압박을 피하기 위해서였다면, 경제 개발이 본격적으로 이루어지던 1960년대에 남미로 이주한 사람들은 대부분 화이트칼라 중심의 중산층으로서 좀 더 나은 미래를 위한 투자 이민의 형식이

봉헤치로 거리의 한인 의류 타운. 한인 교포들은 고가의 건물을 매입하는 대신, 세를 내더라도 상점을 여러 지점으로 확장·운영하여 큰 소득을 올리고 있다. 건물의 소유주는 대부분 유대 인들이라고 한다.

었다. 그러나 막상 도착해 본 남미는 그들의 꿈을 이루어 줄 파라다이스가 아니었다. 파라다이스는커녕 피곤에 지친 그들을 기다리고 있는 것은 모래 바람이 풀풀 날리는 황무지뿐이었다. 한인회 사무실 벽면을 가득 메우고 있는 초기 이민자들의 사진에서는 삶의 고단함과 새로운 삶에 대한 희망과 집념이 함께 느껴졌다. 그 희망과 집념이 오늘날의 한인 교포 사회를 만들었으리라!

농장에 정착하지 못한 한인들은 대도시로 나아가 옷 장사를 하며 남미 전체의 의류 상권을 장악하게 되었다. 남미에서 한인이 독점한 의류는 주로 여성 의류 부문이다. 한인회 방문 후 한인 의류 상점들이 밀집해 있다는 봉헤치로 거리를 둘러보았다. 아쉽게도 시간이 너무 늦어서인지 이미 문을 닫은 상점들이 많아, 활기찬 거리의 풍경을 모두 느껴볼 수는 없었다. 그러나 열려 있는 상점의 쇼윈도를 통해 살짝 엿본 내부에는 우리나라에서는 도저히 소화하기 어려울 것만 같은 화려한 옷들이 가득했다. 남미의 의류 상인들은 일 년에 한 번씩 유럽으로 연수를 다녀와 그곳 패션에 맞는 선진 감각을 도입해 옷을 제작한다고 한다. 그래서 남미 사람들은 현재 우리나라의 옷들을 유행이 지난 것으로 생각하는 것 같았다.

농업을 장악하고 있는 일본인들

현재 우리는 전 세계 130여 개 국가에 530만이라는 거대한 교포 사회를 구축하고 있으며 이는 화교, 유대 인, 이탈리아 인에 이어 세계 4위권의 수준이다. 그중 남미 이민은 약 40년에 걸쳐 이루어진 것으로, 그 기간이 매우 짧은 것이 특징이다. 그러나 일본인들은 우리나라의 두 배가 넘는 100여 년의 기간에 걸쳐 남미로 이주해 왔다. 당연히 두 나라 이민자 사회의 경쟁력에는 차이가 있을 수밖에 없다.

일본인들은 일찌감치 대도시로 진출한 우리와는 달리 오늘날까지도 거대한 농장을 일구며 주로 도시 외곽에서 살아가고 있다. 그 규모가 어느 정도인지는 가늠조차 되지 않는다. 남미에 정착한 일본인들은 땅에 대한 집착이 대

상파울루의 일본인 타운 '리틀 도쿄'. 일본의 소도시를 그대로 옮겨 놓은 듯 고풍스러움을 풍기는 곳이다.

캄피나스에 있는 커피 농장의 일본인 소유주가 사는 저택.

단한 것 같았다.

　농촌에 정착하여 뿌리를 내리고 있는 일본 이민자 사회의 힘은 캄피나스에 있는 일본인 소유의 커피 농장 'Fazenda tozan do Brasil'에서 충분히 느낄 수 있었다. 그 농장에 목조로 된 허름한 건물이 있었는데, 이민 초기 일본인들이 농장을 개척하며 거주하던 살림집을 재현해 놓은 드라마 세트장이라고 했다. 우리처럼 그들도 초창기에는 애환이 무척 많았던 듯했다. 황무지였던 간도를 개척해 나가던 우리 민족처럼, 그들도 이 낡고 허름한 숙소에서 새우잠을 자며 오늘날과 같은 옥토를 일구어 낸 것이 아닐까? 그러한 억척스러운 생활력은 우리나 일본이나 비슷한 면이 참 많은 것 같다. 그래서 두 나라 모두 전쟁의 폐허를 딛고, 오늘날처럼 빠른 시간 안에 경제의 기적을 일구어낸 것이리라.

　브라질 커피 농장의 상당수는 이처럼 일본 이민자들이 소유하고 있다고 한다. 일본인들은 커피 농장 이외에도 많은 농장들을 경영하고 있다. 땅을 기반으로 한 일본인들의 조용한 세력 확장에 부러움보다는 경계심이 들었다. 농장의 이곳저곳에는 아기자기한 일본인들만의 특징이 물씬 배어 있었다. 그 아기자기함 속에 묻어 나오는 치밀함이 오늘날의 일본을 만든 저력일지 모른다.

농장 입구로 돌아 나오는 길에 포르투갈 어로 선명하게 새겨 놓은 농장의 간판이 있었는데, 견고하고 단단해 보이는 그 모습이 마치 남미에 뿌리박고 살아가는 일본인들의 모습을 보여 주는 것만 같았다. 일본인들은 땅을 사고 그 땅에 뿌리내려 정착해 살아가고 있기 때문에, 남미 사회에 완전히 동화되어 있고 따라서 영향력도 막강하다. 남미의 한 구성원으로 동참하여 그곳의 발전에 기여하고 있는 일본인들에 대해 남미 사람들도 매우 높게 평가하고 있다고 한다. 페루에서 일본 출신의 후지모리가 대통령으로 당선된 것도 아마 그러한 영향이 아닐까? 어느 지역이든 잠시 머물다 갈 나그네를 좋아하지는 않는 법이다. 한인 교포들의 남미에서의 위상, 이제 다시 한 번 생각해 봐야 할 시점이 아닌가 싶다.

새로운 태풍의 눈, 중국인들

최근 엄청난 물량의 식량과 원자재를 수입해 대는 중국의 등장은 남미에서의 또 다른 태풍의 눈이 되어 한중일 세 나라 간의 갈등 구조를 야기하고 있다. 남미의 무한한 천연자원과 농업 생산물은 13억 인구의 중국에게는 매우 매력적인 보고일 것이다. 아르헨티나는 드넓은 평원에 대규모로 콩을 심어 중국으로 수출하고 있으며, 그 콩의 수출에 힘입어 경제 회생에 박차를 가하고 있다. 아르헨티나의 아사도 농장에 방문했을 때, 그 뒤로 보이는 넓은 평원이 모두 콩밭이라는 가이드의 설명에 일행 모두 놀라움을 금치 못했다. 현재 브라질 및 아르헨티나의 대중국 교역량이 지난 5년 새 3배 이상으로 급증한 것만 보더라도 중국의 영향력 확대는 무서울 정도로 그 속도가 빠르다.

남미의 중국인들은 공식 이민이 아닌 불법 체류의 형태로 많이 유입되었다고 한다. 2004년도에 아르헨티나의 중국 대사관이 아르헨티나 내의 중국인

안데스 산맥 티티카카 호의 푸노에 있는 중국 음식점의 요리들. 중국 음식점은 세계 외진 데까지 뻗어 나가 있다.

의 숫자를 약 5만 명으로 조사·발표하였는데, 그중 상당수를 불법 체류자로 추정하였다. 이들은 중국과의 교역을 염두에 둔 아르헨티나 정부의 특별 사면령에 의해 오늘날 이민자로 흡수 정착되었다. 이것이 비단 아르헨티나만의 상황은 아닐 것이다. 남미 전역에 널리 퍼져 있을, 통계 수치에는 잡히지도 않을 중국인들의 숫자는 또 얼마나 많겠는가.

우리는 여정 중 원기 회복을 위하여 종종 한인 식당을 찾곤 했었는데, 안데스 산지에는 한인 식당이 거의 없었다. 그럴 때면 어김없이 찾아간 곳이 바로 중국 식당이었다. 아무리 외진 곳이라도 중국 식당 하나쯤은 꼭 있는 것을 보면, 남미 곳곳에 퍼져 있는 중국 사람들의 위력을 느끼지 않을 수 없었다. 남미를 향한 그들의 현대판 인해 전술의 위력이 실로 놀랍기만 했다.

함께 가야 할 한중일

역사 왜곡 문제와 영토 문제로 인해 동북아 삼국 간에 미묘한 갈등이 야기되고 있는 요즘, 머나먼 지구 반대편 남미 대륙에서 또 다른 삼국 시대가 전개되고 있는지도 모른다. 이미 남미에서의 막강한 영향력을 자랑하며 자신들의 입지를 확고하고 치밀하게 다져 온 일본, 그리고 맨 파워까지 동원하여 남미 전역을 휩쓸고 있는 중국의 돌풍! 이들의 틈바구니 속에서 자칫 이도 저도 아닌 동북아시아 제3의 국가로 전락해 버리는 것은 아닌지, 우리는 우리의 나아갈 길을 다시 한 번 생각해 봐야 할 것이다.

그러나 남미 속의 한국, 일본, 그리고 중국 이민자들은 서로에게 참 잘 어울리는 존재들이다. 특별한 때가 아니더라도 항상 중국 음식을 즐겨 먹고, 그 음식의 재료는 주로 일본인 농장에서 재배되고 있으며, 또한 한인 의류 타운에서 구입한 멋스러운 옷을 입고 거리를 활보한다. 더군다나 일본 이민자들은 우리보다 50~60년 먼저 남미에 정착하여 한인 교포들의 이민 초창기에 많은 도움을 주었다고 한다. 서구 사람들이 보면 국적을 구별할 수 없을 정도로 생김새가 많이 닮아 있다는 우리 세 나라, 이제는 오래된 실타래를 풀어 새로운 짜임새를 만들어 냈으면 하는 바람이다.

보편성과 동시성 – 세계화의 양날

여행을 하는 가장 중요한 이유는 아마도 내가 살던 지역에서와는 다른 '무언가 색다른 경험'을 하기 위해서일 것이다. 이번에 우리 일행이 남미를 여행했던 이유도 우리와 다른 남미의 특수함을 경험하기 위해서, 그리고 남미의 다양한 삶의 모습을 경험하기 위해서였다. 이러한 점에서 '사람들의 다양한 삶의 모습, 그리고 사람의 터전인 지역을 연구하는' 지리학은 매우 유용할 것이다. 그래서 여행자들은 종종 지리학으로부터 도움을 받기도 한다.

높고 험준한 안데스 산지와 원주민들이 꽃피운 불가사의한 문명, 황량한 사막과 풍부한 자원 그리고 광활한 팜파스에서 한가롭게 풀을 뜯고 있는 소들, 하늘을 찌를 듯이 빽빽이 들어선 열대 우림……. 이러한 것들은 우리나라에서 경험하기 힘든 것들이다. 그러나 여행객들은 여행하고 있는 지역에서 자신의 모습 또는 자신이 살고 있는 지역에서 볼 수 있는 생활 모습과 비슷한 것을 경험할 수도 있다. 여행 지역에서 느끼는 이러한 비슷함의 경험은 외로움, 불안함 혹은 낯설음을 느껴야 하는 여행객에게 때로 편안함을 준다. 남미를 여행하며 이러한 편안함을 여러 차례 느꼈다.

우리보다 경제적으로 풍요롭지 못한 남미로의 여행은 과거로의 시간 여행이라 생각할 수도 있을 것이다. 어렸을 때 동네 친구들과 구슬치기를 많이 했다. 홀짝, 세모치기, 구멍치기, 벽치기, 동서남북……. 동네마다 규칙이 조금씩 다르지만, 모두 구슬을 가지고 하는 놀이이다. 한번은 저녁이 깊었는지도 모르고 구슬치기를 하다가 엄마한테 혼이 나기도 했다. 지구 반대편의 안데

(왼쪽) 마추픽추 아래에 있는 마을 아과스칼리엔테스에서 구슬치기를 하고 있는 꼬마들.
(오른쪽) 페루 수도 리마의 한 해수욕장에서 축구를 하던 아이들.

스 산지에 살고 있는 아이들도 우리와 비슷한 구슬치기를 하고 있었다. 아직 엄마한테 혼날 정도로 늦은 시간은 아니어서 이 친구들과 한번 신나게 구슬치기를 하고 싶은 생각이 들었다.

꿈속에도 나타날 정도로 구슬치기에 흠뻑 빠져 있다가도 어느새 다른 놀이로 관심이 옮겨 가곤 했다. 학교 수업이 끝나면 운동장에서 날이 어둑어둑해져 공이 보이지 않을 때까지 친구들과 어울려 축구를 하곤 했다. 축구 경기가 끝나면 수돗가로 달려가 머리를 감고 물을 마시면서 즐거움과 피곤함을 함께 달래곤 하였다. 친구들끼리 모여 축구를 하고 있는 안데스 아이들의 얼굴도 밝은 미소로 가득 차 있었다.

남미를 여행하는 동안 왠지 편안했는데, 곰곰이 생각해 보니 우리와 비슷하다는 동질감을 느껴서였던 것 같다. 특히, 누나가 남동생의 머리를 자상하게 빗겨 주는 모습을 보았을 때는 소꿉장난 삼아 내 머리를 빗겨 주던 누나가 생각났다. 그러자 여행의 고단함은 사라지고 고향에 돌아온 듯 편안해졌다.

자연에 대한 인간의 다양한 대응 방식의 차이가 지역의 다양성이나 특수성의 원인이 된다. 그러나 한편으로 여행을 통해 우리는 동질감을 느끼곤 한다. 그것은 근본적으로 인간이 자연과 더불어 살아가는 존재이기 때문일 것이다. 어느 때는 자연이 너무 과해 인간에게 피해를 주기도 하고, 어느 때는 인간이 너무 과해 자연에게 해를 끼치기도 한다. 자연과 인간은 티격태격 잘도 어울려 살아간다.

거창한 세계화의 논리를 내세우지 않더라도 여행객들은 종종 보편성을 통해서 세계화를 실감한다. 여행 중 한 선생님이 "음식만큼은 확실히 세계화된 것 같다."고 했던 것이 기억난다. 음식 문화의 세계화를 여행 기간 동안 확인하기란 어렵지 않았다. 남미에서 먹었던 소고기와 연어 스테이크는 우리나라에서 먹었던 것과 비슷했다. 뷔페 식당의 샐러드나 김밥, 초밥 등은 우리나라 뷔페 식당의 음식과 별 차이가 없었다.

그러나 음식 문화의 세계화가 거대 자본에 의하여 진행되는 것을 보면서 안타까운 생각이 들었다. 페루의 국내 자본에 의해 생산되는 잉카 콜라가 시장을 확대해 가자, 코카 콜라가 잉카 콜라를 합병시켰다고 한다. 세계화가 진행될수록 국가 간 경제적 불평등이 확대되고, 소수 부유층만 잘살게 되는 20 : 80의 사회로 나아간다.

남미 한 뷔페 식당의 음식. 우리나라 뷔페 식당의 음식과 별 차이가 없다.

안토파가스타에 있는 맥도널드의 음료수 잔에 영화 '인크레더블'의 광고 사진이 붙어 있다.

　남미를 여행하면서 보았던 또 하나의 거대 자본은 '골든 아치 법칙'으로 익숙한 맥도널드였다. 골든 아치는 활 모양의 황금색 아치 두 개가 잇닿아 있는 모양의 맥도널드 로고를 말하며, 골든 아치 법칙이란 '맥도널드가 진출해 있는 나라들 간에는 전쟁이 벌어진 적이 없다'는 것이다.

　그런데 맥도널드에서는 '동시성'이라는 또 다른 세계화의 특징도 엿볼 수 있었다. 여행을 떠나기 전에 아이들과 '인크레더블(The Incredibles)'이라는 만화 영화를 보았다. 영화를 보고 난 아이들이 만화 영화의 주인공들인 엘라 스티걸과 대쉬 인형이 갖고 싶다고 하여, 맥도널드에 가서 어린이용 햄버거를 먹었다. 그 '인크레더블'을 칠레의 안토파가스타 해안가에 있는 맥도널드에서 보았다. 남미를 여행하는 동안 느꼈던 편안함은 보편성과 동시성이라는 세계화의 양날에 여지없이 훼손되고 있었다.

새로운 모습의 퓨전 신앙

까만 머리, 황금빛 피부의 마리아 상

칠레의 산페드로데아타카마에 도착한 다음 날 아침 따가운 햇살을 온몸에 받으며 제일 먼저 들른 곳은 산페드로 성당이었다. 국민의 80%가 가톨릭교도인 나라답게 작은 도시에도 어김없이 성당이 있었다. 1557년에 지어진 이 성당은, 폭염을 견디기 위해 하얀 색깔로 집을 짓는다는 아타카마 사막의 건축 양식 그대로 세월의 흔적이 묻어 있는 빛바랜 흰색을 띠고 있었다.

산페드로데아타카마에 있는 산페드로 성당. 1557년에 지어진 성당은 폭염을 견디기 위해 하얀 색깔로 집을 짓는다는 아타카마 사막의 건축 양식 그대로 빛바랜 흰색을 띠고 있다.

산페드로 성당 내부에 전시되어 있는 마리아 상. 우리에게 익숙한 하얀 의상의 마리아와는 달리 화려한 무늬의 옷을 입고, 까만 머리에 황금빛 피부를 가지고 있는 원주민 모습이다.

　베드로 성인의 이름을 따서 지은 성당이니만큼 전형적인 유럽 가톨릭의 모습일 것이라 예상하고 성당 입구에 들어섰다. 중앙에 신부님이 지나가는 통로가 있고 그 양옆으로 짙은 갈색의 기다란 나무 의자가 가지런히 놓여 있는 모습은 여느 성당과 마찬가지였다. 일행 중 가톨릭 신자들이 있어서 잠시 기도를 드리기로 하고 중앙 단상으로 향했다. 그런데 단상의 가장 중앙부, 가장 높은 그 곳에는 예수의 성상이 없었다. 대신 너무나도 화려한 의상의 마리아 상이 위풍당당한 모습으로 우리를 내려다보고 있었다. 그것도 까만 머리의 원주민 얼굴을 한 마리아 상이.

　우리에게 익숙한 성모 마리아의 모습은 백옥같이 흰 피부에 머리끝부터 발끝까지 하얀 천을 두르고, 발그스름한 얇은 입술에 미소를 가득 머금은 채 항상 성당 옆쪽이나 앞마당에 서 있는 것이다. 그러나 이곳의 성모 마리아 상은 단상의 중앙을 차지하고 있었다. 게다가 금실, 은실로 화려한 의상을 입고 까만 머리에 황금빛 피부를 하고 있는 모습에 놀라움을 금할 수가 없었다.

　그 모습이 하도 신기해서 넋을 잃고 보다 보니, 그보다 더 신기한 형상들이 성당 안에 즐비하였다. 일단 기독교 신앙의 구심점인 예수가 마리아의 옆쪽으로 밀려나 있었으며, 성당 곳곳에는 예수보다 더 화려하고 위엄 있어 보이는 성인·성녀들의 성상이 각각 특유의 모습을 뽐내며 전시되어 있었다. 그들이 입고 있는 옷 때문인지 가톨릭의 성인·성녀라고 하기에는 어색해 보이기만 하는 그 성상들은, 우리의 사찰 입구에 세워져 있는 사천왕 상과 같은 느낌을 주었다. 동물의 모습을 하고 있는 성인도 있어 토테미즘의 분위기도 느껴졌다.

나중에야 안 사실이지만 이곳의 가톨릭은 원주민들의 토속 신앙과 가톨릭이 융합된, 아니 토속 신앙을 가톨릭으로 포장한, 말 그대로 무늬만 가톨릭인 셈이다. 정통 가톨릭의 입장에서 보면 미신화된 가톨릭일 수 있지만, 원주민들 입장에서 보면 토착화된 가톨릭일 것이다. 아메리카의 원주민들은 전통적으로 모계 중심의 사회라서 예수보다는 마리아를 여신으로 받드는 경향이 강한 것 같다. 그러한 전통이 예수보다는 마리아를 중요하게 여기는 토착화된 가톨릭의 모습을 만들어낸 것이리라. 이렇게 보면 자신들의 토속 신앙을 성인의 모습을 빌어 투영해 놓은 원주민들의 신앙을 이해할 수 있다. 일행 중에 있던 가톨릭 신자들조차도 그 모습을 불경스러워 하지 않았다. 오히려 유럽의 침략자들이 가지고 온 문화를 자신들의 것으로 소화해 낸 원주민들의 지혜에 박수를 보내고 싶었다.

아타카마 사막 길가의 작은 추모소
칠레에서는 이처럼 서구로부터 유입된 여러 가지 문화, 특히 가톨릭 문화가 원주민들의 전통 문화와 혼합되면서 토착화된 모습을 많이 발견할 수 있었다. 산티아고로 향하는 여정 중에 우리는 상당히 많은 작은 집들을 볼 수 있었다. 산페드로데아타카마에서 칼라마 그리고 다시 안토파가스타로 이어지는 아타카마 사막의 길가에서였다.

아타카마 도로변의 작은 추모소. 꽃으로 아기자기하게 장식되어 있다.

아타카마 사막의 도로변에 만들어 놓은 또 다른 추모소. 붉은 깃발은 축구팀의 휘장으로, 죽은 사람이 생전에 축구 선수였거나 그 축구팀을 좋아했던 것으로 짐작된다.

황량한 사막에 화려한 꽃 장식을 한 하얀 집들이 제각기 특이한 디자인으로 우리들의 시선을 끌었다. 처음에 한두 개 눈에 띄었을 때는 그냥 그런가 보다 하고 지나쳤는데, 그 수가 차츰 많아지기 시작하자 호기심이 발동한 우리는 차를 세우고 가까이 다가가 살펴보기로 했다.

마치 인형의 집처럼 작지만 완벽한 외관을 갖추고 있는 집들을 들여다보고 있자니 『걸리버 여행기』에 나오는 걸리버가 된 느낌이었다. 어떤 집은 정원이 꾸며져 있기도 하고, 또 어떤 집은 울타리가 쳐져 있었다. 또 다른 집에는 사막의 뜨거움을 비웃듯 싱싱한 초록색의 나무가 심어져 있기도 했다. 하얀색 칠이 반짝이는 집들도 있었고, 앞에 놓여 있는 꽃이 시들어 까맣게 변해 버린 집들도 있었다. 이런 집들에는 공통적으로 꽃이나 물, 그리고 와인 등이 준비되어 있었으며 십자가가 장식되어 있었다.

그 집들은 일종의 추모 장소였다. 교통사고로 죽은 영혼들을 위로하기 위해 사고 장소에 그렇게 추모의 집을 지어 놓는 것이었다. 추모소를 집 모양으로 짓는 것은 고인이 다시 환생할 것이라는 잠재의식을 표현한 것이다. 원래 정통 가톨릭에서는 죽은 자의 환생을 얘기하지 않는다. 환생을 대비해서 집을 지어 놓는다든가, 고인이 좋아하던 물건들을 함께 매장한다든가, 아니면 저승 가는 길에 쓸 노잣돈을 놓아 준다든가 하는 신앙적 관습이 없다. 이런 문화는 각국의 토착 신앙에서 흔히 찾아볼 수 있다. 길가 추모소들이 십자가를 품고도 고인의 환생을 기원한다는 것은, 이곳의 가톨릭이 토착 신앙과 융합되었다는 것을 보여 주는 좋은 예일 것이다. 죽은 자와 산 자가 교감하는 그 작은 공간에 오랜 세월에 걸쳐 형성된 남미 사람들만의 독특한 정체성이 남아 있는 듯했다. 우리는 잠시 고인들의 편안해 보이는 자리가 영원히 아름답게 남을 수 있기를 빌었다.

[부록1] 주형이의 24일간 남미 여행 일기

이 글은 지평의 남미 답사 팀 일원인 아버지를 따라 함께 답사를 마친 수원 천천중학교 서주형의 글이다. 2학년 겨울 방학이 끝난 뒤 학교에 제출한 체험 학습 보고서의 내용 그대로이며, 글 속의 사진은 거의 주형이가 직접 찍은 것이다.

1~2일째

페루의 수도 리마. 인천국제공항에서 출발하여 23시간 40분, 그러니까 꼬박 하루 동안 비행해서 도착하게 된 이번 여행의 첫 번째 도시이다. 3년 전 남부 유럽을 여행할 때 이렇게 먼 거리를 쉬지 않고 비행한 경험이 있는지라 그다지 힘들게 느껴지지는 않았다. 하지만 비행기라고는 제주도 갈 때 한 번 타 보셨던 어머니는 많이 힘드신 것 같았다.

리마의 시각으로 새벽 1시, 녹초가 된 일행들은 호텔에 들어가자마자 모두 뻗어 버렸다. 눕자마자 일어난 것 같은데 벌써 아침이란다. 기진맥진한 상태에서 로비에 모여 인원 파악을 하고 버스에 올랐다. 고고학 박물관부터 시작해서, 센트로 대통령 궁, 산마르틴 광장을 지나 한국 음식점 '노다지'(첫날부터 한국 음식이라니……. 별로 내키지는 않았다)에서 점심 식사를 하고, 카야오 항구의 연인들을 보며 한껏 부러워하다 미라플로레스 해안을 구경했다.

마치 절벽 같은 단면에 크고 작은 자갈들이 알알이 박혀 있었다. 이것을 해안 단구라고 하는데, 지각이 융기(땅이 물 위로 솟아나는 현상)해서 만들어진 것이라고 아버지가 설명해 주셨다. 2학년 때 과학 시간에 배웠던 내용이라 쉽게 이해할 수 있었다. 사진을 찍고 수산 시장으로 향했다. 우리나라의 시장과 별다를 것이 없다고 느꼈는데, 다른 점이 있다면 뻗어 있는 물고기들이 하나같이 처음 보는 종류였다는 것이다.

저녁에도 한식을 먹었는데 질릴 지경이었다. 불과 며칠 후에 한국 음식이 그토록 그리워질 것이라는 것을 그때까지만 해도 몰랐기 때문이다. 그날 밤, 누가 지리 답사 팀 아니랄까 봐 선생님들은 오늘 본 해안 단구에 대해 몇 시간 동안이나 토론을 하셨다.

3일째

새벽 5시부터 리마 공항에서 쿠스코로 가는 비행기를 기다려 낮 3시 30분에서야 쿠스코 공항에 도착했다. 절대로 비행 시간이 긴 것이 아니었다. 일기가 좋지 않아 쿠스코행 비행기가 9시간이나 늦어 버린 탓이었다. 시작부터 축 쳐져 짜증만 쌓여 가니 죽을 지경이었다. 하지만 정작 고생은 그때부터였다. 쿠스코는 고산 지대라서 산소가 부족해 고산병에 걸릴 위험이 있었기 때문이다. 게다가 나이가 어릴수록 폐활량이 많아서 고산병에 걸릴 확률이 높다고 했다. 일행 가운데 유일한 학생인 나는 내심 걱정했다. 도착하자 확실히 머리가 핑 도는 것이 느껴졌다. 아버지는 거의 토할 지경에 다다르셨다.

하지만 공항에서 나오자 산소고 뭐고 걱정이 싹 사라졌다. 그저 눈앞에 펼쳐진 장관에 입이 벌어질 뿐이었다. 오염되지 않았다는 것을 말해 주려는 듯 티 하나 없이 맑은 하늘, 다른 나라에서는 좀처럼 볼 수 없는 난쟁이 같은 집들이 모인 마을, 저 멀리 높이 솟은 산들……. 말 그대로 한 폭의 그림 같았다. 버스를 타고 인디오 마을을 두 군데 돌고, 쿠스코 시내(시내인데도 그다지 높은 건물은 찾아볼 수 없었다)를 답사한 후 저녁을 먹고 호텔로 들어갔다. 여자 분들은 음식도 거의 못 드시고 대부분 거의 쓰러지기 직전이었다. 아버지와 양희경 선생님은 고산 증세가 나타나 안색이 정말 좋지 않았다. 이상하게도 나만 멀쩡한 것이 죄송스러울 정도였다.

겨우 3일째인데 모두들 너무 힘들어하시는 것 같았다.

4일째

이날 답사할 곳은 내가 이번 여행에서 가장 기대하던 곳 중의 하나로, 바로 우루밤바 강 위 잉카의 무릉도원이라 불리는 신비의 고대 도시 마추픽추였다. 처음에는 관광용 기차를 타고 옥수수를 먹으면서 갔는데 안개도 적절히 끼어 있어 장관이었다.

버스를 갈아타고 꼬불꼬불 산길을 한참 동안 올라가서 겨우 도착하였다.

마추픽추는 역시 기대를 저버리지 않았다. 마치 비밀에 파묻힌 기지와도 같은 인상을 주는 이 거대한 도시는 잉카 귀족들의 거주지에서부터 경작지와 평민들의 거주지에 이르기까지 완벽한 계층 구조를 이루고 있었다. 우리 모두는 사진을 찍느라 정신이 없었다.

막 내려오려 할 때 엄청난 양의 비가 쏟아져 내렸다. 이때 일행들과 헤어지게 되어 걱정도 되었지만 일단은 무사히 내려가는 것이 문제였다. 좀 더 구경하고 싶었지만 아쉬운 마음으로 버스가 있는 곳까지 내려갈 수밖에 도리가 없었다.

5일째

이날은 이번 여행에서 가장 힘들 것이라 예상되는 날이었다. 해발 고도 4천m에 도전하는 날이었기 때문이다. (4천m라는 것이 얼마나 높은가 하면 내가 살고 있는 수원이 대략 해발 고도 40m쯤 되니 100배가 넘는다고 할 수 있다.) 일단은 마지막으로 산페드로 시장, 아르마스 광장을 답사한 후 GPS를 들고서 쿠스코를 출발, 3시 30분에 해발 4천m에 도착했다.

그곳에는 놀랍게도 화산과 온천이 있었는데 온천욕을 즐기는 사람들의 입에 하나같이 웃음꽃이 피어났다. 조그마한 하천의 물도 모두 따뜻하였다. 그러나 우리 일행 중 여자 분들은 대부분 토하고 계셨고, 멀쩡한 사람은 나를 비롯하여 고작 3명이 전부였다. 그러나 이 산을 꼭 넘어야 했기에 우리는 산 정상 4,330m에 도착했고 그 유명한 만년설(만년 동안 녹지 않는다는 눈. 표현을 바로잡으면, '높은 산지나 추운 지방에 언제나 녹지 않고 쌓여 있는 눈')을 구경했다. 다른 분들에게는 죄송스러웠지만 너무 즐거워서 펄쩍펄쩍 뛰어다녔다. 하지만 너무 방심한 나머지 하산할 때는 머리가 깨질 듯이 아팠다. 그래도 마냥 좋았다. 밤 8시, 겨우 푸노에 도착한 일행은 바로 잠자리에 들었다.

6일째

눈을 뜨자마자 놀라 자빠질 뻔했다. 밤에는 어두워서 몰랐는데, 아침이 되니 끝없는

페루 티티카카 호의 우로스 섬과 그곳 원주민 아이.

티티카카 호가 창밖으로 모습을 드러낸 것이었다. 마치 바다와도 같이 넓은 호수 위에는 배도 떠다니고 있었다. 그런데 아주 흥미로운 이야기를 들었다. 호수 안쪽에 있는 갈댓잎을 엮어 만든 섬에 원주민이 산다는 것이었다.

　12시 30분에 배를 타고 약 20분간에 걸쳐 우로스라 불리는 갈대섬에 도착했다. 내리자마자 땅이 푹신푹신하니 마치 침대로 된 땅을 걷고 있는 것 같았다. 그곳에는 없는 것이 없었다. 학교며, 성당이며……. 원주민들은 관광객을 맞이해 본 경험이 많은지 친절하게 설명해 주었다. 갈대도 먹어 봤는데, 느낌이 양파 같으면서 입 안이 시원해졌다. 원주민들 말로는 치아 관리에도 유용하게 쓰인다고 했다.

알티플라노를 답사하는 우리 일행 모습.

7일째

새벽부터 식사를 하고 볼리비아 국경을 통과했다. 코파카바나를 지나 라파스에 도착했다. 그곳은 만만치 않은 높이의 산들로 둘러싸여 있었다. 그렇게 분지를 조망하고는 그랜드캐니언과 같은 달의 계곡에 갔다. 걸을 때마다 진흙이 무너져 내릴 것만 같았다. 마치 그랜드캐니언의 축소된 모형 같은 느낌이 들었다.

298　지리 교사들, 남미와 만나다

그런데 관찰 도중 신기한 것을 발견했다. 구석에 굴이 세 개 파여 있었고, 그곳에서 동물을 기르고 있었던 것이다. 자세히 보니 그 동물은 다름 아닌 돼지였다. 이유는 불문하고 오랜만에 보는 돼지인지라 왠지 반가웠다. 사실 그동안 본 동물이라 해봤자 남미에서만 서식한다는 야마뿐이었기 때문이다.

8일째

버스와 기차를 타고 반사막(스텝)을 지났는데, 깔려 있는 것이 모래와 약간의 풀뿐이어서 별로 흥미롭지는 않았다. 기차를 타고 가는 도중 오아시스 마을을 통과할 때, 사막 곳곳에 널려 있는 쓰레기를 보고 속이 울렁거리고 안타까웠다. 저 멀리 산꼭대기에 있는 만년설이 내 눈과 카메라를 정신없게 만들었고, 고속버스 터미널을 지나며 또 다시 해발 고도 4천m라는 고비도 있었지만 이미 한 번 당했기에 큰 문제 없이 지나갔다.

드디어 밤 10시, 소금 사막 우유니에 도착했다. 다음 날이 기대되었다. 볼리비아는 숙소가 다른 국가에 비해 좋지는 않았지만 구경할 것이 굉장히 많아서 이번 여행에서 가장 인상 깊었던 나라다.

9일째

이날은 사막을 지프차로 질주하는 날이었다. 어려서부터 모험하길 좋아했던 나에게 딱 들어맞는 코스였다.

과연 소금 사막은 어떤 모습일까? 진짜 온통 소금으로 되어 있을까? 눈을 뜨자마자 궁금한 것들이 머리에 꽉 찼다. 아침 식사를 하고 차에 올랐다. 자갈로 된 사막을 통과하자마자 입이 떡 벌어지는 광경을 볼 수 있었다. 정말 살아 있는 보람을 느끼게 되는 순

볼리비아 우유니 소금 사막을 달리는 지프.

간이었다. 마치 눈밭에 온 듯 끝없이 펼쳐진 하얀 지평선…… 꼭 동화 속 나라에 온 것만 같았다. 끝이 어디인지 모르는 그 곳으로 우리 차는 달렸다. 연하늘색 바다 위를 달리는 지프가 하얀 구름 속을 달려가는 것처럼 느껴졌다. 옆에 계신 어머니는 마치 천국을 향해 달려가는 것 같다며 환호성을 지르셨다.

한참을 달리다 지프가 멈춰 섰다. 마치 거북의 등딱지처럼 육각형으로 펼쳐진 소금 바닥은 물이 아주 약간씩 고여 있었다. 내려서 맛을 보니 정말 짰다. 바다 위에 서 있는 기분이 들었다. 하늘과 땅이 같은 색이라 어지럽기도 하였다. 계속 달려서 선인장이 많은 한 섬에 도착했다. 중앙에 바위산이 높이 솟아 있어서 산을 한 바퀴 돌고 내려와 점심을 먹었다. 땀을 한 번 뺀 후라 그런지 정말 맛있게 느껴졌다. 끝이 보이지 않던 소금 사막을 지나 차를 점검해 보니 소금 갑옷을 입고 있는 듯 구석구석에 소금이 덮여 있었다. 우리는 이날 저녁 소금으로 된 벽이 있는 호텔에서 밤을 보냈다.

10일째

차 한 대 없는 사막 한가운데를 정해진 길도 없이 마냥 달리는 그 기분이란……. 지프차 안에서 갑자기 아버지와 주석표 선생님이 엽기적인 말씀을 하셨다. 추억을 남기기 위해 남미만의 동물인 야마를 한 마리 잡자는 이야기였다. 처음에는 농담 같았으나 나중에 진담이라는 것을 알고는 더더욱 기대가 되었다.

고산 식물을 관찰한 뒤, 책에서만 봐 왔던 버섯 바위 뒤에서 사진을 찍고 우박도 맞아 가며 사막을 통과했다. 어디에 있든 좀 있다 있을 야마 파티밖에 떠오르지 않았다. 드디어 저녁, 불쌍한 얼굴을 한 야마 한 마리의 희생으로 우리 일행은 배를 채울 수 있었다.

볼리비아 콜로라다 호 주변 산지의 만년설.

11일째

이제 볼리비아와 작별 인사를 하는 날이다. 정말 좋은 것을 많이 볼 수 있었던 볼리비아를 떠난다는 것이 조금 아쉬웠다. 볼리비아는 비록 숙소는 보잘것없었지만 여행다운 여행을 하게 해 준 좋은 여행지였다. 볼리비아는 마지막까지 나를 실망시키지 않았다. 내 생에서 처음이자 마지막이 될지 모르는 이 고지대의 해발 고도는 자그마치 4,950m였다. 걷기만 해도 숨이 찬 이곳에서 모두는 전혀 힘들어 보이지 않았다. 오히려 GPS를 들고서 여유롭게 포즈를 취하며 사진을 찍었다. 이미 토할 만큼 토했고 두통에도 충분히 시달렸다.

그곳에는 연기가 뿜어져 나오는 화산 온천이 있었다. 달걀이 썩는 듯한 불쾌한 냄새가 났지만 따뜻해서 좋았다. 마치 힘자랑을 하려는 듯이 옆에서 외국인이 팔굽혀펴기를 하고 있었다. 고지대에서의 운동이 얼마나 위험한지 알았지만 내 자존심이 허락지 않았다. 지금 이 자리에서만큼은 우리나라 대한민국의 대표로서 제대로 된 시범을 보여 주어야겠다는 생각만 들었다. 단숨에 20개를 하자 그 외국인들은 어딘가 뻘쭘(?)한지 박수를 쳐 주고는 사라졌다.

해발 4,950m를 나타내고 있는 GPS(작은 사진). 고지대에서의 팔굽혀펴기. - "아이구, 힘들어!"

12시쯤에는 베르데라는 소금 호수에 도착했는데, 물의 색이 장관이었다. 말로만 들어 본 비취색, 하늘보다 맑고 투명했다. 볼리비아에서의 마지막 식사를 마치고 지금까지 볼리비아 답사를 도와준 운전사 아저씨들에게 작별 인사를 했다. 달리는 버스 뒤로 볼리비아 땅이 멀어져 갔다.

칠레의 처음은 산페드로데아타카마에서 시작되었다. 요상한 이름이었지만 계속 듣다 보니 적응이 되었다. 솔직히 그동안 사방이 모두 사막이었기 때문에 그다지 변화를 느끼지 못했다. 흙으로 만든 1층짜리 호텔에서 잠을 잤다. 어른들은 고산 지대에서 못 마신 술을 마음껏 드셨다.

12일째

추키카마타 구리 광산은 정말 장난이 아니게 거대했다. 집채만 한 트럭 옆에서 사진을 찍고 도자기 안쪽 같은 채굴장을 볼 때는 내가 우주 속 외딴 별에 온 듯했다.

이날 저녁에는 세미나 겸 파티를 열었다. 물론 가장 좋아하신 분은 언제나처럼 우리 아버지셨다.

13일째

한국 기업의 간판을 찾아냈다. 어찌나 반가운지 몰랐다. 낮에는 산티아고로 가는 공항에서 할아버지에게 전화를 드렸다. 아직 한국은 새벽이라서 실례가 되니 그만두자고 했지만, 아버지가 이번 아니면 전화하기 힘들다고 억지로 하라고 하셔서 결국은 수화기를 들었다. 그래도 오랜만에 할아버지 목소리를 들으니 마음이 편안해졌다. 점심에는 안토파가스타라는 항구에서 말로만 듣던 펠리컨과 바다사자를 보았다. (바다사자는 진짜 무식해 보였다.) 물이 어찌나 더러운지 빨리 그 자리를 뜨고 싶단 생각이 들었다.

한국의 가족들에게 전화하고 있는 선생님들.

14일째

산티아고 시내를 둘러보고 수산 시장을 견학한 뒤 포도 농장에 도착했다. 안내원의 설명을 듣고 나서 지하실로 내려가 보니 엄청 넓은 포도주 창고가 있었다. 어쩐지 아버지가 좋아하시더니……. 난 아직 신혼부부이신 우리 담임 선생님이 생각나서 포도주 두 병을 샀다. (나중에 1병이 깨져서 고생을 치렀지만 1병은 무사히 선생님에게 배달되었다.)

칠레의 포도 농장에 있는 지하 포도주 창고.

15일째

산티아고를 떠나 비행기를 타고 아르헨티나의 부에노스아이레스에 도착했다. 소와 밀로 유명한 나라인지라 바로 가우초 목장으로 향했다. 가는 도중에도 넓은 평지에서 풀을 뜯고 노는 소를 자주 볼 수 있었다. 밀을 재배하는 숲 또한 끝없이 펼쳐졌다.

  이곳에서는 소 한 마리의 값이 우리나라 돼지 값보다 쌀 뿐만 아니라, 키울 때 넓게 풀어놓고 자유롭게 방목해서 훨씬 더 맛이 뛰어나다고 가이드 누나가 설명해 주었다. 가우초 목장에서 세계 여러 나라에서 온 사람들이 파티 하는 것을 구경하면서 점심 식사(물론 소고기와 닭고기였다)를 했다. 이제야 말하는 것이지만 아무리 고기가 맛있어도 김치가 자꾸만 떠올라 미칠 지경이었다. 식사를 마치고는 커피색이 나는 라플라타 강에 나갔다.

  저녁에는 탱고 춤 공연을 관람했는데 불빛이 번쩍번쩍하는 바람에 눈만 아팠다.

16일째

아르헨티나의 중심부 부에노스아이레스의 시내 서점에서 필요한 서적을 구입하고는 브라질의 이과수로 향했다. 그곳은 완벽한 정글이었는데, 만화 영화에서만 보았던 웅장한 숲을 직접 눈으로 보게 되자 그저 신기할 따름이었다. 하지만 멋진 장관을 볼 때는 항상 그 대가를 치러야 하는 법. 볼리비아에서는 그 멋진 풍경을 보기 위

아르헨티나와 브라질의 국경.

해 해발 고도 5천m라는 고지대까지 올라가 고생을 해야 했는데, 이과수에서는 찌는 듯한 더위가 기다리고 있었다. 아이스크림을 사도 바로 녹아 버리는 더위에 걷는 것은 무리였다. 그런데 아주 재미있는 것을 발견했다. 한 다리 위에 노란색 선이 쭉 그어져 있었는데, 알고 보니 그 허름한 선이 바로 아르헨티나와 브라질의 국경이었다. 두 거대한 나라의 경계가 겨우 이런 노란 줄 하나라니……

저녁에는 이타이푸라는 거대한 댐을 구경했다. 여러 개의 수문으로 이루어진 이 댐에서는 밤에 관광객을 위한 광선 축제를 벌이고 있었다.

17일째

쏟아지는 물을 맞으며 이과수의 중심부로 들어갔다. 이 폭포는 세계의 관광지 베스트 40위 안에 오를 정도로 유명한 곳이다. 보통 아파트만 한 높이에서 물이 연기를 뿜으며 떨어지는 모습이 장관이었다. 오후에 리우데자네이루로 이동하여 저녁에는 삼바 춤을 보았는데, 탱고만큼 화려하지는 못했지만 '아주 야해서' 좋았다고 아버지가 말씀하셨다.

18일째

리우데자네이루의 빵산을 케이블카로 올랐다. 코파카바나 해변을 보니 금방이라도 물에 뛰어들어 놀고 싶었건만, 총을 든 강도들이 들끓는다는 가이드 아저씨의 말씀에 아쉽지만 기대를 접어야 했다. 저녁에는 브라질의 대표적인 음식 '추라스코'를 먹었다. 요즘 한국 관광객이 많은지 웨이터들이 한국말로 대접했다. 우리가 들어간 후 얼마 지나지 않아 또 한 팀의 한국인들이 들어왔다. 난 이날 여행 와서 처음으로 배가 터질 만큼 먹어 봤다.

19일째

브라질 여행에서 빠져서는 안 될 곳. 지구의 허파라 불리는 아마존 강을 탐험하는 날이다. 4시간 동안 비행기를 타고 브라질의 마나우스에 도착했다. 점심 식사 후 배를 타고 휴양촌으로 갔는데, 그곳에서 TV에서만 볼 수 있었던 인디언들을 만났다. 모기가 하도 많아 괴롭기도 했지만 원숭이를 보니 기분이 좀 나아졌다. 아마존 강의 특색은 뭐니 뭐니 해도 사람을 잡아먹는 식인어 피라니아였다. 숲 속에 좀 더 깊숙이 들어가자 인디언 족이 춤을 추며 우리를 반겨 주었는데, 이 사람들은 악어와 피라니아를 잡아먹기도 한다고 했다. 섬뜩했다.

20일째

이날은 배를 타고 답사하는 날이었다. 아마존 강의 또 하나 볼거리라는 만남의 강은 네그루와 솔리몽에스라는 물의 색이 다른 두 강이 만나는 지점이었다. 직접 도착해 본 만남의 강 지점은 신기하게도 한 줄 같은 경계를 중심으로 왼쪽은 블랙커피, 오른쪽은 밀크커피 색으로 뚜렷이 구분되어 있었다. 그 이유는 물의 주성분이 다르기 때문이라고 했다.

21일째

아마존 마나우스의 오페라 하우스를 배경으로 사진을 찍고, 자연사 박물관에 들러 아마존 강에 서식하는 여러 가지 동물을 보았다. 오후에 비행기를 타고 브라질 최대의 도시인 상파울루로 갔다.

22일째

브라질 커피가 유명하다는 것은 널리 알려진 사실이다. 상파울루 주변에는 끝없는 평야에 커피나무가 깔려 있었다. 커피 농장의 안내원 말로는 1,000km까지 있다고 하는데 믿거나 말거나였다. 커피 열매는 생각

아마존 강의 볼거리 중 하나인 검은 강과 흰 강의 만남.

보다 작고 초록색을 띠었다. 다 익으면 빨간색으로 변한다고 했다. 커피 농장을 답사하고는 봉헤치로라는 의류 타운을 둘러보았다. 가다 보니 종종 우리 한국인의 가게도 찾을 수 있었다.

23일째

새벽 1시 30분. 뉴욕으로 출발했다. 뉴욕은 단 하루 전에 있던 브라질과 너무도 달랐다. 거대한 공항에 하얀 눈이 수북이 쌓여 있었기 때문이다. 한 가지 더 눈에 띄는 점은 역시 경비가 훨씬 삼엄하고 짐 검사를 더더욱 세밀하게 한다는 것이었다.

여행을 다녀와서……

난 초등학교 5학년 때 유럽에 다녀왔다. 유럽에 가 본 사람이 몇이나 될지 모르겠지만, 난 그때가 조금 후회된다. 워낙 철이 없었던 때라서 기억에 남는 것이 별로 없기 때문이다. 그래서 이번 남미 여행 전에 많은 것을 보고 남길 것을 다짐했다. 그 다짐 때문인지 몇 달이 지난 지금도 그 한 달 하루하루가 생생히 기억난다.

물론 가장 인상적이었던 곳은 볼리비아다. 고산병에 고생하신 분들도 계셨지만 우리나라에서는 느낄 수 없는 고통을 맛본다는 것도 즐거운 일이었다. 덮여 있는 산꼭대기의 만년설, 끝없이 펼쳐진 모래와 자갈과 바위로 된 사막, 태어나서 처음으로 맞아 보는 우박, 푸른 비취색의 호수, 수원의 몇 백 배나 되는 해발 고도에서의 화산 온천, 하늘과 구분이 안 가는 소금 사막 우유니에서의 하얀 지평선……. 그런 멋진 곳을 과연 앞으로의 내 생에 몇 번이나 가 볼 수 있을까?

그렇다고 볼리비아만 좋았던 것은 아니다. 그 어떤 도시보다 웅장한 고대 도시 마추픽추, 하얀 눈처럼 쏟아지는 물줄기의 이과수 폭포. 그곳에서의 1분 1초가 나에게는 정말로 소중했다. 특히 마지막 날에는 내 생일까지 챙겨 주셨던 선생님들 한 분 한 분께 정말 감사드린다. 그리고 아직 어린 나에게 큰돈을 들여 이렇게 멋진 답사를 하게 해 주신 부모님에게 감사드린다.

15살, 남미에서의 기억은 영원히 잊지 못할 것이다.

[부록2] 갈 때는 8시간, 올 때는 40시간

지역에 따라 낮과 밤이 다르고 계절이 다르다 보니 갑자기 새로운 지역에 가면 생활 리듬에 이상이 생기게 마련이다. 그래서 '시차 적응'이라는 말이 있다. 남미도 낮과 밤이 반대이고 계절도 우리와는 정반대인 지역이어서, 시차에 적응하기가 꽤 힘들었고 시간 조정도 여러 번 해야 했다.

시차는 왜?

흔히 시차를 말할 때 우리나라보다 몇 시간 빠르다거나 몇 시간 늦다는 정도로만 이야기한다. 그런데 왜 그런 시간대를 표준시로 사용하는지를 알려면 GMT(그리니치 표준시, 경도 0°, 본초 자오선)를 기준으로 이해해야 한다.

지구는 하루에 한 바퀴 서쪽에서 동쪽으로 자전을 한다. 그래서 우리에게는 태양이 동쪽에서 떠서 서쪽으로 지는 것처럼 보인다. 즉 태양이 지구의 경선(360°) 위를 1시간에 15°씩 동쪽에서 서쪽으로 움직이고 있는 것처럼 보이는 것이다.

어느 지역이나 태양이 자기 지역에 떠 있으면 낮 12시가 된다. 그런데 이러다 보면 날짜의 구분이 애매해진다. 그래서 임의로 동경 180°를 하루가 가장 빨리 시작되는 경선으로, 서경 180°를 하루가 가장 늦게 시작되는 경선으로 정하였다. 하루가 빠르지도 늦지도 않게 시작되는 지역은 경도 0°(GMT, 그리니치 표준시)가 된다. 경도 0° 지역이 0시일 때 이미 동경 180° 지역은 해가 중천에 떠 있으므로 같은 날 낮 12시가 되는 것이다. 우리는 이것을 'GMT+12'로 표시한다. 물론 서경 180° 지역은 전날 낮 12시이다. 이것은 'GMT-12'로 표시한다. 이래서 지역 간에 시차가 발생하는 것이다.

그런데 사실 동경 180°나 서경 180°는 같은 경선이다. 같은 경선임에도 동경으로 부르느냐, 서경으로 부르느냐에 따라 하루가 달라지므로, 이를 날짜 변경선이라고 한다. 결국 세계는 경도 15°마다 1시간의 시차를 보이게 되고, 경도 180°를 제외한 모든 지역에서 서쪽에서 동쪽으로 갈수록 점점 더 빠른 시간대를 사

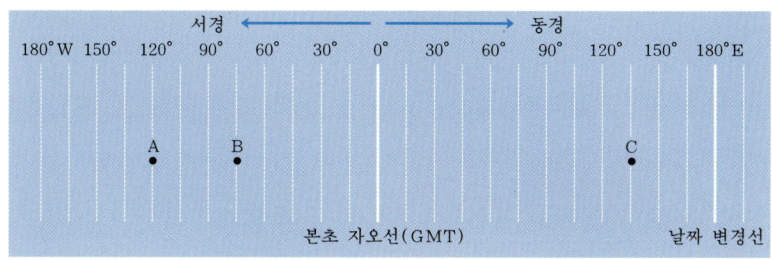

A 지역의 표준시는 서경 120°(GMT-8)이고, B 지역의 표준시는 서경 75°(GMT-5), C 지역의 표준시는 동경 135°(GMT+9)이므로 C 지역이 A 지역보다 17시간 빠르다.

용하게 된다.

인천에서 리마로

출발지인 우리나라는 일본과 함께 동경 135°를 표준시로 사용하고 있으므로 GMT보다 9시간 빠르다. 그래서 'GMT+9'로 표시한다.

첫 경유지인 미국의 로스앤젤레스(LA)는 태평양 표준시인 서경 120°를 표준시로 사용한다. 그래서 LA는 'GMT-8'로 표시한다. 즉 우리나라보다 17시간 늦은 시간대를 사용하는 것이다.

우리는 1월 7일 15:00(LA 시간으로 1월 6일 22:00)에 인천을 출발하여 비행기를 11시간 타고 LA 국제공항에 도착했다. LA는 현지 시간으로 1월 7일 09:00 였다. 한국에서 미국까지 왔는데 인천에서 출발한 시간이 되려면 아직도 6시간이나 더 기다려야 했다. 시간이 빠른 곳에서 17시간 늦은 곳으로 왔기 때문이었다. 이것이 시차다.

다시 7일 12:35(리마 시간으로 7일 15:35)에 LA를 출발하여 8시간 10분 만에 페루의 수도 리마에 도착하였다. 리마 시간은 7일 23:45이다. 리마의 표준시가 서경 75°(GMT-5)이기 때문에 리마는 LA보다 3시간 빠른 시간대를 사용하는 것이다. 결국 우리들은 인천에서부터 8시간 45분 만에(굉장히 빨리?) 리마에 온 것이다. 실제로 인천 국제공항을 떠날 때 페루는 7일 새벽 1시였으므로, 22시간 45분 만에 리마에 온 것이지만 말이다.

페루에서 볼리비아로

페루에서 볼리비아로 가는 국경의 모습은 매우 뜻밖이었다. 경계 근무를 서는 군인도 없는 국경을 이웃 마을 다니듯이 아주 자연스럽게 오고 갈 수 있었다. 양

(위) 페루와 볼리비아의 국경 마을인 운구요. 앞에 보이는 문을 통과하면 1시간이 빨라진다.
(아래) 운구요와 티티카카 호. 국경선의 왼쪽은 페루, 오른쪽은 볼리비아.

쪽에서 서류상으로 출입국 절차만 밟으면 끝이었다.

볼리비아는 표준시가 서경 60°(GMT-4)이다. 그래서 디지털 카메라의 시간을 한 시간 앞당겼다. 페루보다 한 시간 빠른 시간대를 사용하기 때문이다. 요즘의 디지털 카메라는 한국 시간을 기본으로 정해 놓고 외국에 갔을 때에는 월드타임이라고 해서 시차만 조정해 주면 자동으로 그 나라의 시간을 표시해 주도록 되어 있다. 하지만 손목시계는 한국에서부터 시간을 조정하지 않았다. 그때그때 한국의 시간을 바로 확인하

기 위해서였다. 굳이 시차를 계산하지 않아도 바로 현재의 한국 시간을 알 수 있기 때문이었다. 시차 계산은 국제 전화를 사용해야 할 경우에 꼭 필요했다. 그러한 필요 때문인지 요즘의 시계 중에는 하나의 시계에 두 곳의 시간을 표시해 주는 것도 있다.

볼리비아는 우리나라의 한국통신과 데이콤의 국제 전화 카드가 통하지 않는 곳이다. 그만큼 방문객 수가 많지 않다는 얘기일 것이다. 그러나 이번에 답사를 하고 보니 볼리비아에 볼거리가 참 많았다. 앞으로 남미 여행을 계획하는 사람들에게는 적극 추천하고 싶다. 그래서 언젠가는 한국통신과 데이콤의 국제 전화 카드에도 볼리비아란 나라가 사용 가능한 나라로 포함되기를 바란다.

볼리비아에서 칠레로, 아르헨티나로

칠레는 볼리비아와 같은 표준시(서경 60°, GMT-4)를 사용하지만, 여름에는 서머 타임(일광 절약 시간)을 적용한다. 서머 타임이란 고위도 지역일수록 여름에 해가 일찍 뜨고 늦게까지 지지 않으므로 긴 낮 시간을 유효하게 쓰기 위하여, 실제 표준시보다 한 시간을 앞당겨 사용하는 것이다. 그래서 칠레에서도 다시 한 시간을 앞당겼다. 결국 남반구가 여름일 때는 칠레와 우리나라는 12시간의 시차가, 남반구가 겨울일 때에는 13시간의 시차가 발생하는 것이다. 칠레는 남북으로 길게 뻗어 있는 나라여서 한 개의 시간대만을 사용한다.

아르헨티나는 서경 45°(GMT-3)를 표준시로 사용하여 칠레와 같은 시간을 사용한다. 그래서 칠레와 아르헨티나는 우리나라와 시차가 딱 12시간이다. 우리나라와는 낮과 밤이 정반대여서 아침 일찍 전화를 해야 한국의 저녁 시간에 전화를 할 수 있다.

대척점이라는 말이 있다. 이것은 지구 중심을 기준으로 서로 정반대편을 일컫는 말이다. 예를 들어 서울의 대척점은 남미 우루과이의 몬테비데오 남동 해상이다. 저위도가 아닐 경우 대척점은 계절이 반대이며, 낮과 밤이 반대이고, 시차가 딱 12시간 나는 곳이다 (양 지역 모두 서머 타임이 적용되지 않을 경우).

아르헨티나에서 브라질 이과수로

아르헨티나에서 브라질의 이과수로 갈 때는 버스로 국경을 넘었다. 국경선은 아르헨티나와 브라질 사이를 흐르는 이과수 강에 놓인 다리의 가운데에 양국의 깃발로 표현되어 있을 뿐이었다. 볼리비아와 페루의 국경처럼 이곳에도 경계 근무를 서는 군인은 없었다.

브라질 남부(고위도) 지역은 역시 서머 타임을 적용하지만 표준시는 서경 45°(GMT-3)이다. 그래서 다시 시간을 한 시간 앞당겼다. 쿠리티바, 리우데자네이루, 상파울루는 모두 같은 시간대를 사용한다. 이 지역의 서머 타임 적용은 10월 셋째 주 일요일부터 이듬해 2월 셋째 주 일요일까지이다.

리우데자네이루에서 마나우스로

리우데자네이루에서 브라질리아를 경유하여 적도 아래인 마나우스 시(남위 4°)로 갔다. 아마조나스 주의 주도인 마나우스 시의 표준시는 서경 60°(GMT-4)이다. 마나우스와 같은 저위도 지역은 연중 낮과 밤의 길이가 비슷하여 서머 타임을 적용할 필요가 없다. 그래서 브라질 남부의 다른 도시들보다 경선상으로는 한 시간의 시차를 보여야 하지만 두 시간 늦은 시간대를 사용한다. 마나우스를 떠나 상파울루로 돌아왔을 때는 다시 시간을 두 시간 앞당겼다.

그런데 교통수단들의 시간 표시는 출발지 기준일

까, 도착지 기준일까? 둘 다 아니다. 출발지에서는 출발지 시간을, 경유지에서는 경유지 시간을, 도착지에서는 도착지 시간을 사용한다. 즉, 항상 현지 시간 기준이다. (예외로 시베리아 횡단 철도는 7일 동안 모스크바 시간에 맞춘다.) 그래야 혼란이 없을 것이다. 그래서 실제 교통수단의 운행 시간을 알려면 두 지역 간의 시차를 반영해야 한다. 원래 현지 시간이란 같은 시간을 놓고 세계의 여러 지역에서 24가지의 다른 이름으로 부르는 것이기 때문이다.

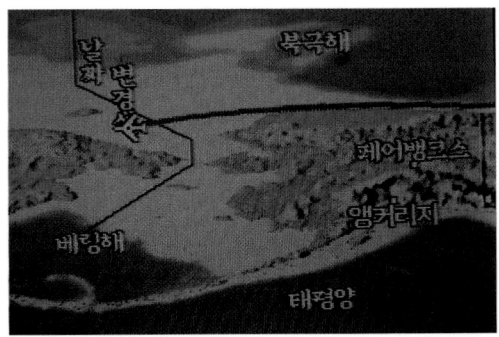

비행기 안의 모니터로 볼 수 있는 뉴욕→인천 구간에서 대권 항로를 이용하는 항공기 진행 모습. 갈 때는 태평양 상공으로, 올 때는 북극해 쪽으로 이동한다.

상파울루에서 뉴욕으로

상파울루에서 뉴욕으로 향했다. 미국 본토는 네 개의 시간대를 사용한다. 서경 120°(GMT-8, 태평양 표준시), 서경 105°(GMT-7, 산지 표준시), 서경 90° (GMT-6, 중부 표준시), 서경 75°(GMT-5, 동부표준시)의 네 종류인데, 이중에서 뉴욕의 표준시는 서경 75°(GMT-5)이다. 북반구는 1월이 겨울이라 서머 타임이 적용되지 않는다. 그래서 뉴욕은 상파울루보다 3시간 늦고, 우리나라보다는 14시간이 늦다.

1월 29일 밤 1:30에 상파울루 공항을 출발해 9시간 10분 걸려 뉴욕에 오니 29일 07:40이다. 시차 3시간이 반영되었기 때문이다. 남반구와 북반구의 서머 타임 적용 시기는 국가마다 조금씩 차이가 있지만 대략 남반구는 10~3월, 북반구는 4~9월까지이다.

뉴욕에서 인천으로

다시 29일 13:20(한국 시간은 시차인 14시간을 더하여 30일 3:20)에 뉴욕을 출발해 14시간 40분 만에 인천에 오니 1월 30일 18:00이다. 브라질의 상파울루에서 40시간 30분 만에 우리나라에 온 셈이다. (실제 상파울루와 우리나라의 시차 11시간을 감안하면 29시간 30분 걸렸다.)

남미가 우리에게 멀기는 먼 곳이다. 우리나라 사람들이 상파울루로 처음 이민을 갈 때는 배로 6개월 걸려서 도착했다고 하니, 우리의 이번 남미 답사는 항공 교통의 덕을 톡톡히 본 것이 분명하다. 그러나 우리나라에서 남미로 가는 직항로가 없다는 것은 너무나도 아쉬웠다. 덕분에 미국 비자를 받느라고 한여름에 미 대사관 담벼락에 오랫동안 줄을 서야 했었고, 가고 올 때 LA와 뉴욕에서 경유하는 시간도 만만치 않았으며, 까다로운 출입국 절차로 기분까지 상해야 했다.

	출발지	표준시		우리나라와의 시차	이전 지역과의 시차	도착/출발 시간
	인천	135°E	GMT+9			7일 15:00
	비행 시간					11시간
①	LA	120°W	GMT−8	−17시간	−17시간	7일 09:00/ 7일 12:35
	비행 시간					8시간 10분
②	리마(페루)	75°W	GMT−5	−14시간	+3시간	7일 23:45
	비행 시간					1시간 10분
	쿠스코(페루)					
	푸노(페루)					13일 08:00
	국경을 걸어서					10분
③	볼리비아	60°W	GMT−4	−13시간	+1시간	13일 09:10
	라파스(볼리비아)					
	우유니(볼리비아)					
	버스 타고					17일 13:30
④	칠레	60°W 서머 타임	GMT−3	−12시간	+1시간	17일 14:30
	산티아고(칠레)					21일 09:55
	비행 시간					1시간 35분
⑤	부에노스아이레스(아르헨티나)	45°W	GMT−3	−12시간		21일 11:30/22일 12:00
	비행 시간					1시간 30분
⑥	이과수(브라질)	45°W 서머 타임	GMT−2	−11시간	+1시간	22일 14:30/23일 13:10
	비행 시간					2시간
	리우(브라질)					23일 15:10/25일 09:30
	비행 시간(브라질리아 경유)					4시간 30분
⑦	마나우스(브라질)	60°W	GMT−4	−13시간	−2시간	25일 12:00/27일 14:15
	비행 시간					3시간 25분
⑧	상파울루(브라질)	45°W 서머 타임	GMT−2	−11시간	+2시간	27일 19:40/29일 01:30
	비행 시간					9시간 10분
⑨	뉴욕(미국)	75°W	GMT−5	−14시간	−3시간	29일 07:40/29일 13:20
	비행 시간					14시간 40분
⑩	인천	135°E	GMT+9		+14시간	30일 18:00

[부록3] 안데스 깊이 알기

알티플라노 고원의 지형적 특성

새롭게 접하는 자연 경관은 우리에게 지리적 상상력을 불러일으켰다. 그중 알티플라노는 특히 우리의 탐구심을 자극했다. 알티플라노 고원의 답사 여정 중에 촬영한 사진을 토대로 몇몇 자연 경관들의 특성을 문답식으로 정리해 보았다.

뾰족하고 날카로운 산지 경관

쿠스코에서 푸노로 향하는 알티플라노의 초입에서 촬영한 빙하 침식 경관과 모식도. 이와 같은 지형은 과거 빙하 시대를 거치면서 형성된 것으로 생각된다.

Q : 산에 나무가 없는 까닭은?
A : 해발 고도가 높은 고산 지대이므로 기온이 낮기 때문이다. 사진을 촬영한 시기는 남반구의 한여름에 해당하는 1월임에도 불구하고 식생은 거의 자라지 않았다.

Q : 사진의 1과 같이 산의 모습이 뾰족하고 날카로운 까닭은?
A : 빙하가 깎았기 때문이다. 산 정상 부분의 빙하는

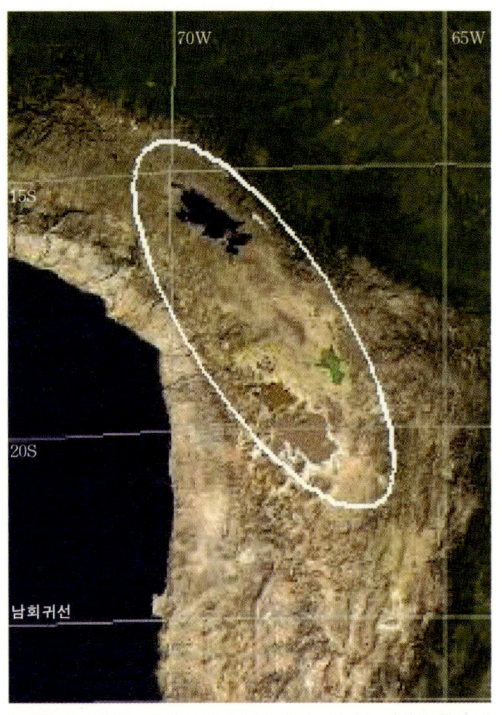

알티플라노 일대의 위성 영상. 알티플라노는 안데스 산맥의 형성 과정에서 생겨난 신기 고원 지대로 위도상으로는 중위도 고압대에 속한다.

무게로 인해 암석과 맞닿은 부분이 녹고, 녹은 밑바닥의 융해수는 다시 암석 위에 얼어붙기를 거듭한다. 이 과정 중에 빙하가 산 아래쪽으로 움직이며 암석의 일부분을 뜯어내는데, 이러한 과정의 반복으로 산 정상 부분은 날카로운 침봉(바늘 모양으로 솟은 봉우리, peak)이 형성된다. 피라미드 모양의 뾰족한 고산 빙하의 봉우리를 호른이라고 한다.

Q : 사진의 3과 같이 움푹 패어 오목한 지형의 형성은?
A : 산 정상 부분에서 뜯어낸 돌 조각은 다시 빙하 속에 파묻혀 산 아래쪽으로 이동하게 되는데, 이 과정에 얼음 속에 박혀 있던 돌 조각들은 산 정상에 가까운 사면을 갈고 그 부산물을 긁어낸다. 따라서 정상의 바로 아래 부분은 움푹 패어 들어간 부분이 생기게 된다. 이렇게 형성된, 삼면이 가파른 사면으로 둘러싸인 와지를 권곡(kar)이라고 한다. 권곡을 둘러싼 호른과 호른 사이의 좁고 긴 날카로운 능선은 아레테(즐형 능선, arête)라고 한다.

크고 작은 돌들이 널려 있는 경관

볼리바아-칠레 국경 부근의 wash plain. 커다란 돌덩이에서부터 작은 모래에 이르기까지 다양한 돌 부스러기가 뒤섞여 있다.

Q : 크고 작은 돌들은 어디서 온 것일까?
A : 뒤에 있는 고산 지대의 산 정상 부분에서 빙하에 의해 떨어져 나온 것이다. 빙하는 침식에 의해 산 정상부에서 떨어져 나온 거대한 암석 파편에서부터 얼고 녹는 과정에 형성된 바위 부스러기까지 많은 양의 돌 부스러기를 생산한다.

Q : 어떻게 이동되었을까?
A : 빙하에 의해 운반된 것이다. 이동하는 빙하 속에 뒤섞인 암석 파편들은 빙하와 함께 산 아래까지 이동하는데, 이 때 기온이 올라가 빙하가 녹으면서 한꺼번에 그 자리에 쌓인 것이다. 이를 빙력토라고 하는데, '빙하에 의해 운반된 돌과 자갈, 토양' 이란 뜻이다. 이동하는 빙하 속에는 다양한 크기의 암석 파편이 뒤섞여 있고, 빙하가 일시에 녹으면서 그 자리에 쌓이기 때문에 크고 작은 물질이 뒤섞여 있다. 이런 빙하 퇴적물이 덮여 있는 평원을 'wash plain' 이라고 한다.

Q : 돌들이 쌓인 모습은 언제나 일정한가?
A : 산지에 가까운 곳은 일정한 형태를 갖춘 돌무더기가 형성되기도 한다. 빙력토는 작은 규모의 둔덕과 산등성이 같은 것들을 만들기도 하는데, 이를 모레인이라고 한다. 빙력토가 길게 늘어진 언덕 모양을 이루는 것을 드럼린이라고 하는데, 이들은 보통 여러 개가 모여 군집을 이루며 나타난다. 한쪽은 경사가 급하고 반대쪽은 길고 점차 가늘어지는 모양인데, 이는 한 방향으로 흐르는 빙하의 이동 방향을 뜻한다.

드럼린과 wash plain.

빙하호. 빙하가 암석이나 계곡의 바닥을 깎은 오목한 와지에 기후가 따뜻해져 빙하가 녹으면 호수가 형성된다.

빙하가 사면을 침식한 모습. 빙하와 함께 이동하는 돌 부스러기에 의해 기반암의 표면이 매끈하게 갈려 다듬어진 모습이다.

Q : 이 바위는 다른 곳에서 운반된 것일까?
A : 바위의 형태로 보아 다른 지역에서 운반되어 온 것이 아니라 이 자리에 원래 있었던 기반암이다. 만약 옮겨진 바위라면 오른쪽으로 쏠린 윗부분의 무게로 인해 쓰러졌을 것이다. 주변의 암석 파편은 이 바위에서 떨어져 나온 것이다.

Q : 어떻게 이와 같은 버섯 모양으로 다듬어졌을까?
A : 바람에 의해 이동하는 모래 알갱이가 기반암의 밑부분을 깎아서 이와 같은 모습으로 다듬은 것이다. 건조 지역에서는 식생이 적기 때문에 강한 바람이 불면 모래 알갱이가 같이 이동하면서 지표의 암석을 침식하게 된다.

Q : 왜 밑 부분만 많이 깎였을까?
A : 바람에 의해 모래가 이동될 때는 지표로부터 큰 알갱이에서 작은 알갱이 순으로 배열된다. 따라서 지표에 가까울수록 침식력이 크게 작용할 것이다. 아울러 지표면 아래는 습기가 있어 그 습기에 의한 화학적 풍화 작용의 영향도 작용했을 것으로 생각된다.

넓은 평원 위에 우뚝 선 버섯 모양의 바위

라구나 콜로라다 부근에서 촬영한 버섯 바위의 모습.

군집한 볼록 모래 무덤

라구나 콜로라다 부근의 사포 사막.

Q : 모래 무덤처럼 보이는 이것은?
A : 바람에 의해 이동한 모래가 일정한 곳에 소량으로 쌓이면서 형성된 것이다. 이와 같은 형태를 중국에서는 사포(沙包) 사막이라고 하는데, 평원에 펼쳐진 사포의 무리는 대규모의 공동묘지를 연상케 한다.

Q : 모래 무덤 위의 식생은 이런 지형의 형성과 어떤 관련이 있는가?
A : 식물의 뿌리 부근에서 날리던 모래가 정착, 퇴적되어 형성된 것이므로 식생이 없다면 형성되기 어려울 것이다.

Q : 바람이 불어도 형태가 무너지거나 없어지지 않는가?
A : 일단 식생이 정착하면 이 식생이 해를 거듭하며 새로 나고 죽는 동안 모래 무덤은 성장하게 되고, 중심부에는 유기질이 축적되어 토양화 현상이 나타난다. 따라서 모래보다는 더욱 견고하게 굳는다. 그렇기 때문에 바람에 의해 쉽게 무너지거나 소멸되지 않을 것으로 생각된다.

마른 골짜기와 소금 호수

라구나 베르데 부근의 와디.

Q : 땅은 왜 갈라졌을까?
A : 얼핏 보면 단층 작용으로 형성된 작은 규모의 지구[그라벤] 같다. 그러나 그라벤(graben)이라고 하기에는 규모가 너무 작다. 이 지형은 지각 운동의 결과로 형성된 것

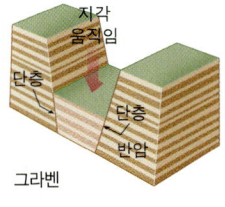

이라기보다는 지각의 갈라진 틈새를 따라 물이 흐르면서 형성된 마른 골짜기(건천, Dry River)인 것으로 여겨진다.

Q : 사막에도 비가 내리나?
A : 사막은 강수량보다 증발량이 더 많은 기후 환경이다. 따라서 사막에도 일시적으로 많은 비가 내리는 경우가 있다. 평상시에는 말라 있다가 비가 올 때 한시적으로 물이 흐르는 골짜기를 와디라고 한다.

Q : 일시적인 비에도 저렇게 깊은 골짜기가 형성될 수 있나?
A : 사막에는 식생이 없기 때문에 적은 양의 비에도 지표가 잘 침식된다. 아울러 지난 빙기 때에는 이곳이 현재와 같은 사막이 아니라 보다 습윤한 환경이었다는 점도 생각해 볼 필요가 있다.

Q : 사막에는 왜 소금 호수가 있을까?
A : 빗물은 와디를 통해 사막 분지의 가장 낮은 곳으로 흘러가 고이게 된다. 이 물이 고인 호수를 플라야

라구나 콜로라다 부근의 소금 호수 플라야.

라고 한다. 플라야에 고인 물은 오랜 기간 증발만을 거듭한 결과 소금 호수로 남게 되는 것이다. 따라서 사막을 여행하다 보면, 여기저기에 산재하여 있는 소금 호수 '플라야'를 볼 수 있다.

벌집 갑옷을 입은 바위

라구나 콜로라다 부근의 바위.

Q : 사진 속의 바위는 두 종류의 암석인가?
A : 두 종류의 암석으로 보이기도 하고 암석 위에 퇴적 물질이 덮여 있는 것처럼 보이기도 하지만, 실제로는 한 가지 암석의 바위 표면이 변화된 것이다.
Q : 바위 표면에 껍질이 생긴 이유는?
A : 암석의 표면이 건조해지면 암석 내부의 수분이 표면으로 끌어 올려져서 증발하고, 이 때 암석이 가지고 있던 여러 가지 화학 성분들이 암석의 표면에 고착, 고결되어 단단한 각질을 이룬다.
Q : 이와 같은 현상은 모든 종류의 암석에서 일어날 수 있는가?
A : 주로 큰 알갱이들이 뭉쳐 형성된[조립질] 암석, 즉 사암(모래 알갱이가 굳은 암석)이나 화강암(석영, 장석, 운모로 이루어진 조암 광물)에서 잘 나타난다. 왜냐하면 이런 암석은 암석의 틈새가 많아 습기를 흡수하고, 또 흡수한 습기를 내보내기가 쉽기 때문이다.
Q : 바위 표면이 마치 벌레 먹은 듯한 모습은?
A : 암석의 각질 표피 일부가 침식을 받아 암석 표면이 노출되면, 일단 요철이 만들어지고 그곳에 물이 고이게 된다. 사막은 물이 쉽게 증발할 수 있는 기후적 조건이 갖추어져 있으므로 그곳을 중심으로 차별 풍화가 이루어진다. 이와 같이 암석의 표면부가 벌레 먹은 듯이 패어 있는 모습을 타포니(풍화혈, weathering pit)라고 한다.
Q : 이런 현상은 사막에서만 생기는가?
A : 바닷가나 조립질 퇴적암이 분포하는 냉량 습윤한 내륙 지방에서도 나타난다. 바닷가에서는 바위에 달라붙은 염분이 많은 습기가 증발하면서 소금 결정이 생기고, 이 과정에 부피가 팽창하며 암석의 표면 부분을 파낸다. 또 냉량한 기후에서는 습기가 암석 틈새에서 얼어붙는 과정에 얼음 쐐기 작용으로 암석 표면을 붕괴시킨다.

악지(惡地)로 변해 가는 땅의 모습

볼리비아 라파스의 '달의 계곡'.

Q : 암석인가? 흙인가?
A : 암석이 아니라 흙이다. 구성 물질은 주로 진흙과

그보다 알갱이가 조금 큰 실트로 보인다. 그리고 크고 작은 돌이 조금씩 섞여 있다. 비가 오면 흙은 수직으로 침식을 받아 이와 같은 경관이 나타난다. 토양이 수직으로 침식 받는 과정에 남아 있는 흙기둥을 토주(土柱)라고 하며, 이런 토주들이 연속되고 우곡(빗물에 의해 깎인 계곡)이 무수히 파여서 불모지로 변한 땅을 악지(惡地, badland)라고 한다.

Q : 이 지역에는 왜 이렇게 두터운 진흙층이 쌓여 있나?
A : 라파스라는 대도시는 지형적으로 분지형의 크고 깊은 골짜기 안에 입지하고 있으며, '달의 계곡'은 라파스의 가장 낮고 깊은 곳에 형성되어 있다. 이 같은 위치의 특성을 통해 볼 때, 과거에는 거대한 계곡의 말단부가 막혀 있었던 것으로 추정할 수 있다. 그러니까 이 부분은 호수였고 퇴적 물질의 특성상 하천 운반 물질 중 가장 미세한 물질이 막혀 있던 호수의 끝부분에 퇴적된 것이다. 그 이후 지각 변동이 있을 때 호수가 뚫리면서 호수의 물이 빠져 나가고, 현재와 같은 모습으로 변화된 것으로 생각된다.

Q : 악지에서도 인간의 거주가 가능한가?
A : 라파스에는 이런 흙 위에 집을 짓고 사는 사람들이 많다. 그러나 그 기초는 매우 취약하다. 경제적으로 여유 있는 사람들은 이런 곳에 결코 집을 짓지 않을 것이다.

지열(地熱)이 발산되는 모습

Q : 사진의 연기는 무엇인가?
A : 지하에서 뜨거운 김이 올라오고 땅이 죽 끓듯 끓는 모습이다.

Q : 왜 이와 같은 현상이 나타나는가?
A : 마그마가 지표 가까운 곳까지 올라와 땅속을 가열하기 때문이다.

라구나 베르데 부근의 지열 지대.

Q : 사진을 촬영한 곳의 위치는?
A : 해발 고도 5,000m에 이르는 알티플라노의 고산 지대이다.

Q : 이렇게 높은 지역에 이런 온천이 있는 까닭은?
A : 신기 조산대 지역이기 때문이다. 신기 조산대는 지각 판의 경계 부근에서 솟아오른 산지로 지각이 불안정하기 때문에 화산과 지진이 발생할 가능성이 높은 곳이다.

Q : 그렇다면 신기 조산대 주변에서는 보편적으로 볼 수 있는 현상인가?
A : 북미에서는 로키 산맥 주변 옐로스톤에서 대규모적인 지열 발산을 볼 수 있으며, 히말라야 산맥을 끼고 있는 중국 티베트 고원의 양빠징(羊八井)에서도 지열 발산을 볼 수 있다.

Q : 지열을 발산하는 모습의 유형은?
A : 진흙 온천(Mud pot), 열천(熱泉), 열수폭작(熱水爆炸), 간헐천(間歇川), 열수소택(熱水沼澤) 등이 있다.

안데스 지역의 식생

페루 안데스 지역의 식생

페루는 북위 약 1°~남위 약 18°에 위치해 열대 기후대에 속한다. 그러나 해발 고도 5,000~6000m의 안데스 고산 지대가 있어 수직적인 고도차에 따라 열대에서 한대까지 다양한 기후대가 나타난다. 또한 건조 지대에서 다우지에 걸쳐 지역에 따라 다양한 강수 특성을 보이고 있다. 이러한 다양한 기후 특성은 식생에 반영되어 나타나고 있다.

페루 지역의 식생 분포는 크게 네 지역으로 구분된다. 해안 저지대인 코스타 지역, 안데스 산지인 시에라 지역과 몬타나 지역, 아마존 저지대인 셀바스 지역으로 나뉜다. 각 지역의 분포 비율은 해안 지대가 10%, 안데스 산지 지대가 27%, 열대 우림 지대가 63% 정도를 차지하고 있다.

1) 코스타 지역

태평양 해안 지대인 코스타 지역은 연중 거의 비가 내리지 않는 사막 지역이다. 다만 '가루아'라고 하는 짙은 안개가 자주 낀다. 남태평양에서 불어오는 더운 바람이 남극으로부터 흘러오는 차가운 훔볼트 해류 위를 스치면서 급속히 냉각되어 공기 중의 수증기가 응결되기 때문이다. 이 안개가 때때로 비가 되기도 하지만 그 양은 지극히 미미해서, 세계적으로 건조한 해안 사막이 형성되어 있다. 따라서 대부분의 해안 지방에서는 식생이 자랄 수 없다. 다만 해안 사막이 가루아에 싸여 있는 동안 어떤 지역에서는 안개의 습기가 축적되어 몇 개월간 풀밭을 이루기도 하는데 이를 로마스(lomas)라고 한다. 이 기간은 산악 지대의 건기에 해당하기 때문에, 그곳 유목민들은 매년 이 기간이 되

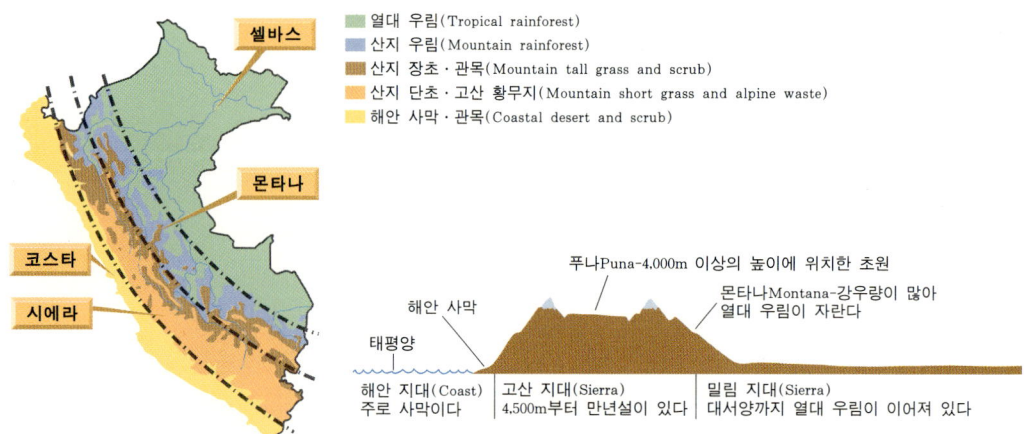

페루의 식생 분포도와 지형 단면도. 해안 저지대인 코스타 지역은 사막으로 관목이 주로 나타난다. 시에라 지역의 하부 지역은 장초와 관목, 상부 지역은 단초와 황량한 고산 사막이 나타난다. 안데스 동부 산지인 몬타나 지역은 삼림 지역이며, 셀바스 지역은 열대 우림이 나타난다.

면 가축을 몰고 풀밭을 찾아 해안으로 내려온다.

사막 도시인 리마가 이 지역에 속한다. 리마에서는 안데스에서 흘러오는 리막 강의 물을 이용해 가꾸는 정원수와 가로수만을 볼 수 있었을 뿐 자연 식생은 거의 찾아볼 수 없었다. 해안을 따라 수산 시장으로 가는 도중 두터운 퇴적층 절벽 밑에서 자라고 있는 커다란 유칼립투스를 볼 수 있었지만, 이는 오스트레일리아 등지에서 들여온 외래 식생이다.

2) 시에라 지역

코스타 지역에서 내륙으로 해발 4,000m에 이르는 장초와 관목들이 자라는 안데스 지역을 말한다. 우리는 답사 여행 둘째 날 리마에서 쿠스코로 가는 비행기 창밖으로 언뜻언뜻 보이는 이 지역을 관찰할 수 있었다. 대부분의 지역이 초지로 형성되어 있었고, 일부 골짜기에는 약간의 유칼립투스가 심어져 있었다.

은은한 향이 나는 레타마.

― 우루밤바 계곡의 푸른 나무들

쿠스코에서 마추픽추로 가는 길은 우루밤바 강을 따라 가고 있었다. 우루밤바 강의 주변에는 유칼립투스를 비롯한 푸른 나무들이 잘 자라고 있었다. 풍부한 물과 계곡의 따스함이 나무들에게 안식처를 제공하고 있기 때문이었다. 그러나 양옆에 있는 가파른 산지에는 나무 한 그루 없이 붉은색 암반 사이로 녹색의 초지만이 이어졌다.

쿠스코 근처 안데스 산지의 식생 경관.

― 원주민의 수줍음을 담은 레타마

쿠스코에서 산지를 넘어 원주민 마을에 들렀을 때, 밭둑에 자라고 있는 개나리꽃같이 노란 꽃을 보았다. '레타마'라는 이 꽃에서는 은은한 향내가 났다.

우루밤바 계곡 주변의 산지는 녹색의 초지로 이루어져 있다.

― 푸나 지역의 바하(baja)

푸나 지역은 페루 북부에서 티티카카 호 남쪽까지

800km가량 이어지는 해발 4,200~4,400m에 이르는 기복이 완만한 구릉지와 단조로운 평원으로 이루어진 지역이다. 쿠스코에서 티티카카 호로 가는 도중의 높은 산지에는 만년설이 쌓여 있었고, 그 아래로는 드넓은 평원이 펼쳐져 있었다. 평원에는 '바하'라는 풀이 여기저기 자라고 있었다. 바하는 30cm에서 1m 정도에 이르는 크기로, 마치 땅에 붙여 놓은 털 브로치처럼 보였다. 바하의 줄기는 가느다랗지만 단단하다. 나무를 구하기 쉽지 않은 이곳에서 원주민들은 이를 가옥의 지붕 재료로 사용하고 있었다.

우로스 섬에서 자라는 토토라.

푸나 지역의 드넓은 평원에서 자라고 있는 바하.

— 티티카카 호의 갈대, 토토라

토토라는 안데스 산지에 있는 호수에서 자라는 갈대이다. 호수 밑바닥에 뿌리를 내리고 자라는데, 다 자라면 5~7m의 크기가 된다. 푸노에서 배를 타고 들어간 우로스 섬은 토토라로 만든 인공 섬이다. 우로스 섬의 원주민인 아이마라 족들은 토토라로 섬뿐 아니라 섬 위에 집을 짓고, 배를 만드는 데 사용하고 있었다. 또한 하얀 밑동은 먹기도 하고 가축 사료로도 쓰인다. 밑동은 물이 많고 사탕수수처럼 약간 달콤한 맛이 나는데 치아를 깨끗이 해 주기도 한다고 한다.

3) 몬타나 지역과 셀바스 지역

몬타나 지역은 아마존에서 불어오는 고온 다습한 바람에 의해 많은 상록 활엽수림들이 자라고 있는 안데스의 동부 산지 지역을 말한다. 셀바스 지역은 해발 2,500m 이하에 나타나는 아마존 열대 밀림 지역이다.

아마존 열대 밀림 지역은 무절제한 벌목으로 인해 심각한 환경 문제가 제기되고 있는 지역이다. 이곳의 삼림 훼손은 16세기 에스파냐의 진출과 더불어 시작되어 1950년대부터 가속화되었다. 특히 중앙부 지역은 1950년대 초~1990년대 초의 40년 동안 75%의 삼림이 제거되었으며, 이후로도 세계에서 가장 빠른 속도로 훼손이 이루어지고 있다고 한다.

삼림 훼손의 주원인은 폭발적으로 증가하는 이 지역의 인구를 부양하기 위한 농경지 개간, 인구 증가와 경제 발전에 따른 목재 수요의 증가, 방목을 위한 목초지 조성 등이다. 이 지역에서의 삼림 훼손은 토양의 유기질을 쉽게 용탈시켜 토양을 산성화시키고 물의 저수 능력을 낮춰 홍수 피해를 증가시킨다. 또한 이산화탄소의 흡수력을 줄여 온실 효과를 통한 지구 온난화를 초래하는 원인이 되고 있다.

볼리비아 안데스 지역의 식생

볼리비아 북부는 아마존 지역으로 열대 우림이 나타나며, 동부 지역은 주로 사바나 지대이다. 서부는 해발 3,700m 이상의 안데스 지역으로 황량한 높은 산지와 초지가 펼쳐지는 알티플라노라고 하는 고원 평원이 나타나는 지역이다. 남동부 지역은 냉량 습윤한 지대로 삼림이 나타난다.

볼리비아의 동부 지역은 아마존 저지대로 열대 우림과 사바나가 나타나며, 서부 지역은 안데스 고산 지역으로 초지가 형성되어 있다. 남부 지역은 삼림이 형성되어 있다.

1) 북동부의 열대 우림과 사바나 지대

볼리비아의 북동부 지역은 아마존 강의 상류 지대로 페루 동부와 마찬가지로 셀바스 지역이다. 이 지역에는 풍부한 강수와 높은 기온으로 열대 우림이 자라고 있다. 셀바스 지역 주변의 약간 고도가 높은 지역에는 사바나 지대가 나타나고 있다. 사바나 지대는 장초의 초원이 펼쳐지고 띄엄띄엄 나무가 자라고 있는 지대이다. 사바나 지대는 동물들이 서식하기 좋은 조건을 갖추고 있어 동물들의 낙원이 되고 있다.

2) 알티플라노 지역

드높은 코르디예라 레알 산계와 코르디예라 옥시덴탈 산계 사이로 드넓은 평지가 계속 이어지는 지역으로 해발 3,700~4,300m의 고지대이다. 평균 기온이 3~12℃이며, 연교차는 작지만 일교차가 클 때는 44℃에 이르기도 한다. 평균 강수량이 200~800mm로 반건조 기후 특색을 보이는 지역이다. 이러한 기후 조건으로 인해 관목류와 초지류가 끝없이 펼쳐져 있다.

라파스에서 우유니까지 가는 알티플라노 북부 지역에서 가장 흔하게 보았던 것 역시 푸나 지역에서 보았던 바하였다. 그러나 푸나 지역의 바하는 초록색이었지만, 고도가 높아진 이곳에서는 황금색을 띠고 있었다.

만년설이 보이는 황량한 알티플라노 지역에는 황금색 바하가 자란다.

— 잉카와시 섬의 선인장

우유니 소금 사막 한가운데에 있는 잉카와시 섬에

잉카와시 섬을 지키고 있는 키 큰 선인장들.

는 섬을 지키는 호위병처럼 키가 큰 선인장들이 가득했다. 작은 것은 약 1m에서부터 큰 것은 3m가 넘고, 20여cm의 단단한 가시가 돋아 있었다. 원주민들은 이 선인장을 난간이나 문짝 등의 건축 재료로 사용하거나 재떨이, 새 등의 각종 나무 조각을 만들어 관광 상품으로 팔고 있었다.

— 땔감으로 쓰이는 톨라(thola)

톨라는 크기 약 50cm에 비늘 모양의 잎을 가진 관목으로 평지에 널리 퍼져 자란다. 땔나무가 부족한 이 지역 원주민들의 땔감으로 유용하게 쓰이고 있다.

— 플리카(pulica)

플리카는 톨라와 비슷하게 생겼지만, 잎이 어린 전나무처럼 약간 도톰하고 작다. 크기는 1m 정도이며, 한 포기가 많은 가지를 쳐서 무성하게 자라고 있었다.

— 훈데(junde)

훈데는 키가 50~60cm 정도인 관목으로 잎이 가시같이 딱딱하고 뾰족하지만 새순은 부드럽다. 원주민들이 과거에 땔감으로 많이 채취하여, 지금은 많이 감소된 상태라고 한다.

— 고원 지역의 향료 리카리카(rica rica)

리카리카는 진한 민트향이 풍기는 관목으로, 해발고도 4,000m 이상 지역에서 자란다. 현지 사람들은

알티플라노 남부 지역에서 자라고 있는 톨라.

훈데는 잎이 가시같이 뾰족하고 단단하다.

플리카는 많은 가지를 쳐서 무성하게 자란다.

리카리카는 잎이 가지에 바짝 붙어 있고 향이 진하다.

이를 차로 마시기도 한다.

— 아냐위야(anavia)

아냐위야는 크기 약 50cm의 조그만 포기를 이루는 관목이다. 부드러운 잎을 보호하기 위해 가지 끝에 특이한 구조의 단단한 가시가 달려 있다.

카냐파 호숫가에 잔디 같은 초지가 형성되어 있다.

아냐위야는 잎을 보호하기 위해 가시가 가지 끝에 달려 있다.

— 이끼류처럼 보이는 관목 야레타(yareta)

야레타는 속이 단단한 나무로 이루어진 관목이다. 바위에 파란색의 혹이 붙어 있는 듯도 하고 딱딱한 이끼가 붙어 있는 것도 같지만, 몇 사람이 올라서서 밟아도 부서지지 않을 정도로 단단하다.

— 파스토와 카냐파 호 주변의 초지

파스토는 덩이로 된, 잔디 정도의 크기로 자라는 풀이다. 이 지역의 동물들에게는 좋은 먹이가 된다.

홍학이 서식하고 있는 카냐파 호숫가에는 군데군데 하얗게 마른 도톰한 흙더미에 짧은 녹색의 초지가 덮여 있었다.

야레타는 성인 남자 한 사람의 무게를 견딜 정도로 단단하며 땅이나 바위에 붙어 매년 1cm씩 자라난다. 원주민들이 야레타를 땔감으로 이용하여 멸종 위기에 처해 있다.

파스토는 브로치 같이 포근한 느낌을 주는 초본류이다.

참고 문헌

갈레아노(박광순 옮김), 1999, 『수탈된 대지』, 범우사.
고혜선, 2003, 『페루의 어제와 오늘』, 단국대학교 출판부.
곽재성 외, 2002, 『라틴아메리카를 찾아서』, 민음사.
권병조, 2003, 『잉카 속으로』, 풀빛.
권혁재, 2003, 『지형학』, 법문사.
그레이엄 핸콕(이경덕 옮김), 1997, 『신의 지문-사라진 문명을 찾아서(상)』, 까치.
김우택 편, 2003, 『라틴아메리카의 역사와 문화』, 소화.
김형국 편, 1999, 『땅과 한국인의 삶』, 나남출판.
동아일보, 2002, 『하늘아래 첫 호수 페루 티티카카의 섬마을』, 동아일보사.
릴리스포드(이경식 옮김), 2003, 『유전자 인류학』, Human & Books.
사이 몽고메리, 2003, 『아마존의 신비, 분홍돌고래를 만나다』, 돌베개.
서무송 외, 2004, 『지리학 삼부자의 중국 지리 답사기』, 푸른길.
오히예사(류시화 옮김), 2004, 『인디언의 영혼』, 오래된 미래.
윤복자 외, 2000, 『세계의 주거문화』, 신광출판사.
이성형, 2003, 『콜럼버스가 서쪽으로 간 까닭은』, 까치.
이희연, 1996, 『인구지리학』, 법문사.
장 코르미에(김미선 옮김), 2000, 『체게바라 평전』, 실천문학사.
재레드 다이아몬드(김진준 옮김), 1998, 『총, 균, 쇠』, 문학사상사.
정지은, 2002, 『라틴 문화 여행』, 도서출판 일빛.
최영준, 2004, 『한국의 옛길 영남대로』, 고려대학교 민족문화 연구원.
카를로스 푸엔테스(서성철 옮김), 2003, 『라틴 아메리카의 역사』, 까치글방.
페르낭 브로델(주경철 옮김), 1995, 『물질문명과 자본주의』, 까치.
헤이저 2세(정동현 옮김), 2000, 『문명의 씨앗, 음식의 역사』, 가람기획.

Blakemore(ed), 1985, *Latin America*, Methuen.
David. L. Clawson, 2004, *Latin America & the Caribbean : lands and peoples*, McGraw-Hill.
Naish 외, 1997, *CORE GEOGRAPHY, LONGMAN*에서 재인용. 출처 Guardian, 1989년 12월 8일.
Raw 외, 1996, *Geography in Place 1*, Collins Educational.
La guia turistica de Chile(norte), 2005, Telefonia CTC CHILE.
Geo, 2003년 12월호.
National Geographic, 2003년 8월호.

http://myhome.hanafos.com/~letras/comida/gastro.htm
http://sacredsites.com/americas/peru/machu_picchu.html
http://www.ohmynews.com/articleview/article_view.asp?at_code=253773
http://www.train4world.co.kr